ERV

NORBERT F. PÖTZL

Der Fall Barschel

ANATOMIE EINER DEUTSCHEN KARRIERE

ROWOHLT

Schutzumschlag- und Einbandgestaltung: SPIEGEL-Titelgrafik
Dokumentation: Jutta Temme

1. Auflage April 1988
Veröffentlicht im Rowohlt Verlag GmbH,
Reinbek bei Hamburg

Satz Times, Utesch Satztechnik GmbH, Hamburg
Druck und Einband Clausen & Bosse, Leck
Printed in Germany
ISBN 3 498 05267 5

Inhalt

1
Inszenierung des eigenen Ichs 7
Uwe Barschels «ganz normaler» Aufstieg

2
Versippung von Presse und Politik 15
Das «Journalistenreservat» des Springer-Verlags

3
«Geschickte publizistische Mittel» 19
Die anrüchigen Methoden des Reiner Pfeiffer

4
Gesucht und gefunden 27
Pfeiffers «andersartige journalistische Aufgabe»

5
Kriminalisierung der Politik 37
Barschel und die Shampoo-Connection

6
«Ein toller Knüller» 47
Die anonyme Steueranzeige gegen Björn Engholm

7
«Sie wissen ja, wie Politiker sind» 57
Vier Detektive bespitzeln den Oppositionsführer

8
«Unter Nerventerror setzen» 69
Der angedichtete Aids-Verdacht

9
Zwischen «Loyalität und innerer Abwehr» 85
Pfeiffers Gespräche mit Barschel

10
Barschel – ein Kind seiner Partei 93
Ämterfilz, Korruption und Pöstchenwirtschaft

11
«Lockspitzel oder reuiger Sünder?» 109
Pfeiffer rückt bei Barschel ins Abseits

12
Der «Klempner» packt aus 127
Pfeiffer kommt zum SPIEGEL

13
«Erstunken und erlogen» 149
Ehrenwort und Komplott-Theorien

14
«Der liebe Gott bestimmt ja doch alles» 175
Rücktritt Barschels und Zweifel am Ehrenwort

15
«Ein Bilanzselbstmord» 197
Barschels rätselhafter Tod in Genf

16
«Komplott von KGB, SPD und Pfeiffer» 215
Desinformation in den Medien

17
«Die Paragraphen sind sehr nett» 229
Einseitige Ermittlungen der Staatsanwaltschaft

18
«In Kiel stinkt nicht alles» 243
Wahrheitssuche im Untersuchungsausschuß

19
«Eine Minusvariante» 253
Der Skandal und die politische Verantwortung

1
Inszenierung des eigenen Ichs

Uwe Barschels «ganz normaler» Aufstieg

Ein Unfall im August 1986: Der Seidendrachen, den Uwe Barschel seinen Kindern von einer China-Reise mitgebracht hat, verheddert sich im Geäst einer Rotbuche. Bei dem Versuch, das Spielzeug zu bergen, stürzt der Ministerpräsident ab, sechs Meter tief. Er bricht sich vier Rippen. Trotz stechender Schmerzen und entgegen ärztlichem Rat leitet Barschel zwei Tage später eine Kabinettssitzung in Kiel. «Das ist», erklärt Regierungssprecher Gerd Behnke, «für ihn kein Grund, nicht zu arbeiten. So ist er nun mal, der Chef.» So will er vor allem gesehen werden: hart gegen sich selbst, fleißig, pflichtbewußt – und ein Mann mit Familiensinn.

Mit der modischen Wortschablone, die für Nähe und menschliche Beziehung steht, umreißt Barschel, als was er gelten möchte: als ein Politiker «zum Anfassen». Man soll seine «Normalität» bewundern. Normal ist, wenn er einen Zug besteigt und sofort in die ihm volksnäher erscheinende zweite Klasse strebt («Mach' ich doch immer»), obschon er ein Billett für die erste gelöst hat. Normal ist, daß er auf einer Fete «so 'ne Dicke» betanzt und sich begeistert, er habe «diesen Schweißgeruch gern», obwohl mitreisende Journalisten («Spröde und scheu übte er Hautkontakt») es ganz anders beobachtet haben. «So unter Kameraden zu sein», schwärmt er bei einem Feuerwehrball, gehöre für ihn seit jeher «zum Schönsten», und jeder der Umstehenden spürt, daß seine Geselligkeit Ausdruck eines kühl kalkulierten «human touch» ist.

Die Mitbürger in Schleswig-Holstein sollen auch glauben, daß sein atemloser Aufstieg «ganz normal verlief», ungeachtet einer Bilderbuch-Biographie. Er ist ja auch wirklich ein typisches Nachkriegskind. Die Zeitumstände und seine Herkunft haben ihn geprägt. Der am 13. Mai 1944 in Glienicke bei Berlin geborene Sohn einer Näherin, dessen Vater im letzten Kriegsjahr fiel, ist mit Bruder Eike und Schwester Folke bei den Großeltern in Börnsen bei Hamburg aufgewachsen. Die Mutter ermöglichte allen dreien ein Studium, die Kinder sollten es ja mal besser haben – die gängige Wirtschaftswunder-Philosophie. Die neue Zeit bot schließlich auch einem, der in kleine Verhältnisse hineingeboren worden war, die Chance der sozialen Status-Verbesserung. So wurde Uwe Barschel, wie in dieser Generation üblich, zum Aufsteiger erzogen, zum ehrgeizigen Einzelkämpfer, der sich mal mit Ellenbogen, mal mit geschmeidiger Anpassung durchsetzt. Das jedenfalls hat er verinnerlicht: «Daß der Mensch sich einordnen können und beizeiten lernen muß, mit den Dingen zu leben, die er ohnehin nicht zu ändern vermag.»

Dabei scheute er keine Provokation. Den Hitler-Nachfolger, Großadmiral Karl Dönitz, bat er als 18jähriger Schulsprecher am Gymnasium zu Geesthacht in eine gespenstische Geschichtsstunde; ihn trug er auch, als einziger Minister der Republik, mit zu Grabe. Die Schulsprecher-Wahl übrigens gewann Barschel, wie ehemalige Mitschüler überliefern, durch eine üble Denunziation: Er schwärzte, wahrheitswidrig, seinen Gegenkandidaten als homosexuell an. «Empört über diese Riesensauerei» waren die Schulkameraden vor allem deshalb, weil «wir doch alle der Jungen Union angehörten».

Der Nachwuchsförderungs-Organisation der CDU war Barschel mit 16 Jahren beigetreten. Das machte ihn immun, ein «68er» zu werden, einer jener unruhigen Studenten, die an der alten Ordnung der Universitäten rüttelten: Barschel saß, wie sich Kommilitonen erinnern, im Hörsaal stets in vorderster Reihe, sicherlich lernbegierig, vor allem aber, um mit seinem Eifer bei den Professoren Eindruck zu schinden. Als Gleichaltrige sich noch um Seminarscheine bemühten, hatte er sein Studium schon abgeschlossen, war mit 25 Jahren bereits Lehrbeauftragter an der Pädagogischen Hochschule in Kiel und wurde in den beiden folgenden Jahren zum Doppeldoktor der Juristerei und der Politologie promoviert – «Uwe Uwe», riefen ihn Parteifreunde oder, spöttischer, «Baby Doc Doc». Seine zweite Dissertation befaßte sich mit der «Stellung des Ministerpräsidenten von Schleswig-Holstein unter besonderer Berücksichtigung der Lehre von der Gewaltenteilung».

Zwar bezog er sich darin ständig auf Aristoteles, mochte aber zugleich den «anwendbaren Punkt» nicht aus dem Auge verlieren. Zielstrebig steuerte er nach seinem Blitzstudium politische Ämter an, die er jeweils als Jüngster erreichte. Schon 1969, als 25jähriger Student, war er stellvertretender Landesvorsitzender der CDU. Mit 27 Jahren zog er in den Kieler Landtag ein, mit 29 führte er die CDU-Fraktion, mit 35 wurde er Finanzminister im Kabinett Gerhard Stoltenbergs, sieben Monate später wechselte er als Chef ins Innenressort.

Daß er Stoltenberg beerbte, als dieser im Oktober 1982 von Kanzler Helmut Kohl zum Kassenwart in Bonn bestellt wurde, betrachtete Barschel denn auch als pure Selbstverständlichkeit. Stoltenberg konnte gar nicht umhin, seinen forschen und talentierten Zögling für die Nachfolge im Amt des Regierungschefs vorzuschlagen, und keiner aus dem Partei-Establishment erhob Widerspruch.

Daß er in seiner Partei als Kronprinz unumstritten war, ergab sich allerdings auch aus dem nahen Termin für die Landtagswahl im März 1983. Die Union mußte Geschlossenheit demonstrieren, weil eine harmoniesüchtige Öffentlichkeit dies für einen politischen Wert an sich hält. Der Kandidat sei, «gemessen an Stoltenberg, schon schwach genug», wurde an der Parteispitze unumwunden zugegeben. Wenn dann auch noch «an ihm rumgemäkelt» würde, käme das, so kurz vor der Wahl, «politischem Selbstmord» gleich. Gegen den strahlenden Wahlsieger vom März 1983, als Barschel der CDU die absolute Mehrheit der Mandate im Landtag sicherte (mit 49 Prozent der Stimmen, da FDP und Grüne an der Fünf-Prozent-Hürde scheiterten), wagte indes erst recht kein innerparteilicher Zweifler mehr aufzumucken.

Mit 38 Jahren hatte Barschel alle Konkurrenten aus dem Feld geschlagen. Da wurde er gefragt, was er denn jetzt noch werden wolle. «Ministerpräsident zu werden», sagte er darauf pathetisch, «ist die schönste Aufgabe, die ein Politiker übertragen bekommen kann.» Als Barschel an der Reaktion seines Gegenübers merkte, daß er etwas zu dick aufgetragen hatte, korrigierte er sich: «...eine der schönsten Aufgaben.» Schon als Primaner hatte er als Berufsziel «Bundeskanzler» angegeben; 1973, gerade zum Fraktionschef aufgerückt, antwortete er in einem Fernseh-Interview auf die Frage nach seinen weiteren Ambitionen: «Vielleicht werde ich mal Präsident der Vereinigten Staaten von Europa.»

Den Begriff «Blitzkarriere» empfindet er als unpassend, er versteift sich darauf, daß er eine «Ochsentour» absolviert habe, und zwar «die ganz normale». Am Wegesrand solcher Laufbahnen bleiben häufig Gefährten zurück, die menschlich verletzt, wie Gegner belauert, durch Intrigen beiseite gedrückt worden sind. Schon als Fraktionschef ließ er keinen Rivalen neben sich hochkommen. Barschel, so beschrieb es vor Jahren ein innerparteilicher Gegner, setzte auf Konfrontation nach der Devise «Draufhauen und abschmettern», immer sei er, ein streitbarer Debattenredner, mit Nachdruck und Sachkunde selbst im Landtag «in die Bütt» gestiegen. Schnell hatte er den Spitznamen «Django des Nordens» weg. Mit eiserner Disziplin hielt Barschel seine Truppe zusammen, die im Parlament nur eine knappe Mehrheit hatte, und er war stolz darauf, daß «nie eine Panne passierte», er keine einzige Abstimmungsniederlage hinnehmen mußte. Kolportiert wurde in Kiel auch, wie Barschel als Innenminister auf der Regierungsbank saß und voller Wut die Hände über dem Kopf zusammenschlug, weil ein CDU-Abgeordneter vorne am Rednerpult Unsinn redete.

Bundesweite Aufmerksamkeit erregte der Landesinnenminister Barschel, als er bei der Brokdorf-Demonstration im Februar 1981 die Bürgerkriegshysterie mitschürte. Erst betrieb er das Verbot der Protestkundgebung, dann zog er gegen die 50000 Anti-Kernkraft-Marschierer in der Wilstermarsch das größte in der Bundesrepublik bis dahin eingesetzte Polizistenheer zusammen. «Härte», betonte Barschel, müsse man «dort zeigen, wo sie nötig ist». Seit Brokdorf galt Barschel als hitziger Konservativer, was ihn nicht weiter störte: Die Rolle des Innenministers sei «doch immer irgendwie rechts» oder werde von der Bevölkerung zumindest als rechtsstehend empfunden – eben als das Normale.

Der FDP-Innenminister der sozialliberalen Bonner Koalition, Gerhart Baum, erschien ihm folgerichtig als glatte Fehlbesetzung, als «zu liberalistisch», als «Sicherheitsrisiko», der – darauf bestand Barschel schon Monate vor der «Wende» – keinesfalls in ein christlich-liberales Kabinett übernommen werden dürfe. «Baums Klientel», schrieb er in einem Leserbrief an den SPIEGEL, seien «Exterroristen und Vorkämpfer für die Anerkennung von Lebensgemeinschaften gleichgeschlechtlicher Partner».

Unter Barschels Federführung hatte der Bundesfachausschuß Innenpolitik der CDU im August 1982 rabiate «Thesen zur Inneren Sicherheit» herausgegeben. Darin war viel vom Staat die Rede und von der Bürgerpflicht, sich mit ihm zu identifizieren. Die Bürger, verlangte Barschel, sollten die Politiker als Leitfiguren anerkennen und sich an ihnen ausrichten. Die «Zeit» fand: «Barschels ungebrochene Thesen haben viel mit dem Obrigkeitsdenken des 19. Jahrhunderts gemein.» In dieses Weltbild würde passen, daß Barschel im Fragebogen des «FAZ-Magazins» Fontanes Dubslav von Stechlin als seinen «liebsten Romanhelden» bezeichnet hat, einen Vertreter des Adels, «wie er sein sollte». Vielleicht aber war die Antwort auch nur als Werbegag für die Bildungsbürger unter seiner Wählerklientel gedacht.

Denn kulturbeflissen möchte er sich vor allem geben. Das gemeinsam mit dem Hamburger Pianisten Justus Frantz initiierte «Schleswig-Holstein Musik Festival» bietet ihm das Podium, sich neben den Virtuosen aus aller Welt als musikliebender Landesvater darzustellen. Die Festspiele, die im Sommer 1986 erstmals die Kirchen, Schlösser und Scheunen des flachen

Landes durchbrausen, dienen erkennbar dem Zweck, ihren Schöpfer zu preisen: Barschels Kunst-Griff, klärt die wohlgesonnene «Welt» aus dem Verlagshaus Springer ihre Leser in aller Unschuld auf, sei «eine Entscheidung, die ihm auch auf politischem Terrain viele Punkte einbringen dürfte».

Klar doch: Schon bei der Premiere dieses flächendeckenden Sommerfests läßt sich unschwer ausrechnen, daß die erste Wiederholung just in die Aufwärmphase des Landtagswahlkampfs 1987 fallen wird, mit den Konzert-Stars als Staffage für den Wahlkämpfer Barschel. Denn er überläßt nichts dem Zufall. Gegen das Etikett «Glückskind», das ihm immer wieder aufgeklebt wird, begehrt er auf: Das klingt wie Glücksspiel, und spielen mag Barschel nicht, «schon gar nicht in der Politik».

Jeder Zug ist wohlüberlegt, auch in der Inszenierung des eigenen Ichs. Manche halten es für Berechnung, daß er 1973 die Fremdsprachenkorrespondentin Freya von Bismarck ehelichte, eine entfernte Verwandte des eisernen Kanzlers aus einer verarmten Seitenlinie. Der Name macht im Holsteinischen was her, erweist sich als Türöffner.

Er will, sagt er, seine Familie vor der Öffentlichkeit schützen und gemäß seiner Lebensphilosophie «mit den Naturgesetzen in Einklang leben». Deshalb ist Barschel nicht in die Landeshauptstadt umgezogen, sondern bleibt am Rande der lauenburgischen Kleinstadt Mölln wohnen, anderthalb Stunden Autofahrt zum Arbeitsort. Das Bekenntnis hindert ihn jedoch nicht, seine Privatsphäre allenthalben der Öffentlichkeit vorzuführen. Die Blätter in der Umgebung bis hin zur «Bild»-Zeitung in Hamburg sind voll mit Farbberichten über das heimische Ambiente: die weiße Gründerzeit-Villa («400 qm, 13 Zimmer, 4 Bäder, 2 Küchen») auf 10000 Quadratmeter Eigentum und einem ebensogroßen dazugepachteten Waldgrundstück, die Shetland-Ponys der vier Barschel-Kinder, den künstlich angelegten Teich, an dem Heidschnucken grasen.

Barschel bestellt auch rechtzeitig die Pressefotografen, wenn er am Muttertag seiner Mutter einen Blumenstrauß überbringt. Oder er erzählt Reportern immer wieder die rührende

Geschichte von «Susi», dem einst lebensgefährlich verletzten Reh, das er «mit der Flasche großgezogen» habe. So stellt er die häusliche Idylle als leuchtenden Mikrokosmos zur Schau, dem Volke zum Vorbild.

Was Barschel seinen Landsleuten im Grundsätzlichen zu sagen hat, faßt er in einem Buch zusammen, das er am 5. Juni 1986 öffentlich vorstellt. Es heißt einfach «Schleswig-Holstein» und ist eingebunden in den Landesfarben Blau-Weiß-Rot. Das identifiziert den Regenten und seine Partei mit dem Bundesland. Das «Zeit»-Feuilleton widmet der Politiker-Prosa fast eine Spalte, reiht einige Zitate aneinander. Aus dem Schlußkapitel («Erfülltes Leben») wählt der Rezensent diese Zeilen: «Politiker sollen durchaus pragmatisch handeln, aber sie müssen ein klares Wertsystem für ihre Überzeugung haben und der Öffentlichkeit auch geistige Führung anbieten. Dabei ist außerpolitische Kreativität ebenso einzubeziehen wie viele andere Bedingungen für die Politik, zum Beispiel überregionale wirtschaftliche Einflüsse, aber auch Naturereignisse.» Urteil des Kritikers: «Total verschwurbelt.» Der Autor hingegen erläutert, er habe das Buch auch geschrieben, um «mir selbst mehr Klarheit zu verschaffen». Anspruch und Wirklichkeit, Schein und Sein fallen erkennbar auseinander.

Daß ein Schicksal auch aus Niederlagen besteht, an denen einer wächst, hat Uwe Barschel nie gelernt, weder im Beruf noch im Privaten. Ob er bewußt großen Kummer erlebt habe, wird er mal gefragt, ob ein ihm nahestehender Mensch auf tragische Weise starb oder ob er je länger ernstlich krank war – «alles Fehlanzeige».

«Das Glückspilz-Syndrom des Uwe Barschel», prophezeite der «Rheinische Merkur/Christ und Welt» im Mai 1983, «wird bis zu dem Tag leben, an dem der fleißige Aufsteiger an einen nicht planbaren Meilenstein stößt, von dem aus es nur mit verändertem Bewußtsein weitergeht.» Die Wendemarke war der 2. März 1986. Bei den Kommunalwahlen in Schleswig-Holstein mußte die CDU erhebliche Verluste einstecken. Bis dahin hatte der erfolgsverwöhnte Barschel nur eine Richtung gekannt: aufwärts. Nun mußte der Senkrechtstarter zum ersten Mal den Rückwärtsgang einlegen.

Etwas vorlaut wies Barschel in mehreren Interviews, darunter mit dem SPIEGEL, dem Bundeskanzler die Schuld am Stimmenverlust zu: «Eine Analyse ergibt, daß die Hauptursachen für die Wahlniederlage nicht in der Landespolitik zu suchen sind. Von unserem 5,9-Prozent-Minus gehen bis zu fünf Prozent auf das Bonner Konto.» Er sei zwar «weit davon entfernt, dies Kanzler Helmut Kohl überwiegend persönlich vorzuwerfen», aber eine deutliche Ermahnung an dessen Adresse, die Probleme nicht auszusitzen, sondern öfter mal von seiner Richtlinienkompetenz Gebrauch zu machen, war es schon.

Es gab prompt Ärger. Stoltenberg, der den Landesvorsitz der CDU auch als Bundesfinanzminister behalten hat, rügte, Wahlniederlagen müßten gemeinsam getragen werden, «ohne Profilbestrebungen einzelner und ohne Rechthaberei». Die Kommentatoren geneigter Blätter warnten Barschel, daß nun rauhere Zeiten auf ihn zukämen. «Schlechte Verlierer», schrieb ihm die «Welt» ins Stammbuch, «gewinnen selten Sympathie.» Die «Lübecker Nachrichten» sagten voraus: «Helmut Kohl wird es ihm so leicht nicht vergessen.»

Die Bonner Verhältnisse für das Desaster bei den Gemeindewahlen an der Küste verantwortlich zu machen, lag zwar nahe, war aber unklug. Denn beim nächsten Wahlgang muß Barschel selbst den Kopf hinhalten. Da wird über ihn als Regierungschef abgestimmt, und der Titelverteidiger weiß, daß das Rennen offen ist. Sein sozialdemokratischer Herausforderer Björn Engholm, Helmut Schmidts ehemaliger Bildungsminister und seit 1983 Fraktionschef im Kieler Parlament, wirkt auf die Wähler im Norden sympathisch und kompetent, während Barschel immer blaß geblieben ist. Engholm, fünf Jahre älter als Barschel, erzielt, höchst ungewöhnlich für einen Oppositionsführer, bei Meinungsumfragen gleich hohe Popularitätswerte wie der amtierende Ministerpräsident. Nun sieht sich Barschel nicht nur einem aussichtsreichen Kontrahenten gegenüber, er hat auch noch den grollenden Kanzler im Nacken.

2
Versippung von Presse und Politik

Das «Journalistenreservat» des Springer-Verlags

Peter Tamm ist ein leidenschaftlicher Sammler, «das hat etwas mit Krankheit zu tun». In seinem Haus an der Hamburger Elbchaussee hortet der Vorstandsvorsitzende des Axel Springer Verlags 15 000 Schiffsmodelle und 35 000 Bücher, Tausende von Dokumenten, Zeichnungen, Gemälden, Flaggen, Seekarten, Marine-Uniformen: «Ich kann mich an allem, was die Seefahrt betrifft, zu Tode begeistern.»

Der einstige Marineoffiziers-Anwärter im Zweiten Weltkrieg, Jahrgang 1928, der als Schiffahrtsredakteur bei Springers «Hamburger Abendblatt» anfing und seit 1968 auf der Kommandobrücke des Konzerns steht, leiht von seinen privaten Schätzen schon mal was aus, um sie in Museen einer größeren Öffentlichkeit zugänglich zu machen. Damit will Tamm, der sich als «Geschichtsbesessenen» bezeichnet, zur Geschichtsbildung beitragen.

Auch Uwe Barschel wendet sich wegen einer Leihgabe an Tamm. Der Ministerpräsident von Schleswig-Holstein, meerumschlungen, hat jedoch keine maritimen Schaustücke im Sinn, als er am Morgen des 25. August 1986, genau 15 Tage nach dem Sturz von der Rotbuche, den Verlagsmanager in dessen Büro an Hamburgs Kaiser-Wilhelm-Straße aufsucht. Das konservative Zeitungshaus soll dem christdemokratischen Politiker vielmehr mit einer Arbeitskraft auf Zeit aushelfen. Rundheraus fragt Barschel, ob Tamm «einen geeigneten Journalisten wisse, der bereit wäre, für die Dauer des Wahljahres 1987 in die Pressestelle der Landesregierung in Kiel zu wechseln». Der Regierungschef geht wie selbstverständlich davon aus, daß der Springer-Konzern ein Arsenal überzähliger Redakteure unterhält, die bei Bedarf an befreundete Landesregierungen ausgeborgt werden. Tamms Vorstandskollege Ehrhard van Straaten prägt dafür den Begriff «Journalistenreservat».

Es gibt, wie der Kieler SPD-Abgeordnete Gert Börnsen weiß, «auch andere Referenzen der Pressestelle der schleswig-holsteinischen Landesregierung, die aus dem Springer-Verlag gekommen sind und auch zum Springer-Verlag zurückgegangen sind». Auch Barschel kennt ein solches Beispiel: Siegmar Schelling, Leitender Redakteur bei der «Welt am Sonntag», wirkte von 1976 bis 1979 als stellvertretender Regierungssprecher für Amtsvorgänger Stoltenberg, nach gewonnener Landtagswahl kehrte er ins Mutterhaus zurück. Allerdings ist Schelling bei Springer ausgeschieden, als er in den Staatsdienst eintrat.

Die Versippung von Publizistik und Politik hat schon der Konzerngründer Axel Springer kräftig gefördert. Überschwenglich bedankte er sich nach der Bundestagswahl im März 1983, mit der die Bonner «Wende» besiegelt wurde, in einem Handschreiben bei dem stellvertretenden «Bild»-Chefredakteur Hans-Erich Bilges: «Unschätzbare Dienste haben auch Sie, besonders in diesem letzten Wahlkampf, geleistet.» Er sei «glücklich über den Wahlausgang und *Ihnen* dankbar für Ihre mir wohlbekannte Hilfestellung». Es muß sich, da Bilges stets im «Bild»-Impressum blieb, aber in den Wochen vor der Wahl keine einschlägige Zeile unter seinem Namen veröffentlichte, um verdeckte Dienstleistungen für die Union gehandelt haben.

Auch Barschel darf mit Unterstützung rechnen. Tamm verspricht seinem Gast, sich im Verlag zu erkundigen und sich «zu gegebener Zeit wieder zu melden». Barschels Bitte um einen journalistischen Wahlkampfhelfer reicht der Springer-Boß an van Straaten und seinen Vize Günter Prinz weiter. Tamm selbst gibt sich unkundig: «Ich habe noch nie in einer Pressestelle gearbeitet, ich weiß nicht, wer sich dafür eignet.» Prinz mißversteht den Auftrag offenbar. Er ist sich «absolut sicher», daß «das Wort Wahlkampfzeitung gefallen ist», für die ein redaktioneller Betreuer gesucht wird – ein Mitarbeiter für die Partei also, nicht für die Regierung. «Anders gäbe das für mich keinen Sinn, ich hätte es für absurd gehalten.» Der Springer-Verlag habe «keine Leute für Pressestellen, das ist eine andere Sorte von Journalisten».

Professionelle Meinungsverschiedenheiten über das Verhältnis von Politik und Presse gab es öfter zwischen Tamm und seinem Vize. Als beispielsweise die Führungsschwäche Helmut Kohls Mitte 1985 den Kanzler in ein öffentliches Meinungstief stürzte, berichtete auch die «Bild»-Zeitung: «Kohl – der Riese wankt». Prinz, Redaktionsdirektor des Blattes, berief sich dabei auf die «Aufgabe einer Tageszeitung», über «die Ereignisse des Tages zu berichten – egal, ob sie positiv oder negativ für den Betroffenen, in diesem Falle Kohl, sind». Der Bundeskanzler beschwerte sich über solche Berichte bei seinem Freund Tamm und fand ein offenes Ohr für seine Klagen. Im Frühjahr 1987 hilft Kohl denn auch, den Tamm-Rivalen Prinz aus dem Springer-Vorstand zu kippen.

Für Peter Tamm gehört es «zu den ganz normalen Vorgängen, mit Politikern zu sprechen», und er setzt hinzu: «Dies meist auf deren Wunsch.» Das «Bedürfnis» nach solchen Gesprächen sei «groß, besonders vor Wahlen». Den Wahlsorgen Barschels stehen bei dem Besuch am 25. August aber auch eigene Interessen des Verlagsmanagers gegenüber. Denn Tamm ist gerade mal wieder dabei, das Medienreich des Springer-Konzerns in Schleswig-Holstein auszudehnen. Genau vier Wochen nach dem Gespräch Barschels in der Chefetage des Springer-Hochhauses meldet die «Bild»-Zeitung: «Springer steigt bei ‹Kieler Nachrichten› ein» – durch Erwerb eines 49-Prozent-Anteils an dem konservativen Regionalblatt. (Das Bundeskartellamt untersagt später den Zukauf, weil es der Springer-Argumentation nicht folgt, daß nur ein Minderheitsanteil von 24,5 Prozent an die Axel Springer Verlag AG gehe, während die andere Hälfte der Axel Springer Gesellschaft für Publizistik gehöre; darin sind die Anteile der Familie Springer zusammengefaßt, die wiederum mit 26,1 Prozent an der Aktiengesellschaft beteiligt ist.)

Im nördlichsten Bundesland hat sich der Medienriese bereits seit Jahren durch Einkauf in alteingesessene Verlage publizistischen Einfluß verschafft. So gehören ihm im August 1986 die «Lübecker Nachrichten» zu einem Viertel (seit Anfang 1988 knapp zur Hälfte), die «Elmshorner Nachrichten» zur Gänze, am «Pinneberger Tageblatt» ist Springer mit 23,4 Prozent beteiligt. Mal landete ein zugekauftes Kleinobjekt, die «Ahrensburger Zeitung», als Beilage im eigenen «Hamburger Abendblatt». In einem anderen Fall, dem der «Bergedorfer Zeitung», kommt ein Großteil der Springer-Auflage fürs Holsteinische aus dem Hamburger Stadtteil Bergedorf.

Springers Beteiligungsblätter einschließlich der «Kieler Nachrichten» erreichen einen Verkaufsanteil um die 40 Prozent an der schleswig-holsteinischen Heimatpresse. Hinzu kommen hohe Teilauflagen von «Bild» und «Hamburger Abendblatt» im Umland der Hansestadt. Alles in allem wächst Springers Einflußpotential auf den von 15 Zeitungsverlagen getragenen Privatsender «Radio Schleswig-Holstein», der seit 1. Juli 1986 funkt, auf 58,8 Prozent. Der «imperiale Konzern», wie ein einheimischer Verleger klagt, beginnt ein ganzes Bundesland zu dominieren.

3
« Geschickte publizistische Mittel »

Die anrüchigen Methoden des Reiner Pfeiffer

Über Reiner Pfeiffer ist schon mancher gestolpert. Enthüllungsgeschichten sind sein Metier. Im Juli 1986 muß der Bremer Flughafendirektor Herbert Estel seinen Hut nehmen, nachdem Pfeiffer im «Weser Report», einem unionsnahen Wochenblatt, in mehreren Artikeln angeprangert hat, daß der Airport-Chef Arbeiten an seinem Privathaus auf Kosten der Flughafen-Gesellschaft ausführen ließ.

Die Verfilzung der regierenden Sozialdemokraten ist Pfeiffers Lieblingsthema. Mal prangert er die lukrativen Verflechtungen zwischen örtlicher SPD und der Bremer Stadthalle bei der Vergabe von Millionenaufträgen an, mal Personalmauscheleien wie die um den früheren SPD-Landesgeschäftsführer Willi Lemke, der unbedingt mit dem Posten eines Managers bei Werder Bremen versorgt werden sollte.

Wie eine Jagdtrophäe präsentiert Pfeiffer, wann immer sich Gelegenheit bietet, das prominenteste Opfer seiner journalistischen Hatz. Im Juni 1979 brachte Pfeiffer den damaligen SPD-Bausenator Hans Stefan Seifriz zur Strecke, indem er antisemitische Äußerungen zitierte, die der Politiker 1944 als 17jähriger in einer Zeitung veröffentlicht hatte. Aus dieser Jugendsünde hat Seifriz nie ein Hehl gemacht: «Das war in Bremen längst bekannt. Bei jeder Kandidatur, zum Bundestag, zur Bürgerschaft und zum Senat, habe ich selbst darauf aufmerksam gemacht. Aber Pfeiffer tat so, als ob er das alles gerade eben entdeckt hätte.» Es gab einen Riesenwirbel, Seifriz trat als Senator zurück, «um Schaden von meiner Partei abzuwenden».

«Eigentlich», behauptet der am 9. Februar 1939 im westfälischen Lünen geborene Pfeiffer von sich selbst, «bin ich ein unpolitischer Mensch.» Seine publizistischen Feldzüge gegen die Sozis führt er jedoch mit missionarischem Eifer. «Ich wollte eigentlich immer eine bürgernahe Zeitung machen, und die verstehe ich grundsätzlich als Oppositionszeitung.» Gleichwohl rühmt er sich, «eine ganze Menge von vertraulichen Kontakten, auch zu SPD-Abgeordneten», zu haben: «Mit sieben von elf Bremer SPD-Senatoren duze ich mich.»

In der Hansestadt ist Pfeiffer bekannt wie ein bunter Hund. Seine Arbeitsmethoden gelten vielen als anrüchig, aber als Blattmacher hat er damit Erfolg. Als Pfeiffer im Juni 1976 Chefredakteur des «Weser Report» wurde, hatte das kostenlos verteilte Anzeigenblatt gerade eine Auflage von 20000 Stück. Pfeiffer puschte sie auf 280000 Exemplare hoch. Anfangs gehörte die Sonntagszeitung je zur Hälfte dem CDU-Landesvorsitzenden Bernd Neumann und seinem Stellvertreter Reinhard Metz, später kaufte sich der Konzertveranstalter Klaus-Peter Schulenberg mit 49 Prozent ein.

Daß Pfeiffer bei den Kollegen von den beiden Bremer Tageszeitungen, dem «Weser-Kurier» und den «Bremer Nachrichten», so wenig gelitten ist, führt er auf einen Neidkomplex zurück. «Mein Ehrgeiz», sagt Pfeiffer, «ist es immer, den Aufmacher zu liefern, den andere nicht haben.» Es gelingt ihm, «die Kollegen, wie man so sagt, regelmäßig abzukochen». Weil die den Pfeifferschen Enthüllungen immer hinterherschreiben müssen, werden sie von ihren Chefs, wie Pfeiffer feixt, «oft mächtig zusammengefaltet».

Pfeiffer fühlt sich als Hecht im Karpfenteich. Ihn stört auch nicht, mit unkonventionellen Mitteln zu arbeiten, die unter seriösen Journalisten verpönt sind. So schafft er sich bisweilen die Fakten erst, über die er dann berichtet. Um zu beweisen, daß «Paß-Betrüger» in Bremen «leichtes Spiel» haben, fälschte Pfeiffer im Herbst 1978 selbst Reisedokumente. «Was man braucht», schilderte er im «Weser Report», «sind zwei Paßbilder und ein sicheres Auftreten.» Unter dem Vorwand, wegen eines Trauerfalls in der DDR dringend Pässe zu benötigen, ließen sich Pfeiffer und sein Kollege Michael Jacobi unter falschen Namen die Papiere ausstellen. «Der Paß-Anwärter», mokierte sich Pfeiffer hinterher, «kann sich jeden x-beliebigen Phantasienamen aussuchen, unter dem er in Zukunft zu leben wünscht.» Denn in eiligen Fällen werde von der Paßbehörde überhaupt nicht geprüft, «ob der Antragsteller auch polizeilich in Bremen gemeldet ist».

Die passende politische Kommentierung seines Coups besorgte sich Pfeiffer gleich für seinen Bericht: «Wie lange», zitierte er den CDU-Bürgerschaftsabgeordneten Johann-Tönjes Cassens, «will man eigentlich unser aller Sicherheit so leichtfertig aufs Spiel setzen?» Erst in der nächsten Nummer kam SPD-Innensenator Helmut Fröhlich zu Wort, der bestätigte, «daß es in einem Teilbereich die denkbare Möglichkeit gibt, Sicherheitsvorkehrungen zu umgehen»; er habe aber «sofort Anweisung gegeben, dieses Risiko auszuschalten».

Wenn er «Skandale enthülle», darauf legt Pfeiffer großen Wert, dann geschehe das «immer unter dem Aspekt der Bürgernähe». Als Beispiel fällt ihm ein, wie er im «Weser Report» für die Rechte von «Neue Heimat»-Mietern gekämpft habe. Merkwürdig kontrastiert dazu allerdings, daß das «seinerzeit noch reinrassige CDU-Kampfblatt» – so der «Weser-Kurier» – «seitenweise PR-Anzeigen» des gewerkschaftseigenen Wohnungskonzerns publiziert hat. Die Erklärung für den scheinbaren Widerspruch ist jedoch denkbar einfach: Reiner Pfeiffer stand gleichzeitig mit dem DGB-Unternehmen in geschäftlicher Verbindung.

Im Auftrag des Hamburger «Neue Heimat»-Vorstandsmitglieds Wolfgang Vormbrock, der neben Albert Vietor der starke Mann im alten NH-Imperium war und später mit diesem über den «Neue Heimat»-Skandal stürzte, hatte Pfeiffer im März 1979 ein «Konzept für Presse- und Öffentlichkeitsarbeit der NH-Berlin» erarbeitet, wie der kritischen Berichterstattung über den Wohnungsmulti in den lokalen Medien begegnet werden könne. Pfeiffer empfahl, Journalisten zu schmieren und Verleger unter Druck zu setzen.

«Der NH-Presseberater», heißt es in dem Pfeiffer-Papier, «wird jeweils einen Mann aus der ‹BZ›- und ‹Morgenpost›-Redaktion ausfindig machen, der geeignet ist, alle journalistischen Ideen optimal für die ‹Neue Heimat› in geeignete Meldungen oder Aktionen umzusetzen.» Natürlich nicht umsonst: «Nach Vereinbarung der Honorarfragen mit diesen Redakteuren sollte es zu Vertragsabschlüssen für jeweils ein Jahr kommen, was einer besseren Motivation Rechnung trägt.»

In einem Schreiben an die Berliner NH-Geschäftsführung berichtete Pfeiffer, ebenfalls im März 1979, von einem Gespräch mit dem Chefredakteur des «Spandauer Volksblatts». Der habe «aufgrund einer entsprechenden Anspielung meinerseits durchblicken» lassen, «daß der Verlag ein stärkeres Anzeigen-Engagement der NH-Berlin durchaus gebrauchen könne». Zudem erfuhr Pfeiffer, daß die Verlegerin «infolge der ‹Morgenpost›-Konkurrenz in Spandau derart in Existenzsorgen steckt, daß wir im Falle einer ablehnenden Haltung der Redaktion sie durchaus ‹ansprechbar› fänden».

Anstößiges kann Pfeiffer auch im nachhinein an seinen Ratschlägen nicht entdecken: Die NH-Manager hätten eben «ein Konzept für eine langfristige optimale Zusammenarbeit zwischen Neue Heimat und Medien» gewollt, und er habe es ihnen geliefert, «anbieten hieß ja noch nicht, daß ich es auch ausgeführt hätte». Pfeiffer wäre damals gern Pressesprecher der Neuen Heimat geworden. Erfahrungen in Pressestellen hatte er ja auch schon gesammelt: 1967 bis 1969 bei der Fried. Krupp GmbH in Essen, 1969 bis 1976 beim Bremer Flugzeugbauer VFW (später MBB), von Oktober 1976 bis Mitte 1980 als Pressesprecher der Bremer CDU-Bürgerschaftsfraktion.

Pfeiffer, sagen Bremer Kollegen über ihn, «leidet an mehreren blinden Flecken». Einer läßt ihn überall politische Extremisten vermuten: «Wenn der morgens durch den Bürgerpark läuft», spottet ein Journalist, ein Jogger wie Pfeiffer, «dann sieht der hinter jedem Busch einen Kommunisten.»

So kam es wohl Anfang 1983 zur einer Nachrichtenfälschung im «Weser Report», die Pfeiffer zwar nicht selbst fabriziert hatte, für die er aber presserechtlich verantwortlich zeichnete. Eine «DKP-Vorsitzende», wurde in dem Artikel behauptet, habe als Leiterin der Jugendinitiative Ostertor regelmäßig Kinder unter Alkohol gesetzt, die dann «mit schwerer Zunge» in Bremen verkündet hätten: «Wir pfeifen auf den Streß der Kapitalisten.» Die beschuldigte Sozialarbeiterin, keine DKP-Vorsitzende, klagte gegen den «Weser Report» und Pfeiffer und obsiegte vor dem Hanseatischen Oberlandesgericht. Nicht wegen dieser Affäre, versichert Pfeiffer, habe er beim «Weser Report» seinen Abschied genommen, sondern wegen eines Zerwürfnisses mit dem Verlagsgeschäftsführer. «Ich habe dem mein komplettes Mißtrauen ausgesprochen, da mit dem Blatt zu wenig Umsatz gemacht wurde.»

In der Folgezeit arbeitete Pfeiffer als freier Journalist, half seiner Ehefrau als Verkäufer in deren Eisdiele in der Bremer Neue-Heimat-Siedlung «Neue Vahr» und verdingte sich als Grabredner beim Beerdigungsinstitut «GeBeIn» («Gemeinnütziges Bestattungs-Institut»), einer Gewerkschaftsgründung. GeBeIn-Geschäftsführer Karl Steffen ist voll des Lobes über Pfeiffer: «Ein vorzüglicher Redner bei Trauerfeiern.»

Anderthalb Jahre später war Pfeiffer wieder beim «Weser Report». Die Verleger hatten ihn, so Pfeiffer, «händeringend wiedergeholt», allerdings nur als Ressortchef für Landespolitik und Lokales. Nun muß er unter Leuten arbeiten, die ihm nach seiner Ansicht nicht das Wasser reichen können. Einem Freund vertraut er an, daß er «irgendwie Karriere machen und von dieser eher provinziellen Zeitung wegkommen» will. Am 28. Juni 1986 bewirbt er sich, in einem Schreiben an den niedersächsischen Wissenschaftsminister Johann-Tönjes Cassens, den er aus dessen Bremer Abgeordnetenzeit kennt, um einen Posten bei der Landesregierung in Hannover. Als Empfehlung vermerkt er, «mit geschickten publizistischen Mitteln» habe er wiederholt «die Genossen ‹aufs Kreuz legen› können». Gleichwohl erhält er eine Absage.

Von Bernd Plogmann, der im Sommer 1986 drei Monate lang stellvertretender Chefredakteur des «Weser Report» war und dann als Serienautor zur «Bild»-Zeitung ging, erfährt Pfeiffer, daß der Springer-Verlag Leute für eine neue Tageszeitung sucht. Mit dem Schnellschuß-Projekt eines lokalen Boulevard-Blatts (Arbeitstitel: «Der Tag») rüstet sich der konservative Konzern für den Fall, daß die früher SPD-eigene «Hamburger Morgenpost», die der Verlag Gruner+Jahr im August gekauft hat, kurzfristig «Bild» und «Abendblatt» zuviel Auflage wegnimmt.

An Sonntag, den 13. September, ruft Pfeiffer bei «Bild»-Redaktionsdirektor Prinz an. Am Apparat ist dessen Büroleiter Gerd Rattmann, der Pfeiffers mündliche Bewerbung entgegennimmt. Rattmann erinnert sich, daß er «in der Vergangenheit verschiedentlich durch den Leiter der ‹Bild›-Zentralorganisation, Friedhelm Voss, auf Pfeiffer angesprochen» worden ist. Voss kennt Pfeiffer «seit etwa 25 bis 30 Jahren, wir waren damals beide bei Zeitungen in Recklinghausen beschäftigt».

Am 14. September schreibt Rattmann eine Hausmitteilung an den Chefredakteur der «Welt am Sonntag», Claus Jacobi, der mit der Rekrutierung der Redakteure für das geplante Blatt beauftragt ist. Rattmann teilt Jacobi mit, daß sich Pfeiffer nach einer möglichen Anstellung erkundigt habe, und er verweist auch darauf, daß Pfeiffers Sohn Reinhard bereits Redakteur bei der «Bild»-Zeitung ist.

Im Springer-Verlag ist Pfeiffer durchaus kein Unbekannter. Vorstandsmitglied Christian Herfurth begegnete ihm Mitte der sechziger Jahre, als Pfeiffer Redakteur beim Düsseldorfer «Mittag» war; Herfurth war damals Verlagsleiter des rheinischen Blattes, an dem Springer einen Anteil von 60 Prozent hielt. Und vor ein paar Jahren hatte Pfeiffer, auf Vermittlung seines alten Bekannten Voss, bereits einen Vertrag als Leiter des Bremer «Bild»-Büros in der Tasche. Doch als Bremer CDU-Politiker Pfeiffer beim Springer-Verlag anschwärzten, wurde der Vertrag vom 11. Februar 1983 annulliert, Pfeiffer erhielt eine Abfindung in Höhe von drei Monatsgehältern.

In einer internen Springer-Hausmitteilung heißt es über Pfeiffer: «Er ist ein Allround-Journalist mit Schwerpunkt Politik. Hier im Hause ist er als fähiger Mann bekannt.» Claus Jacobi urteilt nach einem persönlichen Gespräch, das am 22. September stattfindet: «Pfeiffer ist offenbar ein erfahrener und cleverer Boulevard-Journalist.»

Am 30. September erhält Pfeiffer vom Springer-Verlag einen Arbeitsvertrag, wonach er «mit Wirkung vom 1. Januar 1987 (evtl. früher) als Redakteur in das Ressort Politik in unser neues Objekt eintreten» wird. Als Monatsgehalt werden 9000 Mark vereinbart. Am 6. Oktober teilt Pfeiffer mit, daß ihm beim «Weser Report» noch mehrere Wochen Resturlaub zustünden und er den Springer-Job daher bereits am 1. Dezember antreten könne. Doch Mitte Oktober beschließt der Springer-Verlag, die neue Tageszeitung nicht herauszubringen – die «Morgenpost» hat nicht den befürchteten Auflagensprung gemacht. Die 35 bereits eingestellten «Tag»-Redakteure müssen deshalb abgefunden oder anderweitig untergebracht werden. Da Rattmann «eine gute Übersicht über freie Stellen» hat, wird er «bei dieser Aufgabe beratend beigezogen».

Rattmann führt «mit einem guten Dutzend dieser Journalisten Einzelgespräche», darunter auch mit Pfeiffer, den er am 3. November «erstmals kennenlernt». In dem Gespräch, das «ca. 30 bis 45 Minuten» dauert, berichtet Pfeiffer «über seinen beruflichen Werdegang», man erörtert «Möglichkeiten einer Weiterbeschäftigung im Hause». Doch Rattmann wird schnell klar, daß Pfeiffer «schon von der Bezahlung her nicht als irgendein Redakteur im Glied» arbeiten könne. Eigentlich, sagt er zu Pfeiffer, komme für ihn nur die Leitung des Politik-Ressorts der «Bild»-Zeitung in Frage, aber leider sei dieser Posten gerade vor ein paar Wochen vergeben worden.

Da entsinnt sich Rattmann des Auftrags, nach einem Mitarbeiter für die Kieler Regierungspressestelle Ausschau zu halten. Er unterbreitet Pfeiffer den Vorschlag und erklärt sich bereit, «einen Gesprächstermin zu vermitteln». Rattmann sagt, laut Pfeiffer, «ich sei doch aufgrund meiner politischen Erfahrung geradezu prädestiniert, Wahlkampfhelfer für Barschel zu machen». Auch Freund Voss rät ihm zu, das sei doch besser als die Aussicht, in Claus Jacobis «Sandkastengruppe zu spielen». Am nächsten Morgen vereinbart Rattmann telefonisch mit Staatssekretär Behnke einen Termin für Freitag, den 7. November, um 13 Uhr im Büro von Günter Prinz.

Zwei Stunden lang spricht Behnke mit Pfeiffer unter vier Augen. Pfeiffer gewinnt den Eindruck, daß «Behnke von den Springer-Leuten schon erfahren hat, welche Arbeit ich in Bremen geleistet habe», sonst hätten ihn Rattmann und van Straaten wohl nicht ausdrücklich empfohlen. Springer hätte ja auch andere Anwärter nach Kiel vermitteln können. Auf Behnke macht Pfeiffer «einen guten persönlichen Eindruck». Vor allem aber vertraut er auf die Personalkenntnis der Springer-Leute. Die Empfehlung Pfeiffers durch das Hamburger Verlagshaus, das «viele Redakteure und Talente» habe, ist für ihn «soviel wert wie zehn Referenzen».

Für beide Gesprächspartner ist die Anstellung in der Kieler Staatskanzlei bereits beschlossene Sache, obwohl Pfeiffer noch keine einzige Bewerbungsunterlage eingereicht hat. In einem Brief an Behnke bestätigt Pfeiffer am 9. November, daß er für die Aufgabe zur Verfügung steht, die offenbar auch von Behnke als Wahlkampfhilfe für die Union beschrieben worden ist: «Es war erfrischend und ermunternd zugleich, mit Ihnen gesprochen zu haben. Ich habe mich fest entschlossen, und dies fiel mir nicht schwer, für den Wahlsieg der CDU in Schleswig-Holstein zu kämpfen wie ein potentieller Olympiasieger.» Pfeiffer, der seine wütenden Attacken gegen die Bremer Sozialdemokraten mit seiner Grundüberzeugung erklärt, als Journalist absolute Regierungsmacht kontrollieren zu müssen, läßt sich in Kiel anheuern, um genau das Gegenteil zu tun: für die Erhaltung der absoluten Herrschaft der CDU und Uwe Barschels zu wirken.

Rattmann sagt, er habe Behnke «dringend empfohlen», sich bei der Bremer CDU nach Pfeiffer zu erkundigen. Doch das Vorstellungsgespräch bei Barschel, das am 17. November stattfindet, ist nur noch eine Formsache.

4
Gesucht und gefunden

Pfeiffers «andersartige journalistische Aufgabe»

Behnke hat ihm den Weg genau beschrieben. Ortsunkundige finden sich in dem Geflecht von Landes- und Kreisstraßen, die Schleswig-Holstein abseits der wenigen Magistralen überziehen und immer nur ein Dorf mit dem nächsten verbinden, schwer zurecht. Pfeiffer, der aus Bremen anreist, empfindet die Landschaft fast wie zu Hause im Münsterland. Politisch ist ihm die Region zwischen Nord- und Ostsee noch völlig fremd.

Halbwegs zwischen Bad Oldesloe und Ratzeburg liegt der Flecken Steinhorst, den Pfeiffer in seinem goldmetallicfarbenen Mercedes 280 E über Hoisdorf ansteuert. Mitten im Dorf, auch für Fremde nicht zu verfehlen, erhebt sich das Barock-Herrenhaus, das dem Hamburger Kosmetik-Konzern Schwarzkopf gehört. Das Traditionsunternehmen – Warenzeichen seit 1905: «Der Schwarze Kopf» – ist mit einem Jahresumsatz von rund einer Milliarde Mark der Marktführer in der bundesdeutschen Haar- und Körperpflegebranche. In dem repräsentativen Steinhorster Schloß veranstaltet der Shampoo-Hersteller Lehrgänge für Kosmetikerinnen und Friseusen, tagt das Firmen-Management, werden Geschäftsfreunde bewirtet. Von einem Hamburger Spitzenrestaurant wurde ein erstklassiger Koch abgeworben, der hier die Gäste in edlem Ambiente mit exquisiter französischer Küche verwöhnt. Aber, sagt Firmenchef Hans Peter Schwarzkopf, «wir können das Haus nur etwa zu einem Drittel selber auslasten». Deshalb vermieten die Eigentümer das Anwesen bisweilen an Unternehmen, Verbände und politische Gremien, die hier Tagungen abhalten.

Uwe Barschel ist Stammkunde in Steinhorst. Er hat im Schloß sogar ein Arbeits- und ein Schlafzimmer.

Wegen der günstigen Lage zu seiner Privatvilla in Mölln, rund zwanzig Kilometer entfernt, nutzt er das Schwarzkopf-Herrenhaus regelmäßig als Regierungsnebensitz. So auch am 17. November 1986. Morgens hat er bei einer Pressekonferenz in Mölln die neugegründete Lauenburgische Akademie vorgestellt und dem Redakteur Julius Geise von den «Kieler Nachrichten» Einrichtungen der Stiftung Herzogtum Lauenburg an Ort und Stelle erläutert, den Journalisten lädt er anschließend zum Mittagessen ins Herrenhaus ein. Seinen Staatskanzlei-Chef Hanns-Günther Hebbeln hat der Ministerpräsident zum Vortrag nach Steinhorst bestellt.

Mit Behnke und Hebbeln wartet Pfeiffer am Nachmittag im Foyer des Herrenhauses. Hebbeln unterhält sich mit Gourmet Pfeiffer über Essen und Trinken und gute Restaurants in Deutschland. Dann kommt Barschel. Gemeinsam gehen sie in einen rustikal eingerichteten Raum im Keller. Pfeiffer erinnert Barschel daran, daß er den Regierungschef schon mal «als Justizminister» für den «Weser Report» interviewt habe – «als Innenminister», korrigiert Barschel. Der Ministerpräsident läßt sich über das aufgegebene Springer-Projekt unterrichten und informiert Pfeiffer über «Schwachstellen der Opposition». Pfeiffers künftiges Tätigkeitsfeld, behauptet Barschel später, sei «in meiner Gegenwart überhaupt nicht erörtert» worden: «Das Gespräch über seinen eigentlichen Aufgabenbereich und die Abgrenzung», wovon auch immer, «hatte längst vorher der Staatssekretär Behnke mit ihm geführt.»

Laut Pfeiffer fragt Barschel: «Was würden Sie denn lieber machen – Aktuelles oder mehr im Hintergrund arbeiten?» Pfeiffer antwortet, er dränge sich nicht danach, als Sprecher in Erscheinung zu treten, er wirke auch gern im Verborgenen – «ohne daran zu denken, was da auf mich zukommen würde».

Daß Pfeiffers Anstellung perfekt ist, erfährt Springer-Direktor Rattmann wenige Tage nach dem Steinhorster Vorstellungsgespräch telefonisch von Behnke. Dabei erkundigt sich Rattmann, was Pfeiffer in der Kieler Staatskanzlei verdienen wird. Als er hört, daß der neue Medienreferent nach «Vergütungsgruppe Ib, Fallgruppe 1a BAT» bezahlt wird, entdeckt er sofort das Problem. Die Eingruppierung ist zwar ungewöhnlich hoch; denn nach den Tarif-Richtlinien kommen nur Angestellte mit abgeschlossener wissenschaftlicher Hochschulbildung oder in herausragender Position in diese Vergütungsgruppe. Aber das tarifliche Monatsgehalt, das Pfeiffer im öffentlichen Dienst erhält, 5691,73 Mark brutto, reicht bei weitem nicht an die mit Springer vereinbarten Bezüge heran.

In einer Hausmitteilung an Vorstandsmitglied van Straaten rechnet Rattmann vor, daß Pfeiffer «von unserem Haus ein monatliches Gehalt von DM 9000,– zugesichert» worden sei, «dies ergibt ein Jahreseinkommen von DM 117 000,–». Per annum bekomme Pfeiffer in Kiel hingegen nur 74 100 Mark, «das macht eine Differenz von DM 42 900,–». Rattmanns Folgerung: «Zuzüglich einer Miete von DM 500,– bis DM 600,– pro Monat müßten wir Herrn Pfeiffer wohl einmalig DM 50 000,– zahlen.» Rattmann meint, «daß es untunlich wäre, daß Herr Pfeiffer während der Zeit bei der Landesregierung auf unserer Gehaltsliste stünde». Deshalb solle der Springer-Verlag dem nach Kiel entliehenen Mitarbeiter «den Differenzbetrag auszahlen», aber Pfeiffer solle «wenigstens etwas dafür tun, wenn wir ihm dieses viele Geld geben».

Bei einem zehnminütigen Gespräch, das van Straaten, Rattmann und Pfeiffer am 28. November über die Abgeltung der finanziellen Ansprüche führen, wird auf Vorschlag Rattmanns «vereinbart, daß Pfeiffer ein Gutachten über den Bremer Anzeigenblattmarkt erstellt» (so später der Springer-Chef Tamm). Die Springer-Manager machen sich überhaupt keine Mühe zu verbergen, daß die bestellte Expertise nur ein Vorwand für die Ausgleichszahlung ist. Für sie ist der viereinhalb Seiten umfassende Aufsatz, den Pfeiffer bereits am 7. Dezember abliefert, so belanglos, daß sie sogar das Thema («Vom kostenlos verteilten Wochenblatt zur kostenlos verteilten Tageszeitung») in ihren internen Schriftwechseln falsch bezeichnen. So spricht auch Rattmann in einer weiteren Hausmitteilung an van Straaten am 15. Dezember davon, daß «das von uns in Auftrag gegebene Gutachten über ein kostenloses Bremer Wochenblatt» nunmehr «fertiggestellt» sei, so daß «Anfang des Jahres das verabredete Honorar» an Pfeiffer überwiesen werden könne.

Zusammen mit dem Pseudo-Gutachten schickt Pfeiffer seinem Kontakter Rattmann am 7. Dezember auch einen ersten Erfahrungsbericht aus der Kieler Staatskanzlei, wo der neue Medienreferent am 2. Dezember seinen Dienst angetreten hat. Seine Aufgabe könne «im wesentlichen so beschrieben werden»: «das Image des Ministerpräsidenten einerseits aufzupolieren, andererseits das Ansehen des Gegenkandidaten wirkungsvoll zu demontieren». Weiter kündigt Pfeiffer an: «Nach meiner bisherigen psychologischen Einschätzung wird es wohl hier zu einer optimalen Zusammenarbeit kommen, über deren Verlauf ich Ihnen regelmäßig berichten werde.» Am 11. Dezember bestätigt der Springer-Verlag schriftlich, daß Pfeiffers Vertrag mit dem Zeitungskonzern «für das Jahr 1987 ruht» und «ab 1. Januar 1988 wieder gilt».

Offiziell läuft Pfeiffers Arbeitsvertrag erst vom 1. Januar 1987 an. Aber da er beim «Weser Report» noch Urlaub zu kriegen hat, kann er in Barschels Regierungspressestelle auch schon einen Monat früher anfangen. Er erhält dafür ein Honorar von 5000 Mark. Daneben bezieht er von Springer, wo er ja auch am 1. Dezember antreten wollte, ein Monatssalär von 9000 Mark und noch einmal den gleichen Betrag als Weihnachtsgeld, weil Pfeiffer angibt, daß er wegen seiner Kündigung beim «Weser Report» dort die Gratifikation einbüße. Aber natürlich bekommt er in Bremen noch sein normales Dezember-Gehalt. Pfeiffer kassiert also in diesem Monat viermal bei drei Arbeitgebern.

Unter haushaltsrechtlichen Gesichtspunkten ist die Zahlung des Dezember-Honorars aus der Kieler Staatskasse gar nicht zulässig. Ein Mitarbeiter des Personalreferats der Staatskanzlei weist Regierungssprecher Behnke darauf hin, daß wegen des noch bestehenden Arbeitsverhältnisses in Bremen eine Einstellung Pfeiffers in den Landesdienst nicht in Betracht komme. Pfeiffers Honorar wird deshalb aus dem Fonds «zur Verfügung des Ministerpräsidenten zur Förderung des Informationswesens» bezahlt.

Auch Pfeiffers Einstellung durch die Staatskanzlei weicht vom verwaltungsüblichen Verfahren ab. Die Personalabteilung geht davon aus, daß die Entscheidung ohnehin «auf höchster Ebene» – durch den Ministerpräsidenten sowie die Staatssekretäre Behnke und Hebbeln – bereits gefallen ist, so daß ihr gar kein Beurteilungsspielraum mehr bleibe.

Für Harry Buttchereit, einen Sachbearbeiter für Personalwesen in der Staatskanzlei, ist der Einstellungsvorgang Pfeiffer ein «ausgesprochener Sonderfall». Ihm stellt es sich so dar, «als habe man mit Pfeiffer den großen Glücksgriff getan».

Buttchereit beglaubigt die Fotokopie eines Abiturzeugnisses, das Pfeiffer vorlegt. Daß das Zeugnis kein Dienstsiegel aufweist, fällt ihm nicht auf. Später stellt sich heraus, daß das Dokument gefälscht ist; Pfeiffer hat gar kein Abitur, aber das ist für die Stelle in der Regierungspressestelle ohnehin nicht erforderlich.

Als weitere Bewerbungsunterlagen reicht Pfeiffer sechs berufliche Zeugnisse von Publikationsorganen, Wirtschaftsverwaltungen und der CDU-Fraktion der Bremischen Bürgerschaft ein, «die sämtlich außerordentlich positiv gehalten waren» (so der stellvertretende Ministerpräsident Henning Schwarz). Zumindest die beiden aktuellsten Zeugnisse hat sich Pfeiffer selbst geschrieben und sie von seinen ehemaligen Vorgesetzten lediglich unterzeichnen lassen. «Das ist doch der normale Vorgang», sagt Pfeiffer, «die Personalabteilungen wären damit ja überfordert.»

Bernd Neumann, der Vorsitzende der CDU-Bürgerschaftsfraktion in Bremen, unterschreibt ein Dokument, das vor Lob strotzt. «Aufgrund seiner außerordentlichen journalistischen Begabung und Ausbildung» habe Pfeiffer «eine publikumswirksame Darstellung von Fraktions- und Parteiarbeit» geleistet. Pfeiffer sei «für seinen journalistischen Spürsinn in Bremen bekannt», er sei «ein ausgesprochener Kämpfertyp, sehr belastbar und äußerst fleißig». Vor allem verstehe er es, «die Brisanz eines politischen Themas auf Anhieb zu erkennen».

Nicht minder enthusiastisch fällt das Zeugnis aus, das der Chefredakteur des «Weser Report», Birger Schaal, nach Pfeifferscher Vorlage ausstellt: «In der politischen Szene setzte er mit seinem außergewöhnlichen Geschick, Hintergrund-Berichte aufzuspüren, Zeichen für seine konkurrierenden Kollegen, die er deshalb oft genug ‹abhängte›. Zu seinen markantesten journalistischen Leistungen zählt der von ihm erzwungene Rücktritt des Bremer Bausenators Hans Stefan Seifriz im Jahre 1979, dessen für einen Politiker höchst belastende Nazi-Vergangenheit Herr Pfeiffer in mühsamer Recherche herausfand und publizierte.» Pfeiffer sei «höchst ideenreich», verfüge «sowohl nachrichten- wie boulevardmäßig über einen sehr guten Schreibstil» und habe «ein optimales Informantennetz in der Region aufgebaut» – Empfehlungen für Kiel, wo ihn nun, laut Pfeiffer/Schaal, «eine andersartige journalistische Aufgabe» erwartet.

Der Geschäftsverteilungsplan der Regierungspressestelle beschreibt Pfeiffers Tätigkeit so: «Beobachtung, Auswertung und Archivierung der Berichterstattung in Presse, Hörfunk und Fernsehen; Medienreport; Auswertung von Pressekonferenzen; redaktionelle Beiträge, Verbindung zur Fachpresse». Falls Pfeiffers Arbeit tatsächlich nur darin bestehen sollte, Zeitungsartikel auszuschneiden und gelegentlich als Ghostwriter für den Ministerpräsidenten zu wirken, wird er dafür hoch besoldet. Pfeiffer selbst sieht seine Aufgabe in der «Medienbeobachtung mit dem Aspekt der publizistisch-psychologischen Beratung».

Drei- oder viermal hat Pfeiffer nach eigenen Angaben im Dezember «persönliche Kontakte» mit Barschel, der ihn «offensichtlich sehr gut leiden» mag. Auch Pfeiffer empfindet für seinen neuen Chef «Sympathie auf den ersten Blick». Laut Pfeiffer äußert Barschel die Überzeugung, «daß wir beide sehr optimal miteinander arbeiten können». Pfeiffer versteht: «Der Zweck ist, den Ministerpräsidenten stets in gleißendem, schönem Licht erscheinen zu lassen.» Zwei, die sich suchten, haben sich gefunden.

Pfeiffer renommiert bei Barschel mit seinen Kampagnen gegen Bremer Sozialdemokraten. Der «MP», wie ihn die Mitarbeiter kürzeln, erzählt seinem Referenten angeblich, daß sich Engholm und der SPD-Landesvorsitzende Günther Jansen aus privaten Gründen spinnefeind seien. Pfeiffer sekundiert pflichteifrig: «Da könnte man doch ansetzen.» Er beginnt, Aussagen der beiden Spitzen-Sozis aus den letzten vier Jahren zu sammeln, um daraus möglicherweise Gegensätze in ihren politischen Auffassungen konstruieren zu können. Auch auf das Verhältnis zwischen SPD und Grünen will Pfeiffer sein Augenmerk richten.

Zunächst aber soll er sich um eine neue politische Gruppierung kümmern, deren Werben um konservative Wähler Barschel bange macht. Die Unabhängige Wählergemeinschaft Schleswig-Holstein (UWSH), eine Ansammlung vergrätzter Landwirte, frustrierter Kommunalpolitiker und abgehalfterter CDU-Lokalgrößen, wildert unter den Anhängern der Regierungspartei. Angeführt wird der bunte Haufen von Reinhardt Guldager, einem Professor für Entwicklungsplanung und Siedlungswesen, der in seiner Dithmarscher Heimatgemeinde Hennstedt ehrenamtlicher Bürgermeister ist. Bei der Kommunalwahl im März 1986 zogen die Unabhängigen auf Anhieb mit 11,2 Prozent der Stimmen in den Kreistag in Heide ein.

Für die Landtagswahl rechnet sich der selbstbewußte Guldager gute Chancen aus, daß seine UWSH landesweit zehn bis fünfzehn Prozent einsacken könnte. Zwar will sich der Sportflieger und Kunstmaler anschließend mit der CDU verbünden, um «eine Realpolitik von unten nach oben» und eine «Abkehr von der EG-Agrarpolitik» durchzusetzen. Aber der CDU, fürchtet Barschel, fehlen nach der Wahl womöglich die entscheidenden Prozentpunkte, egal, ob die Guldager-Gruppe den Sprung ins Parlament schafft oder nicht. Der CDU-Landesvorsitzende Stoltenberg warnt sogar im Bonner Parteipräsidium davor, den Guldager-Verein zu unterschätzen.

Pfeiffers erste Amtshandlung als Medienreferent ist ein Anruf bei Guldager. Er stellt sich als «Pfeiffer vom ‹Weser Report›» vor, wo er offiziell ja noch beschäftigt ist, und bittet den Professor, ihm an seine Bremer Privatadresse ein Foto von sich zu schicken, was Guldager auch tut. Außerdem fragt Pfeiffer den UWSH-Chef, ob er «mit Barschel koalieren» wolle. Guldager gibt eine ausweichende Antwort, weil er den Anrufer nicht kennt, deutet aber an, daß seine Ambitionen in diese Richtung gehen.

Am 24. Dezember entbietet Pfeiffer seinem Vermittler Rattmann Weihnachtsgrüße und schildert den Fortgang seines Dienstes: «In Kiel läuft es bisher nach meiner Einschätzung optimal, was meinen Arbeitseinsatz angeht ... nur glaube ich, daß den Kollegen hier mitunter der richtige Biß fehlt, der gute Boulevardjournalisten auszeichnet. Indem ich dem Hause Springer weiterhin alle Ehre zu machen versuche, verbleibe ich bis zur nächsten Zwischennachricht ...»

Rattmann weist von sich, Pfeiffer einen Auftrag zum regelmäßigen Rapport erteilt zu haben. Die beiden Briefe im Dezember, weitere sind nicht bekannt, haben ihn «angeekelt», sagt er: «Wer liest gern Briefe von Wichtigtuern, die auch noch schleimig sind?» Dennoch erkundigt sich Rattmann später zwei-, dreimal bei Behnke, wie sich Pfeiffer so macht, und der Regierungsprecher äußert sich, laut Rattmann, «enthusiastisch» über den Mitarbeiter.

Am 30. Dezember sendet Pfeiffer Neujahrswünsche an Barschel: «...für 1987 nicht nur Gesundheit, sondern vor allem einen deutlichen Wahlsieg am 13. September. Was mich angeht, so möchte ich dabei als ehrgeiziger Mensch im Sinne sportlichen Gewinnens kräftig mithelfen. Dies bedingt natürlich einen persönlichen Einsatz ohne stetige Einhaltung starrer Dienstwege. Aus diesem Grund möchte ich auf Ihr Angebot zurückkommen, ein persönliches Gespräch unter vier Augen zu führen.»

Übers Wochenende fährt Pfeiffer immer zu seiner Familie und berichtet, was er in Kiel so treibt: «Ich soll jetzt Stimmung machen und dem Engholm auf die Finger gucken.» Ebenso erzählt er Ex-Kollegen stolz von seinem neuen Status: Er habe eine «Sonderberater-Funktion für Barschel», sagt er zwei ehemaligen Mitstreitern vom «Weser Report», die er am 30. Dezember zu einem Abschiedsumtrunk ins Bremer Restaurant «La Toscana» einlädt, er solle «Geschichten aufreißen gegen Engholm». Alfred Hermsdörfer, der mehr als drei Jahre mit Pfeiffer zusammengearbeitet hat und jetzt Redakteur bei der «Berliner Morgenpost» ist, ahnt, daß das keine Aufschneiderei ist: «Wenn Pfeiffer gespürt hat, daß an einem Tip was dran ist, dann ist er dem vehement nachgegangen.»

Um die Jahreswende entwickelt der Medienreferent eine eigene Idee. Er notiert sich Vorschläge, wie der Kieler Regent, der, so Pfeiffer, «auf seine Umgebung oft arrogant und kalt wirkt», der Öffentlichkeit als leutseliger Landesvater und warmherziger Wohltäter präsentiert werden kann. Am Samstag, dem 3. Januar, veranstaltet Pfeiffer beim Abendessen im Restaurant «Al Pappagallo» mit seiner ganzen Familie «ein regelrechtes Brainstorming». Alle steuern Anregungen bei: Ehefrau Ingeborg, Sohn Reinhard, Tochter Birgit, die in Bayreuth Jura studiert, und deren Freund, ein Kommilitone. Am Sonntag «checkt» Pfeiffer «noch mal durch, wie könnte dies und jenes ankommen, kann es negativ ausschlagen», und baut eine Liste «nach psychologischen Gesichtspunkten» auf, die er dann in die Schreibmaschine tippt.

Den 32 Punkte umfassenden Katalog (Überschrift: «Vorschläge für PR-Aktionen mit dem Ministerpräsidenten bis zur Landtagswahl am 13. September»), der nach «publicity-trächtigen Themen» gegliedert ist («Kinder, Frauen/Familie, Tiere, Jugendliche, Alte/Arme, Sport»), drückt Pfeiffer anderntags dem stellvertretenden Regierungssprecher Herwig Ahrendsen in die Hand. Die Empfehlungen sind teils albern, teils zynisch. «MP sucht und honoriert das schönste Tierfoto» oder «MP bricht Lanze für Tierfriedhöfe» sind harmlose Herz-Schmerz-Themen, die nach Einschätzung des verhinderten «Bild»-Redakteurs Pfeiffer beim Publikum ankommen.

Eine kaltblütige Instrumentalisierung menschlicher Leiden zur höheren Ehre eines Politikers spricht hingegen aus Vorschlägen wie «MP bezahlt ganz oder teilweise teure Operation für armes Kind, das sonst sterben müßte» oder «MP besucht Kinder-Kliniken, insbesondere mit unheilbaren kleinen Patienten». Dazu macht Pfeiffer die «Anmerkung: Selbstverständlich ist bei allen vorgeschlagenen Terminen der Einsatz von Foto- bzw. Kameraleuten fest eingeplant». Pfeiffer findet nichts Verwerfliches daran. Es gehöre doch allenorts zum gängigen Repertoire von Wahlkämpfern, «gute Taten ins rechte Licht zu rücken». Außerdem geht er «davon aus, daß sich Barschel mit diesen Aktionen identifiziert und sie auch aus eigener Tasche bezahlt, nicht aus dem Reptilienfonds». Es genüge ja nicht, meint Pfeiffer, auf Barschels Ehrenämter anspielend, «sich zum Landesvorsitzenden des Paritätischen Wohlfahrtsverbands oder zum Kuratoriumsvorsitzenden der Bundesstiftung für das behinderte Kind wählen zu lassen».

Ahrendsen äußert laut Pfeiffer, daß die Liste «gute Vorschläge» enthalte. Der Vize-Sprecher, erst seit Oktober in dieser Position, geht damit zu Barschel und trägt sie vor, als sei sie von ihm gefertigt. Das Papier, das Pfeiffers Unterschrift trägt, gibt er dabei nicht aus der Hand. Erst als der Ministerpräsident seinen Sonderberater dazubittet, erfährt er, von wem die Arbeit in Wirklichkeit stammt. Barschel akzeptiert den Pfeiffer-Katalog «im Grundsatz», einige Punkte werden aus Zeitgründen gestrichen.

Mit zwei Vorschlägen mag sich Barschel allerdings gar nicht anfreunden: «MP wagt einen Fallschirmsprung» – das traut er sich wegen seines Bandscheibenleidens nicht zu, obschon Pfeiffer lockt, eine solche Mutprobe sei «von der Imagebildung bei einem Großteil der Wählerschaft nicht zu unterschätzen»; und absolut zuwider ist dem auf bürgerliche Normalität erpichten Regierungschef ein «Streitgespräch zwischen MP und Aussteigern wie Punkern und Skinheads».

5
Kriminalisierung der Politik

Barschel und die Shampoo-Connection

Am Hofe des Landesfürsten wird auf die Etikette geachtet. Von seinen Untergebenen erwartet Uwe Barschel, daß sie ihn respektvoll mit seinem Titel ansprechen. Deshalb macht er auch das ehrverletzende «Fehlverhalten» von Objektschützern, die sein Privathaus in Mölln und die Dienstvilla in Kiel bewachen, zum Gegenstand einer dienstlichen Besprechung mit leitenden Beamten von Polizei und Innenministerium. Barschel rügt «Verhaltensmängel» der Sicherheitsbeamten sowie die «Mißachtung der gebotenen Höflichkeit». In einer formellen Anweisung werden den Bewachern daraufhin vom vorgesetzten Polizeidirektor Manieren beigebracht: Die «politisch gewählten Repräsentanten» seien stets «mit ihrer Amtsbezeichnung, d.h. Herr Ministerpräsident bzw. Herr Minister, anzureden und zu grüßen».

Der Neue in der Pressestelle der Staatskanzlei schert sich nicht um den Komment. Geradezu provokativ spricht Pfeiffer den Regierungschef immer stur mit dem Namen an: «Herr Doktor Barschel.» Die Kollegen merken rasch, daß Pfeiffer «so etwas wie Narrenfreiheit in der Dienststelle» genießt, sagt Ahrendsens Sekretärin Christa Schacht: «Keiner wußte genau, was er machte, und er erzählte jedem, daß er für den Ministerpräsidenten geheime Sachen erledigen müsse.»

Zu Pfeiffers belächelten Marotten gehört auch, daß er sich mitunter am Telefon mit dem Namen «Gelsenberg» meldet, einem Pseudonym, mit dem er früher gelegentlich Artikel gezeichnet hat. Die Verwendung eines Decknamens verstärkt die Aura der Undurchdringlichkeit, die Pfeiffer um sich verbreitet, Bremer Kollegen sagen ihm eine «kleine Geheimdienstmacke» nach. Im Sold des Verfassungsschutzes oder ähnlicher Institutionen, versichert Pfeiffer jedoch, habe er nie gestanden.

Aber er spürt eine starke kriminalistische Begabung in sich, gewissermaßen als Erbanlage. «Mein Vater», erzählt Pfeiffer, «war Leiter des Betrugsdezernats der Kripo Gelsenkirchen und zuletzt Chef der Kriminalpolizei in Lüdinghausen. Er schürte in mir den Wunsch, Kriminalbeamter zu werden.» Nach der Mittleren Reife an einer Dortmunder Realschule legte Reiner Pfeiffer an der Landespolizeischule «Carl Severing» in Münster im Februar 1957 eine dreitägige Aufnahmeprüfung ab, die er ausweislich eines Zeugnisses als einer der Besten bestand. Doch in dem Dorf Bork, wo die Familie damals lebte, gab es in der Erinnerung Pfeiffers «hauptsächlich Arbeiterkinder, so daß man als Sohn eines Kripo-Chefs als feiner Pinkel galt». Er habe sich daher «anlegen lassen», wie es in der Bergmannssprache heißt: Er wurde Gedingeschlepper und Lehrhauer.

Lange hielt er es unter Tage allerdings nicht aus. Pfeiffer, aus einer «strenggläubigen katholischen Familie» stammend, fühlte sich zum Priester berufen. Nicht gewöhnlicher Weltgeistlicher wollte er werden, sondern Ordensmann, weil ihn «die revolutionäre Idee der spanischen Arbeiterpriester-Bewegung faszinierte», den Menschen «erst mal Brot und Lebensexistenz zu geben, ehe man von Gott und Religion predigt». An einem regulären Theologiestudium hätte ihn ohnehin das fehlende Abitur gehindert. So absolvierte er in dem von Franziskanern geleiteten Missionsgymnasium St. Antonius in Bardel bei Bentheim einen Sonderkursus für Spätberufene, der nach bestandener Abschlußprüfung zu einem Studium in Brasilien berechtigt hätte. Pater Angelicus, ein Missionar auf Heimaturlaub, so erzählt Pfeiffer, brachte den Klosterschüler jedoch von seinem frommen Ziel ab, indem er «von Intrigen innerhalb des Ordens berichtete und wie sich die Patres gegenseitig bespitzelten». Auch an seinem geistlichen Internat, will der kriminalistisch geschulte Pfeiffer entdeckt haben, «herrschten Überwachungsmethoden», «wurden heimlich Briefe abgefangen».

Pfeiffer entsagte einem gottgeweihten Leben und hatte bald

darauf sein zweites «Schlüsselerlebnis». Ihn hatte, so erzählt er, in Lüdinghausen ein Mann sehr beeindruckt, der gedrehte Brasil-Zigarren rauchte und vorgab, Sportredakteur bei den «Ruhr-Nachrichten» in Essen zu sein. Pfeiffer bedrängte ihn, ihm eine Volontärsstelle zu vermitteln, doch nach längerem Hinhalten stellte sich heraus, daß der Mann gar kein Journalist, sondern Zeitungsverkäufer war.

Jahre danach, 1966, Pfeiffer war längst Redakteur beim Düsseldorfer «Mittag», soll ihm der Kripochef von Gelsenkirchen angeboten haben, «behilflich zu sein, als Kommissaranwärter anzukommen». Aber Pfeiffer, der 1962, mit 23 Jahren, geheiratet und nun eine Familie zu ernähren hatte, verdiente bereits zu gut, als daß er zu einem Hungerlohn nochmals ganz unten in die Kriminalisten-Laufbahn einsteigen mochte. Gereizt, sagt er, hätte es ihn schon, und für befähigt hält er sich sowieso: «Oft sehe ich mehr als andere, und wenn mich eine Sache packt, denke ich auch logischer.»

Den ersten Spezialauftrag, den Uwe Barschel seinem Medienreferenten erteilt, sieht dieser zunächst vor allem unter kriminaltaktischen Aspekten. Barschel hat angeblich, so zitiert jedenfalls Pfeiffer seinen Chef, «gesicherte Hinweise», daß der Oppositionsführer Engholm «sowohl homosexuell sei als auch ein ausschweifendes Leben mit dem weiblichen Geschlecht führe». Pfeiffer soll deshalb «Fotos und anderes Beweismaterial» beschaffen, um den Vorwurf des unmoralischen Lebenswandels zu belegen. Damit könne, beschreibt Pfeiffer Barschels Intention, der SPD-Konkurrent, «sensibel, wie der ist», so unter Druck gesetzt werden, «daß er von sich aus das Handtuch wirft».

Pfeiffer hält den Plan für undurchführbar: «Normalerweise», entgegnet er nach eigenem Bekunden, «müßten Sie dafür acht Leute haben, wenn Sie so einen Mann rund um die Uhr beschatten lassen wollen. Oder Sie müßten einen richtigen Ranger-Typ haben, zum Beispiel einen abgesprungenen Kriminalbeamten, einen erfolgreichen Fahndungs- und Observationsmann, der mit allen technischen Raffinessen wie Infrarotkamera und ähnlichem arbeiten kann.» So einen, sagt Pfeiffer, kenne er aber nicht. Darauf gibt Barschel angeblich Order, Pfeiffer solle sich eben gefälligst was einfallen lassen und sich nach einem zuverlässigen Informanten oder einer tüchtigen Detektei umschauen.

Am 9. Januar, einem Freitag, Punkt 15 Uhr, ruft Pfeiffer den Kriminalhauptkommissar Frank Herrmann in Bremen an. Herrmann ist Leiter der Abteilung Linksterrorismus. Anfang der achtziger Jahre hat Pfeiffer zum ersten Mal mit ihm Kontakt aufgenommen. «Gesehen», sagt Herrmann, haben sie sich «höchstens fünfmal», doch Pfeiffer hat sich telefonisch bei dem Kripomann immer wieder in Erinnerung gebracht.

Zuletzt persönlich miteinander gesprochen, erinnert sich Herrmann, haben sie miteinander, als Pfeiffer «bereits den Weggang vom ‹Weser Report› plante». Pfeiffer äußerte damals, daß ihm «der Job in Bremen zu provinziell» sei. Herrmann: «Er drückte sich etwas geheimnisvoll aus, deutete aber an, daß er eine große Sache, die seiner Begabung mehr entspräche, bei einem großen Konzern anfangen würde.»

Als Pfeiffer nun bei Herrmann anruft und ihn unvermittelt fragt, ob er «einen seriösen Privatdetektiv» kenne, geht der Beamte davon aus, daß Pfeiffer «immer noch bei dem großen Konzern beschäftigt» ist. Herrmann fällt auf Anhieb Harry Piel ein, den er jedoch nur vom Namen her kennt. Herrmann, der früher «bei der Kripo Hafen» war, erinnert sich, daß Piel Werkschutzleiter beim Kaffeeröster Eduscho ist und in Stubben bei Bremerhaven ein eigenes Detektivbüro unterhält. Aber zu Pfeiffer sagt Herrmann, er müsse noch mal nachdenken, Pfeiffer solle wieder anrufen. Piel, Jahrgang 1951, Oberbootsmann der Reserve, war Zeitsoldat bei der Marine.

Herrmann sondiert bei Piel, ob dieser einen «Auftrag außerhalb Bremens» annehmen könnte, «bei dem Kosten keine Rolle spielen». Genaueres, sagt Herrmann, wisse er auch nicht, aber es werde sich jemand deswegen mit Piel in Verbindung setzen. Vier Tage später, am 13. Januar, faßt Pfeiffer bei Herrmann nach, ob ihm inzwischen ein Detektiv eingefallen sei. Der Kripobeamte nennt ihm den Namen Piel, dazu dessen Durchwahlnummer bei Eduscho, Privatnummer und Büro-Anschluß in Stubben sowie die Rufnummer von Piels Autotelefon. Kurz darauf ruft Pfeiffer an Piels Arbeitsplatz in der Kaffeerösterei an. Er stellt sich mit seinem Namen vor, nennt jedoch, so Piel, «keinerlei Dienstbezeichnung oder Bezug auf seine Tätigkeit». Pfeiffer fragt, was es kosten würde, eine Person in Schleswig-Holstein 14 Tage lang durch Detektive beschatten zu lassen. Nach eigenem Bekunden sagt Piel, daß er «eine Observation nur mit zwei Fahrzeugen und zwei Mann durchführen» und dafür «einen Pauschalbetrag von 2000 Mark pro Tag für alle Kosten ansetzen» würde. Nach Pfeiffers Angaben ist hingegen von 50000 Mark die Rede. Pfeiffer sagt, er werde sich wieder melden.

Den Kostenvoranschlag unterbreitet er sogleich Barschel, der sich, so zitiert ihn Pfeiffer, Gedanken über die Finanzierungsmöglichkeit macht: «Diese Summe kann ich natürlich nicht aus meinem Bürgerfonds oder einer anderen Etatstelle des Haushalts abzweigen. Das wäre auch zu gefährlich. Ich habe aber eine viel bessere Idee.» Er sei doch, verrät Barschel seinem neuen Mitarbeiter, «persönlich mit dem Schwarzkopf-Direktor Ballhaus befreundet», der werde sicherlich bereit sein, «diese Summe aufzubringen».

Wirkliche Freunde, Vertraute, hat Uwe Barschel «ganz bewußt» nicht viele. Er hält das für eine norddeutsche Eigenart. Seine Bekanntschaften und Beziehungen sortiert er nach Nützlichkeit. Karl Josef Ballhaus, Jahrgang 1928, ist einer der wenigen wahren Freunde Barschels, vielleicht der einzige – trotz des Altersunterschieds von 16 Jahren oder gerade deshalb: Er scheint Vaterersatz zu sein für den vaterlos aufgewachsenen Barschel. Die Freundschaft, die sich «im Laufe der Jahre entwickelt» hat, betont Ballhaus, ist «nicht kumpelhaft». Ballhaus war «selbst überrascht», als Barschel «mir anbot, Pate seiner jüngsten Tochter zu werden» – 1983, als Nesthäkchen Freya-Beatrice geboren wurde.

Sie sind sich auch als Nachbarn im Lauenburgischen eng verbunden. Barschel hat eine Villa im Außenbezirk der Till-Eulenspiegel-Stadt Mölln erworben, Ballhaus bewohnt ein Bauernhaus in Duvensee, nur wenige Autominuten vom Schwarzkopf-Herrenhaus Steinhorst entfernt. Gemeinsam gehen die beiden Freunde bisweilen angeln. Aber die private Beziehung trägt auch geschäftliche und politische Früchte.

1977 konnte Barschel, damals CDU-Fraktionschef, den Schwarzkopf-Manager dafür gewinnen, mit ihm die «Stiftung Herzogtum Lauenburg» zu gründen, die im Herrenhaus Steinhorst gratis Quartier beziehen durfte und mit teils fünfstelligen Ballhaus-Spenden gespeist wird. Zweck der Stiftung ist laut Satzung unter anderem «die Vertiefung und Verbreitung des Verständnisses für die lauenburgische Heimatkultur». Daneben fördert die Stiftung generell den Naturschutz, was es dem Christdemokraten ermöglicht, sich als wahrhaft Grüner zu profilieren. Die Geschäftsführung der privatrechtlichen Stiftung erledigt seit Barschels Amtsantritt als Ministerpräsident ein Mitarbeiter der Regierungspressestelle, Günter Meienberg, der damit nach eigenen Angaben bis zu 60 Prozent seiner Dienstzeit ausgelastet ist.

Umgekehrt war Barschel der Firma Schwarzkopf behilflich beim Erwerb des 1722 erbauten Barock-Herrenhauses. Im April 1976 hatte der Haarwaschmittel-Konzern das Anwesen zunächst gepachtet und aufwendig restauriert. Als der Shampoo-Hersteller das idyllisch gelegene Schloß im Februar 1979 kaufte, kostete es ihn ganze 550 000 Mark. Für den Politiker wiederum war es ein einträgliches Nebengeschäft, als Notar den Kaufvertrag zu beurkunden, mit dem Schwarzkopf die Körperpflegemittel-Firma Kleinol von Unilever erwarb. Die Shampoo-Connection lebt vom Geben und Nehmen, eine Hand wäscht die andere.

Der Barschel-Freund und Schwarzkopf-Geschäftsführer Ballhaus ist eine der Eminenzen der norddeutschen Wirtschaftspolitik. Er ist Vorstandsmitglied des Bundesverbandes der Chemie-Arbeitgeber, ab März 1987 auch Präsident des Hamburger Arbeitgeberverbands. In Kiel gilt er seit langem als ein Mann, der sich die Pflege der politischen Landschaft schon mal was kosten läßt.

Pfeiffer kennt weder Ballhaus noch dessen Beziehung zu Barschel. Deshalb ist es glaubhaft, daß er die Finanzierung des Spitzel-Einsatzes gegen Engholm nicht eingefädelt haben kann. Nach Darstellung des Medienreferenten berichtet ihm Barschel, daß der Chemie-Manager unter zwei Bedingungen bereit sei, Piels Detektive zu bezahlen: Die Rechnung müsse als «Sicherheitsüberprüfung des Betriebsgeländes der Firma Schwarzkopf» kaschiert werden, und die Detektive sollen auch den Kölner Journalisten Klaus Bednarz auskundschaften.

Bednarz, Leiter des Fernseh-Magazins «Monitor», hat sich in den letzten Jahren mit zahlreichen Sendungen über Umweltgifte und gesundheitsschädliche Substanzen im Haushalt die Feindschaft der chemischen Industrie zugezogen. Die Branche schäumte, als im September und Oktober 1986 in zwei «Monitor»-Beiträgen über krebserzeugendes Dioxan in Schaumbädern und Haarshampoos berichtet wurde. Der Verband wiegelte sogleich ab, es handle sich lediglich «um zur Zeit unvermeidbare und gesundheitlich unbedenkliche Spuren, die bei der Herstellung bestimmter – besonders hautverträglicher – Grundstoffe entstehen». Gegen diese Darstellung sprechen zum einen wissenschaftliche Untersuchungen, zum andern die Tatsache, daß in den Produkten der amerikanischen Marktführer fast oder gar kein Dioxan enthalten ist. Auch die westdeutschen Hersteller bringen es bald nach den «Monitor»-Sendungen fertig, den Krebsauslöser weitgehend aus ihren Schaum-Stoffen zu entfernen.

Unter den zwanzig Haarwaschmitteln, die im «Monitor»-Auftrag analysiert worden waren, wies das Schwarzkopf-Produkt «Schauma Kamille» die zweithöchste Dioxan-Konzentration auf. In Fernschreiben «an unsere wichtigsten Kunden», unterschrieben von «Hans P. Schwarzkopf» und «Dr. K. J. Ballhaus», zog die Schwarzkopf-Geschäftsführung über die Magazin-Macher her: «Diese Sendung paßt in das System gewisser, seit einiger Zeit zu beobachtender Aktionen, die in eine bestimmte politische Richtung zielen.» Die Schwarzkopf-Chefs kündigten Gegenwehr an, bei der sie ungeniert ihre politischen Beziehungen spielen ließen. «Durch die Einschaltung des Ministerpräsidenten von Schleswig-Holstein, Herrn Dr. Uwe Barschel», brüsteten sich die Schwarzkopf-Manager, habe die Bonner Gesundheitsministerin Rita Süssmuth mit dem Bundesgesundheitsamt vereinbart, daß «dieses noch heute ein Fernschreiben an die Ländergesundheitsministerien und die im wesentlichen betroffenen Firmen schicken wird».

Die Abwiegelungsversuche nutzten nichts, die Umsätze der Haarwaschmittel-Hersteller gingen rapide zurück, obwohl es doch nur ein «eingebildetes Umweltproblem» war, wie Ballhaus meint. «Fast panikartig», sagt Schwarzkopf, hätten Bundesbürger auf die übliche Kopfwäsche verzichtet, «einige Geschäfte hängten Schilder auf: ‹Bis auf weiteres kein Shampoo.›» Ballhaus sieht hinter der «Monitor»-Sendung «offensichtlich Kräfte, die das Vertrauen der Bürger in diesen Staat erschüttern wollen»: «In diesem Staat kann man sich nicht einmal mehr die Haare waschen.»

Da kommt, so die Ballhaus-Version, ein Anrufer gelegen, der um den 20. Januar angeblich «Informationen über die Hintergründe der ‹Monitor›-Sendung» anbietet. Der Unbekannte, dessen Namen Ballhaus nicht verstanden haben will, verlangt dafür 50 000 Mark, zuzüglich Mehrwertsteuer. «Können wir diese Informationen zunächst sehen?» fragt Ballhaus. Der Geheimnisvolle antwortet, die Informationen müßten zum Teil erst beschafft werden. Er fordert eine Anzahlung, ein Viertel des Gesamtbetrags. «Wir brauchen aber eine Rechnung», sagt Ballhaus. Der Anonymus versichert dem Schwarzkopf-Manager, «daß wir hierüber eine Rechnung von einem seriösen Institut bekommen würden». Der Anrufer schlägt vor, den Auftrag als «Sicherheitsüberprüfung» zu deklarieren. Ballhaus ist einverstanden: «Das ist es ja auch letztlich.» Die unverfängliche Bezeichnung hat den Vorteil, daß die Zahlung auch gegenüber dem Finanzamt als Betriebsausgabe steuermindernd geltend gemacht werden kann.

Am 20. Januar telefoniert Pfeiffer sechsmal mit Piel. Er erklärt dem Detektei-Chef, daß er mit dem geforderten Honorar einverstanden sei. Dabei läßt er durchblicken, daß er noch einen weiteren Auftrag für Piel habe. Die Einzelheiten, schlägt Pfeiffer vor, könne man am besten in einem persönlichen Gespräch klären, er komme sowieso übers Wochenende zu seiner Familie nach Bremen. Die beiden verabreden sich für Samstag, 24. Januar, 13 Uhr, im Restaurant «Churrasco» in der Bahnhofstraße. Pfeiffer fragt Piel, woran er ihn erkenne. Darauf Piel: «Ich führe einen weinroten Aktenkoffer bei mir.» Pfeiffer gibt eine kurze Beschreibung von sich.

Piel ist zuerst da. Als Pfeiffer das Lokal betritt, erkennt ihn Piel sofort. Pfeiffer stellt sich vor, Piel versteht «Pressesprecher der CDU Kiel». Er kenne sich in Kiel etwas aus, sagt der Detektiv, ob es «das rote Gebäude direkt am Wasser» sei, wo Pfeiffer arbeite, will er wissen. Pfeiffer bejaht, sein Arbeitsplatz ist im Landeshaus, einem Backsteingebäude unmittelbar an der Förde. Das Büro des CDU-Landesverbands befindet sich in der Innenstadt.

Piel trinkt lediglich ein Fläschchen Apollinaris. Feinschmecker Pfeiffer, der als Essenstester für den «Weser Report» regelmäßig Restaurant-Kritiken geschrieben hat, bestellt ein Filetsteak mit «Papa asada», einer gebackenen Kartoffel. Dazu trinkt er zwei Gläser Weißwein «Sauvignon», einen Tequila und einen Fernet Branca. Piel beobachtet, daß Pfeiffer im Gesicht schwitzt und sehr leise spricht.

Pfeiffer überreicht Piel zwei Zeitungsauschnitte mit Fotos von Engholm. Das sei der Mann, der observiert werden solle. Dem Detektiv sagt der Name nichts, Pfeiffer erklärt ihm, daß Engholm ein führender Sozialdemokrat in Schleswig-Holstein sei. Eingehend betrachtet Piel die Bilder, die Artikel liest er nicht. Auf einem Zettel notiert er sich die Privatanschrift Engholms, die Pfeiffer ihm angibt. Die beiden Gesprächspartner vereinbaren, daß sich zwei Mitarbeiter des Detektivs Anfang der kommenden Woche bei Pfeiffer melden, um genauere Instruktionen entgegenzunehmen.

Dann kommt Pfeiffer auf Klaus Bednarz zu sprechen. Der Fernseh-Journalist, erläutert er Piel, sei lange Zeit als Korrespondent im Ostblock gewesen, einige Jahre in Moskau und, das krakelt Piel auf einen Notizzettel, «4 od. 5 ARD in Warschau». Auch den Namen «Theo M. Loch» schreibt er sich auf. Pfeiffer gibt dem Detektiv den Tip, daß der ehemalige Fernseh-Chefredakteur des Westdeutschen Rundfunks sicherlich einiges über Bednarz wisse. Es gehe darum herauszufinden, ob Bednarz «kommunistische Adern» habe. Piel winkt nach eigenem Bekunden ab. Da müsse Pfeiffer schon zum Verfassungsschutz gehen, «ich habe da keine Quellen».

Auf demselben Blatt Papier, einem Zettel von einem Notizklotz, vermerkt Piel auch die Namen «Nielius» und «Sadek». Der eine, falsch geschrieben, bezieht sich auf den SPD-Pressesprecher Klaus Nilius, mit dem anderen ist Renate Sadek aus der Pressestelle der Kieler SPD-Landtagsfraktion gemeint. Piels Mitarbeiter, sagt Pfeiffer, könnten dort anrufen und sich nach Engholms Veranstaltungsterminen erkundigen, was ihnen die Beschattung sicherlich erleichtere.

Nach Piels Angaben wird über die Bezahlung überhaupt nicht gesprochen, er erkundigt sich auch nicht nach Pfeiffers Auftraggeber. Ihm genügt, daß sein Verhandlungspartner durch den Kriminalbeamten Herrmann eingeführt worden ist. Die «Sicherheitsanalyse» für die Firma Schwarzkopf, die Pfeiffer schließlich noch erwähnt, betrachtet Piel angeblich als gesonderten Auftrag. Pfeiffer übergibt Piel einen Textentwurf, den er als Offerte auf einem Detektei-Briefbogen an den Schwarzkopf-Manager Ballhaus schicken soll.

Piel begleicht die Verzehrrechnung. «Ich halte es grundsätzlich so, daß ich bei einem Auftragsgespräch die Rechnung selbst bezahle.»

6
« Ein toller Knüller »

Die anonyme Steueranzeige gegen Björn Engholm

Hell und lichtdurchflutet ist das Arbeitszimmer des Kieler Regierungschefs, die Wandtäfelung aus heimischem Kirschholz, ebenso der Schreibtisch. An der Wand hängen zwei gewaltig bunte Nolde-Aquarelle, eine Ansicht von Schloß Gottorf in Schleswig, der ehemaligen Landeshauptstadt, dazu zweimal Lübeck und ein Gemälde des Blankeneser Süllbergs mit dänischen Fahnen, aus der ersten Hälfte des 19. Jahrhunderts: «Das ist der Beweis, daß dieser Teil Hamburgs einmal zu Schleswig-Holstein gehörte.» Barschel demonstriert Geschichtsbewußtsein. Auf dem Schreibtisch, silbern gerahmt, Fotos von Frau Freya und den vier Kindern («Mein Hobby ist meine Familie») sowie drei Blumensträuße («Ich liebe die Natur»).

«Hier», sagt Barschel, «empfange ich Besucher, verleihe Orden, arbeite weg.» Seinen Medienreferenten, der sein Büro im Zimmer 104 des Kieler Landeshauses hat, keine fünfzig Meter vom Barschel-Trakt entfernt, ruft der Ministerpräsident oft zu sich in sein Amtszimmer, «dreimal in der Woche», schätzen seine Vorzimmerdamen Brigitte Eichler und Ilona Oberstein, «manchmal sogar mehrmals täglich», sagt Pfeiffers Sekretärin Jutta Schröder. Dabei werden nicht nur Fragen der Öffentlichkeitsarbeit besprochen. Barschel hat Pfeiffer von seinem Bandscheibenleiden berichtet, und auch in solchen Dingen weiß der neue Gehilfe Rat: Sie machen miteinander Bodengymnastik.

Pfeiffer hat immer aktiv Sport getrieben. Er hat Judo gemacht und erfolgreich geboxt. Als Amateur im Weltergewicht überstand er 57 Kämpfe, k.o. ging er nie, nur dreimal mußte er Niederlagen nach Punkten einstecken, sein Nasenbein wurde mal durch einen gezielten Treffer lädiert. Jetzt joggt er jeden

Tag, acht Kilometer bei Wind und Wetter. 5000 Meter läuft er in 16:55 Minuten, «das soll mir als 48jährigem erst mal einer nachmachen». Beim Sportverein Post SV Bremen leitet er die Leichtathletik-Abteilung.

Mit Barschel trainiert er angeblich beinahe jeden Morgen zehn Minuten lang. «Wir ziehen uns die Jacken aus», erzählt Pfeiffer, «legen uns auf den Boden und machen Rolle, den Rücken fest andrücken und so was. Und morgens, wenn ich ihn sehe, frage ich ihn: Haben Sie schon Ihre Rückenübung gemacht? Und er sagt: Jawohl, Herr General. Wenn er die Übungen vergessen hat, drohe ich ihm im Spaß: Wenn Sie das jetzt nicht machen, muß ich Ihre Frau anrufen. Das ist schon ein kameradschaftliches Verhältnis.» Einmal liegen sie nebeneinander auf dem Boden des Dienstzimmers, als unvermittelt die Chefsekretärin Brigitte Eichler eintritt. Beim Anblick der beiden Männer macht sie erschrocken auf dem Absatz kehrt.

Es schmeichelt dem Selbstbewußtsein des Schreiberlings, daß der junge Landesvater seine schwache körperliche Konstitution nicht vor ihm verbirgt, obschon er nach außen den kraftstrotzenden Dynamiker herauskehrt, der die Prüfung fürs Goldene Sportabzeichen ablegen will. Seiner Tochter berichtet Pfeiffer im Januar 1987, daß er «als Außenstehender schon bald näher an dem Ministerpräsidenten dran» sei «als dessen offizieller Regierungssprecher».

Das Vorhaben, den Oppositionsführer durch Detektive bespitzeln zu lassen, um ihm womöglich sexuelle Verfehlungen nachzuweisen und ihn im Wahlkampf damit zu kompromittieren, empfindet Pfeiffer zwar als «Sauerei». Aber er hat kaum Zeit, über den moralischen Aspekt dieser Anweisung nachzudenken. Denn einen Tag nach dem Anruf bei dem Bremer Kripo-Beamten Frank Herrmann, am 10. Januar, als Pfeiffer gerade angefangen hat, nach geeigneten Spähern Ausschau zu halten, kommt Barschel mit einem neuen Auftrag zu ihm. Und für den ist der sensationslüsterne Enthüllungsjournalist sofort Feuer und Flamme.

«Ich habe für Sie einen tollen Knüller», platzt der Politiker, laut Pfeiffer, in aufgesetztem Reporterjargon heraus. «Engholm soll Steuern in Höhe von mehreren hunderttausend Mark hinterzogen haben. Ich bin mir absolut sicher, es gibt da keinen Zweifel.» Den Tip habe er von einem befreundeten CDU-Abgeordneten.

Wahrscheinlich hat Barschel nur eine vage Vorstellung, daß es Engholm ein leichtes sein müßte, den Fiskus zu beschummeln. Denn der SPD-Politiker erhält Zahlungen aus verschiedenen Kassen des Bundes und des Landes Schleswig-Holstein: Übergangsgelder als ehemaliger Bonner Bildungsminister und als Ex-Bundestagsabgeordneter, Diäten und Unkostenpauschalen als Landesparlamentarier und obendrein ein Extragehalt als Oppositionsführer.

In Schleswig-Holstein werden die Fraktionschefs gesondert aus der Staatskasse besoldet, sie erhalten einen bestimmten Anteil des Zuschusses «zur Abgeltung besonderer Arbeitsleistungen für die Fraktion». Als früherer CDU-Fraktionsvorsitzender weiß Barschel von diesen Sonderzahlungen, kennt aber nicht die aktuelle Höhe des Betrags, der zwischen den Fraktionsführern und dem Landtagspräsidenten vereinbart wird. Um diese Zahlung wird eine merkwürdige Geheimniskrämerei getrieben, nicht einmal im Haushalt der Fraktionen ist sie offen ausgewiesen.

Um seinem Referenten zu erläutern, in welchen Größenordnungen der SPD-Spitzenmann verdient, nimmt Barschel einen gelben Zettel von seinem Schreibtisch und notiert darauf mit einem grünen Filzstift in drei Kolonnen nebeneinander die Bezüge des Regierungschefs, der Landesminister und des Abgeordneten Engholm. Das Zusatzgehalt des Fraktionschefs läßt der Ministerpräsident offen, doch genau das, redet er Pfeiffer ein, schleuse Engholm am Finanzamt vorbei. Darunter schreibt er noch: «Auto nicht versteuern.»

Später behauptet Barschel, er könne sich nicht mehr erinnern, wofür er die – unbezweifelbar von seiner Hand stammenden – Notizen gefertigt habe: Möglicherweise habe er sich damit auf eine Landtagsdebatte zur Steuerreform vorbereiten wollen oder Überlegungen angestellt, wie die Ruhestandsgehälter für ausgeschiedene Regierungsmitglieder unter 60 Jahren neu berechnet werden könnten. So oder so wären die Tabellen jedoch als Gedächtnisstützen ungeeignet: Es ergeben sich daraus weder Anhaltspunkte für eine unterschiedliche Besteuerung der aufgeführten Einkommen noch enthalten sie Hinweise auf die Pensionen ehemaliger Kabinettsmitglieder oder die Grenze der für sie zulässigen Nebeneinkünfte. Auch handelt es sich eindeutig nicht um eine abstrakte Gegenüberstellung unterschiedlicher Einkünfte, sondern konkret um die Bezüge des Oppositionsführers Engholm – Barschel malt dafür ein großes «E» auf das Papier.

Spürhund Pfeiffer ist jedenfalls auf eine Fährte gesetzt. Er wittert eine «Riesenchance», den SPD-Spitzenkandidaten «unmittelbar zum Rücktritt zu zwingen. Wenn wir diese Geschichte aufdecken, wäre das ein Skandal erster Ordnung». Pfeiffer ist fasziniert von diesem Gedanken, aber ratlos, wo er mit der Recherche ansetzen soll: «Ich kann ja nicht einfach beim Finanzamt anrufen und mich erkundigen, ob Herr Engholm immer brav seine Steuern bezahlt hat.»

Barschel, der Ex-Finanzminister, weiß, wie die Steuerfahnder mobilisiert werden können: Wenn ein honoriger Mensch in einer Anzeige den begründeten Verdacht äußert, daß Engholm die geheimnisvollen Sonderzahlungen in seinen Steuererklärungen verschwiegen haben könnte, muß das Finanzamt Ermittlungen anstellen.

Pfeiffer macht sich auf die Suche nach einem geeignet erscheinenden Denunzianten. Es müsse schon ein Bürger Schleswig-Holsteins sein, meint er, aber bisher hat er noch keine Gelegenheit gehabt, Land und Leute kennenzulernen. Da fällt ihm Wolfram Schulz-Streeck ein, den er von dessen früherer Tätigkeit als wissenschaftlicher Mitarbeiter der Bremer CDU-Bürgerschaftsfraktion kennt und der nun Landesgeschäftsführer der Europa-Union in Kiel ist. Ihn ruft er am 15. Januar an und erklärt ihm, daß er einen «verantwortungsbewußten Bürger» brauche, «der die Steuerhinterziehung eines SPD-Politikers anzeigt». Den Namen Engholm erwähnt Pfeiffer dabei nicht, doch Schulz-Streeck ahnt, um wen es geht. Er lehnt das Ansinnen ab, weil er die Vorgehensweise für «Hintertreppenjournalismus» hält.

Barschel verweist seinen Medienreferenten «an einen in Steuer- und Besoldungsfragen versierten Experten», den Ministerialrat Claus Asmussen, Personalplanungsreferent in der Staatskanzlei. Im Büro des stellvertretenden Regierungssprechers Ahrendsen, so Pfeiffer, wird Asmussen informiert, daß er «auf dringenden Wunsch des Ministerpräsidenten» eine genaue Aufstellung über sämtliche Bezüge Engholms in der zurückliegenden Legislaturperiode fertigen soll. Laut Asmussen übermittelt ihm Ahrendsen «die Bitte Pfeiffers» telefonisch. Als Ministerialrat braucht Asmussen jedoch weder von dem Regierungsdirektor Ahrendsen noch von dem Zeitangestellten Pfeiffer eine Weisung entgegenzunehmen. Weil Asmussen zögert, die Order zu befolgen, faucht ihn Pfeiffer angeblich an: «Wenn Sie das nicht machen wollen, gehen wir zu Dr. Barschel. Das ist ein Auftrag, den Sie erfüllen müssen.»

Ahrendsen gibt später an, er habe Pfeiffer bei der Beantwortung einer «Presseanfrage aus dem Bremer Raum» behilflich sein wollen. Die Ausrede ist aus mehreren Gründen absurd. Zunächst wäre nicht die Regierungspressestelle, sondern allenfalls der Landtag zuständig, eine solche Anfrage zu beantworten, und in Pfeiffers Aufgabenbereich («Medienbeobachtung») fiele es schon gar nicht. Schwer verständlich ist auch, weshalb sich jemand aus dem «Bremer Raum» für die Einkommensverhältnisse des schleswig-holsteinischen Oppositionsführers interessieren sollte. Und daß aufgrund irgendeiner auswärtigen Journalistenanfrage sogleich ein Ministerialrat mitsamt einer Regierungsoberinspektorin in vier Tage langer mühevoller Puzzle-Arbeit sämtliche Engholm-Bezüge, selbst vier Jahre zurückliegende Einkünfte, zusammenstellt, widerspricht einschlägiger Berufserfahrung.

Hingegen läßt sich nachvollziehen, daß Asmussen wirklich nicht weiß, zu welchem Zweck er die detaillierte Aufstellung fertigt. Wenn ihm bekannt wäre, daß die Liste für den Ministerpräsidenten bestimmt ist, würde er sie wahrscheinlich nicht handschriftlich abliefern. Daß er darauf verzichtet, eine Schreibkraft mit der Arbeit zu betrauen, könnte allerdings auch ein Indiz dafür sein, daß ihm die Brisanz dieses Papiers klar ist. Gegen eine Mitwisserschaft Asmussens spricht, daß er in seiner vierseitigen Fleißarbeit bis auf den Pfennig genau alle Einkünfte Engholms aufführt, sogar Teilbeträge, die sich von 1982 bis 1984 fünfmal änderten, aber gerade die Sonderzahlungen unberücksichtigt läßt, auf die es Barschel ankommt.

Denn nun sind die Verschwörer so schlau wie zuvor. Nach Pfeiffers Schilderung fragt Barschel den ehemaligen Steuerfahnder Ahrendsen, ob auch anonyme Anzeigen verfolgt würden. Der bejaht, gibt aber zu bedenken, daß es doch besser sei, wenn ein verläßliches CDU-Mitglied mit seinem Namen dafür geradestünde. Er entsinnt sich seines alten Freundes Klaus Thiessen, CDU-Kreisgeschäftsführer in Dithmarschen. In den drei Jahren, in denen Ahrendsen persönlicher Referent des Finanzministers Roger Asmussen war, sind sie sich oft begegnet, denn Asmussen ist auch Dithmarscher Kreisvorsitzender der CDU. Ahrendsen behauptet dagegen, Pfeiffer habe den Wunsch geäußert, «sich mit einem CDU-Kreisgeschäftsführer politisch zu unterhalten». Am 20. Januar telefoniert Ahrendsen zweimal mit Thiessen, einmal sechs und einmal fünf Minuten lang, setzt ihm die Sache auseinander und avisiert einen Anruf Pfeiffers. Der führt kurz darauf zwei Ferngespräche von 40 und 60 Sekunden Dauer mit dem Partei-Sekretär. Auf Anhieb nennt Thiessen laut Pfeiffer die Namen von zwei örtlichen CDU-Mitgliedern, die für die delikate Angelegenheit in Frage kämen.

Unterdessen versucht Pfeiffer weiter, den Betrag zu ermitteln, den die Kieler Fraktionschefs als Aufgeld erhalten. Von irgendwem, die Quelle bleibt unbekannt, bekommt der Medienreferent den Hinweis, daß die Landtagsverwaltung Anfang Dezember 1986 dem Rechtsanwalt Jürgen-Diedrich Peperkorn in Schenefeld schriftlich Auskünfte über Abgeordneten-Bezüge erteilt habe. Der Jurist hat in einer Scheidungssache die Ehefrau eines SPD-Parlamentariers vertreten und deshalb wegen der Berechnung des Unterhaltsanspruchs angefragt, «in welcher Höhe Abgeordnete des schleswig-holsteinischen Landtages zur Zeit Diäten und Pauschalen erhalten».

Unter dem Namen «Lindemann» meldet sich Pfeiffer am Morgen des 21. Januar telefonisch in der Anwaltskanzlei, doch Peperkorn ist nicht im Haus. Daraufhin versucht es Pfeiffer andersherum: Er ruft, wieder als «Lindemann», bei der Landtagsverwaltung an, und gibt sich als Mitarbeiter der Kanzlei Peperkorn aus, der noch eine Nachfrage zum Antwortschreiben vom Dezember habe. Dem Oberamtsrat Holger Rathje kommt der Anruf jedoch nicht geheuer vor, weshalb er um die Telefonnummer der Kanzlei zwecks Rückruf bittet. Pfeiffer nuschelt die Nummer herunter, doch Rathje ist flink genug, sie zu notieren. Ein Anruf beim Büro Peperkorn ergibt, daß ein Lindemann dort nicht beschäftigt ist.

Peperkorn ist deshalb vorgewarnt, als ihn der ominöse «Lindemann» am Spätnachmittag, kurz vor 17 Uhr, wieder anruft. In einem Aktenvermerk hält der Anwalt fest: «‹Lindemann› sagte, er hätte erfahren, daß ich mich hinsichtlich der Abgeordneten-Diäten an den Landtagspräsidenten gewandt hätte. Er sagte mir, man hätte mir lediglich mitgeteilt, daß die Abgeordneten ca. DM 8000,– bekämen, wovon DM 3000,– steuerfrei seien. Er fragte mich, ob ich denn wisse, daß die Fraktionsvorsitzenden aus einem Extratopf noch zusätzliche Gelder beziehen würden. ‹Lindemann› erklärte mir, daß er freier Journalist sei. Er fragte mich, ob er mir helfen könne.» Pfeiffer kommt nicht weiter. Das Fraktionsvorsitzenden-Gehalt hat den Anwalt überhaupt nicht interessiert, weil seine Mandantin mit einem einfachen Abgeordneten verheiratet war.

Irgendeinem nicht aufzuklärenden Zufall ist es zuzuschreiben, daß Barschel den Betrag, der ihn so brennend interessiert, offenbar doch noch in Erfahrung bringt: monatlich 8900 Mark. Hochgerechnet auf die vierjährige Legislaturperiode wären das mehr als 418 300 Mark, die Engholm nach Barschels Mutmaßung nicht versteuert hätte. Die neue Erkenntnis erfordert jedoch auch eine neue Taktik: Die Anzeige beim Finanzamt *muß* nunmehr anonym erstattet werden. Denn die Behauptungen, die aufgrund des jüngst gewonnenen Wissens in der Anzeige aufgestellt werden, sind aus öffentlich zugänglichen Quellen nicht zu belegen. Ein unter seinem Namen auftretender Anzeigeerstatter hätte schon begründen müssen, woher er von den gebundenen Fraktionszuweisungen und vom Schriftwechsel zwischen der Landtagsverwaltung und dem Anwalt Peperkorn weiß. Pfeiffer teilt Thiessen mit, daß sich die Sache erledigt habe.

Barschel diktiert Pfeiffer einen Entwurfstext. Der Medienreferent, der nicht stenographieren kann, notiert sich in hastiger Langschrift den vom Regierungschef vorgegebenen Wortlaut: «Wie mir inzwischen bekannt geworden ist, erhält Herr Engholm . . .monatlich noch eine vergleichsweise beträchtlich höhere Zuwendung, obwohl doch seine Bezüge im Abgeordneten-Gesetz abschließend geregelt sind. Ich will hier nicht der Frage nachgehen, ob diese verdächtigen Sonderzahlungen überhaupt Rechtens sind. Ich möchte lediglich anzeigen, daß er diese regelmäßigen Beträge nicht versteuert.»

«Ganz offenbar», wird in den Anzeigentext aufgrund der Peperkorn-Information eingefügt, «handelt es sich dabei um geheime Zuwendungen, denn das Büro des Präsidenten des Landtages erklärte noch am 6. Dezember 1986 in einem Schreiben an einen auskunftssuchenden Bürger, daß nur die im Abgeordneten-Gesetz vorgesehenen Beträge gezahlt würden. Aber das ist eben die Unwahrheit.»

Außerdem solle «folgender Sachverhalt steuerrechtlich untersucht» werden: Engholm habe «einen Dienst-Pkw mit Fahrer», die Kosten trage «zu 100 Prozent der Landtag». Ein «Arbeitnehmer in gleicher Situation» müsse «selbstverständlich alle Privatnutzungen einschließlich der Fahrten zwischen Wohnung und Dienstort als vermögenswerten Vorteil versteuern. Sogar der Ministerpräsident, seine Minister und Staatssekretäre müssen dies». Engholm zahle dafür jedoch keine Steuern –

eine Regelung, von der Barschel als ehemaliger CDU-Fraktionschef weiß.

Es wimmelt vor Floskeln, wie sie für juristische Schriftsätze typisch sind. «Diese Formulierungen», sagt Pfeiffer, «können gar nicht von mir stammen, weil ich finanztechnisch überhaupt nicht bewandert bin.» Lediglich den letzten Absatz, über den der Ministerpräsident «herzlich lacht», denkt sich der Medienreferent allein aus: «Ich bitte um Verständnis dafür, wenn ich Ihnen gegenüber meine Identität nicht preisgeben möchte. Aber das Privat-Unternehmen, in dem ich arbeite, duldet keinerlei politisch geartete Aktivitäten seiner Mitarbeiter.» Gezeichnet: «Ein besorgter Steuerzahler.» Auf den Umschlag schreibt Pfeiffer als Absender «H. Sapiens». Er habe, sagt er, «mal Latein gelernt, und ‹Homo sapiens› gilt ja wohl als der weise Mensch». Unterschreiben mag er so jedoch nicht: «Das wäre dann ja wohl nach meinem Rechtsempfinden Urkundenfälschung gewesen.»

An den Finanzminister und an den Regierungschef selber soll Pfeiffer, mit entsprechenden Anschreiben, Kopien schikken, damit Barschel «besser in der Sache nachhaken» könne. «Ich bitte Sie als obersten aufsichtsführenden Repräsentanten unseres Landes», heißt es in dem für Barschel bestimmten Begleitbrief, «für eine schonungslose Aufklärung dieses Falles zu sorgen.» Barschel ordnet angeblich an, die Briefe nicht gleich abzusenden, sondern noch etwas zuzuwarten, weil er beabsichtige, Ende des Monats ein paar Tage in Urlaub zu fahren. «Aus optischen Gründen» sei es besser, wenn die Kopie während seiner Abwesenheit in der Staatskanzlei ankäme.

Die Briefe tippt Pfeiffers Sekretärin Jutta Schröder auf einer Reiseschreibmaschine, die der Medienreferent aus Bremen mitgebracht hat. Die Maschine will er «anschließend wieder mitnehmen zu mir nach Hause», damit «bei einer möglichen Schriftbildüberprüfung dann nichts festgestellt werden» kann. Jutta Schröder erfährt von Pfeiffer, «daß er einen Auftrag des Ministerpräsidenten ausführe, der geheim sei. Wenn ich darüber etwas erzählen würde, könnte es mich meinen Job kosten». Wegen Barschels Bitte, die Absendung noch zurückzustellen, werden die Briefe auf den 26. Januar vordatiert.

Barschel überlegt es sich dann aber anscheinend doch wieder anders. Am Nachmittag des 22. Januar gibt Reiner Pfeiffer am Schalter 1 des Kieler Postamts 26 die drei Briefe per Einschreiben auf – vorsorglich, damit nicht am Ende irgendein SPD-Sympathisant im Lübecker Finanzamt behaupten kann, die Anzeige sei nie angekommen. Das Original ans Finanzamt bekommt die Einschreibnummer 685, die Kopie ans Finanzministerium wird als 684 registriert, die an Barschel als 683. Später, «als ich wußte, daß die Einschreiben eingegangen sind», verbrennt Pfeiffer die Belegzettel. Wenn er Barschel damit belasten oder erpressen wollte, müßte er sie aufheben.

Am nächsten Morgen, kurz vor 10 Uhr, ruft Pfeiffer bereits beim Vorsteher des Finanzamts Lübeck, Hans-Henning Förster, an. Er verschweigt seinen Namen, gibt sich jedoch als Absender der anonymen Anzeige zu erkennen. Die ist zu dieser morgendlichen Stunde allerdings noch nicht auf Försters Schreibtisch gelandet. Förster verspricht, sich um die Sache zu kümmern. Daß es der Anzeigeerstatter dringlich gemacht hat, merkt Förster auch daran, daß sich kurz darauf der Staatssekretär im Kieler Finanzministerium, Carl Hermann Schleifer, telefonisch bei ihm meldet und ebenfalls um schnelle Aufklärung bittet. Finanzminister Roger Asmussen hat ihm bei Dienstbeginn die Anzeige in die Hand gedrückt und ihn gebeten, der Sache gleich nachzugehen.

Daß eine weitere Kopie existiert, die am selben Morgen im Eingangsbuch der Staatskanzlei registriert wird, wissen zu diesem Zeitpunkt weder Schleifer noch Förster. Innerhalb weniger Stunden stellen die Beamten, die der Finanzamts-Chef mit der Überprüfung von Engholms Steuerunterlagen beauftragt, am Montag fest, daß die in der Anzeige erhobenen Vorwürfe haltlos sind. Aber davon ahnt Pfeiffer nichts, als er am Freitagnachmittag ins Wochenende nach Bremen aufbricht, um sich mit dem Detektiv Piel zu treffen.

7
« Sie wissen ja, wie Politiker sind »

Vier Detektive bespitzeln den Oppositionsführer

Pfeiffer geht in Bremen zur Wahl. Daß die liberalkonservative Koalition in Bonn an der Regierung bleiben würde, ist schon vor dem 25. Januar klar, der SPD-Kanzlerkandidat Johannes Rau hat keine Chance, Kohl abzulösen. Raus Werben um eine «eigene Mehrheit» für die SPD wirkte grotesk, weil jeder weiß, daß es rechnerisch allenfalls zusammen mit den Grünen reichen könnte. Doch denen hat er von vornherein eine schroffe Absage erteilt; eine Zusammenarbeit, in welcher Form auch immer, ist für ihn unvorstellbar.

Pfeiffers Stimme bekommen die Grünen. Die hat er in den letzten Jahren nach eigenem Bekunden immer gewählt, auch als er Pressesprecher der Bremer CDU-Fraktion und Chefredakteur des unionsnahen «Weser Report» war. Der Bremer Grünen Liste, einem konservativ-ökologischen Ableger der Bewegung, hat er nach seiner festen Überzeugung 1979 durch wohlwollende Berichterstattung zum Sprung in die Bürgerschaft verholfen. Früher hat Pfeiffer SPD gewählt, sogar Parteimitglied ist er im Jusoalter nach eigenem Bekunden gewesen. Jetzt kämpft er für einen Wahlsieg des Christdemokraten Barschel. «Ich kann nicht in politischen Schablonen denken», sagt Pfeiffer, «und ich will es auch nicht.»

Am Abend dieses Wahlsonntags wird in Schleswig-Holstein der Landtagswahlkampf eingeläutet, der von CDU wie SPD als ein Duell der Spitzenkandidaten Barschel und Engholm angelegt ist. Das Landesergebnis zur Bundestagswahl ist für die Kieler Regierungspartei ein Alarmsignal, mit 41,9 Prozent liegt die CDU deutlich unter dem Bundesdurchschnitt, die SPD erreicht 39,8 Prozent. Im Norden kündigt sich ein Kopf-an-Kopf-

Rennen an. «Wir werden nicht den Fehler machen, Engholm zu unterschätzen», sagt ein CDU-Sprecher.

Aus ebensolchem Vorbedacht ist Pfeiffer in geheimer Mission in Bremen. Die Vorlage für die Scheinofferte an den Schwarzkopf-Manager Ballhaus, die er Piel im «Churrasco» gegeben hat, überträgt der Detektiv mit seiner Büroschreibmaschine auf einen Firmenbogen. Auf dem Briefkopf steht: «Detektivbüro Harry Piel, Fachberater für Wirtschaftskriminalistik und Objektsicherungsanlagen, diskret und zuverlässig.» Bei Piel wird später der Entwurf gefunden, der höchstwahrscheinlich auf Pfeiffers Reiseschreibmaschine getippt worden ist. Eine fast aufs Wort identische Version in Pfeiffers flüchtiger Handschrift, angeblich nach Barschels Diktat verfaßt, bewahrt der Medienreferent bei sich auf.

Dieses Papier ist ein Beleg dafür, daß in der Kieler Staatskanzlei zeitgleich an der anonymen Steueranzeige wie an der Vorbereitung der Engholm-Bespitzelung gearbeitet wird. Denn die Notizen für Piel befinden sich auf der Rückseite eines kopierten Presseausschnitts mit der laufenden Nummer 35. Die Seite 4 des handschriftlichen Anzeigenentwurfs ist auf der Rückseite von Blatt 30 der Kopien gefertigt. Dort stehen falsche Zahlen über die vermutete Höhe der vermeintlichen Steuerhinterziehung, die mit einem kräftigen Strich getilgt worden sind, und genau diese Druckspur findet sich auf dem für Piel bestimmten Entwurf wieder.

«Entsprechend Ihrem Wunsch», heißt es in dem «persönlich/vertraulich» an Ballhaus adressierten Angebot, «sind wir gern bereit, die Sicherheitseinrichtungen auf Ihrem Hamburger Firmengelände zu überprüfen und Ihnen dazu Verbesserungsvorschläge zu unterbreiten. Die Sicherheitsanalyse erfordert einen finanziellen Aufwand von DM 50000,–. Wir bitten Sie, ein Viertel dieses Rechnungsbetrages vor Beginn unserer Arbeiten auf unser o. g. Konto anzuweisen. Unmittelbar nach Eingang dieses Betrages werden wir unsere Untersuchung aufnehmen.»

Am Montag oder Dienstag trifft der Piel-Brief bei Ballhaus

ein, der damit zu Firmenchef Schwarzkopf geht und ihm erläutert, daß das Kodewort «Sicherheitsanalyse» die Beschaffung von Hintergrund-Informationen über die «Monitor»-Sendungen kaschieren solle. Auch Schwarzkopf findet die Tarnbezeichnung treffend: «Es geht ja um Sicherheit des Geschäfts, des Umsatzes.» Am 5. Februar wird die geforderte Anzahlung, einschließlich Mehrwertsteuer 14250 Mark, auf Piels Konto bei der Volksbank Beverstedt überwiesen, der Eingang dort wird am 10. Februar verbucht. Ballhaus läßt den Brief von Piel nicht etwa bei den Geschäftsakten ablegen, sondern bewahrt ihn in seinem Schreibtisch auf.

Sicher ist, daß der Werkschützer Piel nichts unternimmt, um buchstabengetreu eine Leistung zu erbringen, die der Rechnungsstellung entspricht, also etwa ein Konzept zur besseren Bewachung des Schwarzkopf-Firmengeländes zu entwickeln. Unklar bleibt hingegen, ob er Spitzel auf den TV-Journalisten Bednarz ansetzt. Piel bestreitet dies, obwohl er den Namen noch mindestens zweimal auf Schmierzetteln notiert, die im Zusammenhang mit der Engholm-Beschattung stehen. Bednarz selbst sagt später, er habe «im Umfeld meiner Wohnung einige merkwürdige Typen beobachtet, die sich allerdings so tolpatschig benommen haben, daß ich dachte, die wären vom Verfassungsschutz»; er habe dem aber «keine Bedeutung beigemessen».

Im dunkeln bleibt auch, ob Firmenchef Schwarzkopf weiß, wofür die 50000 Mark tatsächlich bezahlt werden sollen; er glaubt womöglich wirklich an die phantastische Dioxan-Geschichte, die ihm sein Geschäftsführer Ballhaus aufgetischt hat. Gewichtige Indizien sprechen dafür, daß Ballhaus den wahren Verwendungszweck des Geldes kennt. Zum einen mahnt er die angeblichen Hintergrund-Informationen über «Monitor», die nie eintreffen, nicht an. Zum andern berichtet Günter Meienberg, der Mitarbeiter in Barschels Pressestelle, der nebenamtlich die Geschäfte der Stiftung Herzogtum Lauenburg führt, von einem merkwürdigen Zufall: Im Dezember 1986 habe Ballhaus eine Spende von 50000 Mark zugunsten der Stiftung avisiert, doch als Meienberg später den Schwarzkopf-Manager und den Ministerpräsidenten an das Versprechen erinnert, reagieren beide abweisend. Ein solches Verhalten ist jedoch nur verständlich, wenn Barschel und Ballhaus davon ausgehen, daß die «Spende» schon geflossen ist.

Noch am Sonntag bestellt Detektei-Chef Piel zwei freiberufliche Mitarbeiter für die Beschattung des schleswig-holsteinischen Oppositionsführers. Hermann Dierken aus Ganderkesee bei Bremen und Bernd Jabben aus Bülkau bei Cuxhaven, arbeiten manchmal auf Honorarbasis für Piel. Die jungen Männer, beide um die Dreißig, betreiben das Ausspionieren als Gelegenheitsjob, für den es ohnehin kein festes Berufsbild gibt. Dierken hat mal einen «Kurs» bei einem Hamburger Sicherheitsdienst besucht, Jabben hat, so Dierken, «nicht die Ausbildung, die ich habe».

Dierken ist sich ganz sicher, daß Piel davon gesprochen hat, sie sollten Engholm «in Richtung Männerbekanntschaften observieren», Piel jedoch behauptet, Anlaß zur Beschattung des SPD-Mannes sei der «Verdacht auf Steuerhinterziehung» gewesen. Warum er dann nachts Engholms Haus überwachen läßt, vermag er nicht zu erläutern. Offensichtlich ist es eine Schutzbehauptung. Denn personenbezogene Daten dürfen Detektive nur unter zwei Voraussetzungen ermitteln: «Der Auftraggeber», erläutert der Bundesverband deutscher Detektive die Rechtslage, «muß ein berechtigtes Interesse nachweisen, der Detektiv muß diese Erklärung prüfen.» Piel kann jedoch schwerlich begründen, warum er im Auftrag eines Polit-Funktionärs oder eines Staatsbediensteten – wie immer sich Pfeiffer bei ihm eingeführt haben mag – das Privatleben eines politischen Gegners ausspähen läßt.

Dierken und Jabben brechen am 27. Januar in aller Herrgottsfrühe auf nach Kiel. Kurz vor neun meldet sich Dierken beim Pförtner im Landeshaus, Jabben bleibt draußen im Auto. Mit dem Paternoster fährt Dierken in den ersten Stock, wo Pfeiffers Büro liegt. Der Medienreferent zeigt dem Detektiv zunächst ein paar Engholm-Fotos und sagt, er wolle über den

SPD-Mann «alles wissen, jede Stunde, jede Minute, alles was er macht». Beabsichtigt sei, Engholm irgendeinen Fehltritt nachzuweisen, der sich im Landtagswahlkampf ausschlachten lasse.

An diesem und am nächsten Tag ist Plenarsitzung im Landtag. Pfeiffer führt Dierken, den er als Praktikant einer Bremer Zeitung vorstellt, an einen freien Platz auf der Pressetribüne, von wo aus er Engholm beobachten kann. Während Jabben draußen bei Eiseskälte friert, muß sich Dierken drinnen «den ganzen Tag das trostlose Palaver anhören», dabei aber auch immer journalistisches Interesse heucheln, um bei den «Kollegen» keinen Argwohn zu erregen. Wenn Engholm den Saal verläßt, folgt ihm Dierken auf dem Fuße. Auch im Landeshaus, hat ihm Pfeiffer erklärt, gebe es Gelegenheit für Schäferstündchen: «Sie wissen ja, wie Politiker sind, die können mal eben für zwei Stunden verschwinden, wenn da gerade nichts Relevantes geschieht.» Doch wenn Engholm die Tür seines Dienstzimmers hinter sich schließt, ist der Detektiv wieder außen vor.

Dierken treibt sich deshalb die längste Zeit in Pfeiffers Büro herum. Von dort hält er per Funksprechgerät mit seinem Kompagnon Kontakt. Er sitzt auf der Fensterbank, das Walkie-talkie in der Hand, als im Laufe des Vormittags Jutta Schröder den Raum betritt. Pfeiffer stellt ihr Dierken vor, erst später, als sie wieder allein sind, weiht er sie ein: Das sei einer von den beiden Detektiven, «die auf das Sexualleben von Herrn Engholm angesetzt sind». Zu Dierken sagt Pfeiffer, wenn er nicht da sei, dürfe er nur Frau Schröder Nachricht hinterlassen. Daran merkt Dierken, daß die Sekretärin über seinen Auftrag Bescheid weiß.

Mit Pfeiffer sinnt der Detektiv darüber nach, «wie man an den Engholm rankommen kann»: «Das ist ja doof», meint er, «den ganzen Tag so herumzulungern, und es tut sich nichts.» Pfeiffer gibt ihm einen Tip: Der SPD-Fraktionsvorsitzende habe einen Mitarbeiter, der sei «mal Pfarrer gewesen» oder habe «Theologie studiert» und lebe «alleinstehend». Das sei ja womöglich ein Anhaltspunkt für homosexuelle Beziehungen. Dierken ruft den Mann im SPD-Fraktionsbüro an. Er gibt sich als «ein Genosse vom Umland» aus, der «was sagen kann über innerparteiliche Differenzen in der CDU». Er habe auch ein «Dossier über Barschel» und will wissen, wo man sich mal treffen könne. Auf diese Weise erfährt Dierken die Privatanschrift des Engholm-Mitarbeiters in Flintbek. Mit Jabben fährt er am Abend dorthin und «guckt die ganze Gegend ab, ob irgendwo Engholms BMW steht oder ob er mit seinem Chauffeur irgendwo hinfährt». Aber es tut sich nichts.

Auch zu Engholm selbst sucht Dierken vergebens Kontakt. Er ruft eine Sekretärin an, gibt sich als «Mitarbeiter von Radio Bremen» aus und bittet um einen Interview-Termin. Doch die Vorzimmerdame verlangt, er solle seine Fragen vorher schriftlich einreichen, am besten per Telex. Dierken windet sich heraus, denn an der Fernschreiber-Kennung würde der Schwindel auffliegen.

Pfeiffer und Dierken erörtern, ob der Detektiv in Engholms Dienstzimmer eindringen und ein Abhörgerät installieren soll. Von Pfeiffer kommt laut Dierken der Vorschlag, der Detektiv könnte sich «abends der Putzkolonne anschließen, mit irgendeinem Kittel, und wenn die Räume gereinigt werden, in die Schubladen reingucken». Dierken wendet angeblich ein, daß Engholm «geheime Dokumente sicherlich im Stahlschrank wegschließt, was soll ich dann da machen?». Nach Pfeiffers Aussage ist der Einbruch Dierkens Idee, er entschieden dagegen: «Um Himmels willen, das würde einen solchen Riesenskandal auslösen, daß Sie und ich ein toter Mann wären!»

Am Mittwochnachmittag, nach einem etwas abrupten Ende der Landtagssitzung, die eigentlich bis zum Abend dauern sollte, entwischt Engholm seinen Beschattern. Dierken bekommt nur über Funk mit, daß Jabben mit seinem klapperigen alten Wagen versucht, Engholms Dienst-BMW zu verfolgen, dabei aber schnell abgehängt wird. Dierken kombiniert, daß Engholm wohl nach Hause fährt, setzt sich in seinen getunten VW-Scirocco und «Attacke hinterher, ab nach Lübeck».

Die Observation der Privatwohnung gestaltet sich genauso trostlos wie die Warterei in Kiel. Durch einen Kontrollanruf überzeugen sich die Detektive, daß Engholm zu Hause ist. Im Schutze der Dunkelheit gehen sie vor dem Haus spazieren, aber sie hören nur mal, wie Engholm Besuch verabschiedet.

Ab und an telefoniert Dierken mit Pfeiffer und Piel, um Zwischenberichte zu erstatten, daß es keinerlei Vorkommnisse gibt. Statt in die Zelle an der nächsten Straßenecke zu gehen, fährt der Detektiv jedesmal zum Postamt, weil er die Belege abrechnen will. Dabei entgeht ihm, daß die Zielperson das Haus verläßt: Anderthalb Tage verbringt Engholm bei einer Klausurtagung der SPD, ohne daß die Detektive seine Abwesenheit bemerken. Ebenso kriegen sie nicht mit, daß Engholm am Freitag abend zur NDR-Talkshow nach Hamburg fährt – Dierken erfährt davon am Telefon von Piel, der den Politiker am Bildschirm sieht.

Erst hält Dierken den auf Erfolgsmeldungen drängenden Pfeiffer hin: «Wir müssen Geduld haben.» Dann versucht er seinem Auftraggeber den Wahn von Engholms ausschweifendem Lebenswandel auszureden: «Herr Pfeiffer, das können Sie abhaken, da ist nichts.» Auf den Medienreferenten macht Dierken «einen relativ unintelligenten Eindruck», so daß er Piel anruft und sich beschwert: «So geht das nicht. Wenn, dann muß das schon ein Spitzenmann oder müssen das Spitzenleute sein.» Am Montag, dem 2. Februar, bricht Piel das Unternehmen vorerst ab und beordert die beiden Detektive zurück. Später hält Piel Dierken vor, durch seine «Dusseligkeit» sei ihm «ein Auftrag über 50 000 Mark durch die Lappen gegangen».

Jutta Schröder findet die Bespitzelung «ganz schlimm». Sie redet Pfeiffer ins Gewissen. Schon bald nach seinem Dienstantritt in Kiel hat sich ein «Vertrauensverhältnis» zwischen ihnen entwickelt, auch menschlich kommen sie sich näher. Die Sekretärin, ein Jahr jünger als Pfeiffer und Mutter zweier halbwüchsiger Söhne, lebt in Scheidung. Vor ihrer Zeit bei Pfeiffer war sie Ahrendsens Sekretärin, in der Regierungszentrale gilt sie als besonders zuverlässige und verschwiegene Kraft.

Pfeiffer sagt ihr, er teile ihre Meinung, daß die Engholm-Beschattung eine «schmutzige Sache» sei, «aber ich muß die Aktion so geschickt bremsend fahren, daß da nichts dabei herauskommt». Er ist deshalb «ziemlich froh», daß die beiden Detektive «auch nun wirklich keinerlei Ergebnisse bis auf Spesen vorweisen» können. Vor Jutta Schröder rechtfertigt er sich: «Was bleibt mir anderes übrig, auch Springer erwartet Leistung von mir.» Er sei schließlich von dem Verlag zu dem Zweck freigestellt worden, für Barschel die Wahl zu gewinnen. Pfeiffer fragt sie: «Wenn ich hier wieder abhaue, würdest du dann mitgehen?»

Am 8. Februar hat Jutta Schröder Geburtstag, tags darauf Pfeiffer. In dieser Nacht diskutieren sie wieder stundenlang miteinander, bis sie erschöpft einschlafen. Vier Stunden später klingelt der Wecker, müde fahren sie ins Büro. Mittags haben sie die Bediensteten der Staatskanzlei und befreundete Journalisten zu einer gemeinsamen Geburtstagsfeier eingeladen, für die sie sich die Kosten teilen. Sie lassen mächtig auftafeln, Riesenplatten mit Aal und Lachs, dazu Rot- und Weißwein. Die Kollegen sind solchen Aufwand nicht gewohnt, einige mokieren sich darüber. Aber Pfeiffer hat sich vorgenommen: «Ich zeig' denen mal, wie man so was macht.» Und tatsächlich langen alle ordentlich zu. Pfeiffer selbst ißt nur zwei kleine Schnittchen, den Wein jedoch verschmäht er nicht.

Um 15 Uhr ist Referentenkonferenz, zu der sich die Pressereferenten der Ministerien und der Staatskanzlei versammeln. An sich ist es üblich, daß die Landesbediensteten an ihrem Geburtstag ab 12 Uhr mittags freinehmen dürfen. Pfeiffer geht trotzdem zu der Besprechung. Mit gewohnt monotoner Stimme hält Staatssekretär Behnke einen Vortrag, der kurze Schlaf und der Alkohol tun ein übriges – Pfeiffer nickt ein. Sein Nachbar rüttelt ihn wach, einige der Umsitzenden kriegen es mit. Er sei «wirklich nicht besoffen», beteuert er, und selbst Behnkes Sekretärin, die ihn, wie er weiß, «auf den Tod nicht ausstehen kann», sagt hinterher, Pfeiffer sei «keineswegs schwankend gegangen». Aber seither heißt es in der Staatskanzlei, Pfeiffer habe Alkoholprobleme. Der kümmert sich jedoch nicht um den Kollegenklatsch und trinkt weiter unverdrossen beim Mittagessen in der Kantine einen Edelzwicker oder einen Blanc de Blancs, manchmal auch einen Malteser-Aquavit.

An Pfeiffers Geburtstag nimmt ein neues Detektiv-Team in Piels Diensten, Manfred Kuffel-Neubert und Nikolaus Maier, die Beschattung Engholms auf. Kuffel-Neubert ist «Filialleiter» in Piels Bremerhavener Zweigniederlassung, Maier ist im Hauptberuf Hafenfacharbeiter bei der Bremer Lagerhausgesellschaft. Sie mieten am Morgen bei der Firma Miera in der Nähe des Holstentores einen in Lübeck zugelassenen Mercedes 190E, «um bei der Observation nicht aufzufallen» (Maier), Kuffel-Neubert fährt jedoch seinen eigenen VW-Jetta. Als Björn Engholm und seine Frau Barbara am Vormittag mit ihrem privaten BMW der 3er-Serie von der Wohnung wegfahren, nehmen die Detektive die Verfolgung auf, doch schon Minuten später verlieren sie ihre Zielperson in der Innenstadt. Weil sie Engholm nicht wiederfinden, fahren die Schnüffler nach Kiel zum Landeshaus, in dessen Umgebung sie die Tiefgaragen und Parkplätze abklappern. Auch dort werden sie nicht fündig. Also fahren sie zurück nach Lübeck, wo der kleine weiße BMW wieder vor der Tür steht. Doch Engholm bekommen die Detektive an diesem Tag nicht mehr zu Gesicht.

Am nächsten Morgen wechseln die Detektive den Mietwagen. Beim Autoverleih Avis wollen sie ein von Piel vorbestelltes Fahrzeug abholen, aber statt eines Wagens mit HL-Nummer bekommen sie nur einen BMW 316 mit dem Münchner Kennzeichen M – ZR 6184. Es dauert bis nach 15 Uhr, ehe sie Engholm vor dem Kieler Landeshaus entdecken, wie er gerade in Richtung Autobahn davonfährt. Jetzt bleiben die Spürnasen dran. In Blumenthal, wenige Kilometer vor der Landeshauptstadt, besucht der SPD-Fraktionschef den Bürgermeister Peter Tews. Rundherum ist freies Gelände, es stehen da nur wenige einzelne Häuser. Die Späher merken, daß sie hier kaum längere Zeit im Auto sitzen bleiben können, ohne aufzufallen.

Maier macht zwei Fotos vom Eingangsschild des Tews-Hauses. Dabei beobachtet ihn ein älterer Mann und spricht ihn an. Er droht damit, die Polizei zu holen, und schreibt sich das Kennzeichen des Leihwagens auf. Maier fährt mit dem Auto ein Stück weiter, parkt aber mit Sichtkontakt zum Eingang des Tews-Hauses.

Nachdem Engholm den Besuch beendet hat, fahren die Detektive wieder hinter ihm her. Unterwegs verfährt sich Engholms Chauffeur und wendet in einer Einfahrt, so daß der Dienst-BMW den Verfolgern auf einmal entgegenkommt. Die haben «nun das Gefühl, daß unsere Observation irgendwie bemerkt worden» ist, und brechen die Hetzjagd sofort ab. Im nächsten Dorf ruft Kuffel-Neubert den Detektei-Chef Piel an, um ihm das vermeintliche Mißgeschick zu beichten. Mit Pfeiffer hatte das zweite Detektiv-Duo an beiden Einsatztagen keinen Kontakt. Pfeiffer weiß daher nicht, daß Piel das Team ausgewechselt hat.

Im mehreren Bundesländern recherchieren Kripo-Fahnder nach möglichen Hintermännern der Detektive, «betr. verdacht der ausspaehung z. n. sh oppositionsfuehrer engholm» (so ein Polizei-Telex). Die Spuren verlaufen sich im Bremischen. Am 12. Februar tickert die Lübecker Kripo: «die hier gefuehrten ermittlungen haben ergeben, dasz manfred kuffel-neubert und nikolaus maier offensichtlich angestellte der detektei piel, bremerhaven, hafenstr. 179, 0471/50 12 00, sind ... es war nicht festzustellen, wo die beiden detektive uebernachteten und welchen auftrag sie hatten.»

Das Fernschreiben kommt auch auf den Schreibtisch des Bremer Kriminalhauptkommissars Frank Herrmann. Als der den Namen Piel liest, «klingelt es» bei ihm. Er beginnt «zu ahnen, in was ich hineingeraten war», und bekommt «ganz gewaltige Bauchschmerzen». «Stocksauer» beschimpft er Piel am Telefon, «wie er überhaupt eine solche Sache machen könne und dann noch so laienhaft». Dieselben Vorhaltungen macht er auch Pfeiffer, der sich am 17. Februar telefonisch bei Herrmann meldet und bis dahin vom «Aufplatzen der Observation»

(Herrmann) nichts weiß. Erst bei diesem Gespräch erfährt der Kriminalbeamte, wo Pfeiffer tatsächlich arbeitet. Der Kieler Medienreferent beschwichtigt Herrmann, «daß die Sache ja nicht unbedingt mit Engholm zusammenhängen müsse», doch der Kripo-Mann nimmt ihm dies nicht ab.

Der schleswig-holsteinische Oppositionsführer, seit Jahren Mitglied der Parlamentarischen Kontrollkommission für die Überwachung des Verfassungsschutzes, ahnt derweil nichts davon, daß er selbst zum Objekt gleichsam geheimdienstlicher Ausspähung geworden ist. Die Kieler Kriminalhauptkommissarin Annette Riege gibt zwar dem SPD-Pressesprecher Klaus Nilius am 11. Februar den Tip, Engholms Fahrer solle «öfter mal in den Rückspiegel sehen», ob ihnen jemand folge. Aber von den Detektiven berichtet sie nichts, auch nicht am nächsten Tag, als sie Nilius Entwarnung signalisiert, daß aus Sicht der Polizei «ein Gefährdungstatbestand nicht gegeben» sei.

Daß Engholm von Detektiven ausgespäht worden ist, verschweigen ihm, auf ausdrückliche Anweisung der Kieler Staatsschutzabteilung, auch die drei Beamten, die den SPD-Fraktionsvorsitzenden am 20. Februar zu einer routinemäßigen, bereits länger terminierten Sicherheitsberatung in seiner Wohnung aufsuchen. Der Erste Kriminalhauptkommissar Norbert Zimniak, Sachgebietsleiter beim Staatsschutz, meint später, der Fall sei «nicht erörterungsnotwendig» gewesen; die Polizei müsse darauf achten, «die Person nicht in eine psychische Horrorsituation zu treiben». Ohne daß der Auftraggeber Piels ermittelt wird, geht die Polizei davon aus, daß das Ereignis in Blumenthal «keine Ausspähung mit terroristischem oder extremistischem Hintergrund» war.

Fast zur gleichen Zeit, als Pfeiffer von seinem Bremer Kontakter Herrmann die Nachricht erhält, daß die Detektive aufgeflogen sind, erfährt er, angeblich aus dem Munde Barschels, daß auch die Steueranzeige ein Fehlschlag war. Die durch den anonymen Brief ausgelöste Untersuchung habe ergeben, daß Engholm «alle seine Steuern auf Heller und Pfennig bezahlt» habe, «leider».

Die Information hat Barschel von Finanz-Staatssekretär Schleifer. Der ist am Abend des 11. Februar von einer zweiwöchigen Urlaubsreise zurückgekehrt. Der Lübecker Finanzamtsleiter Förster hatte am 27. Januar Schleifers büroleitendem Beamten, dem Oberamtsrat Wolfgang Kühn, mitgeteilt, daß die anonymen Anschuldigungen gegen Engholm «haltlos» seien. «In einem engen zeitlichen Zusammenhang» zu Schleifers Rückkunft, also wohl wenige Tage nach dem 11. Februar, hat der Ministerpräsident ihn morgens angerufen. Das Gespräch, da ist sich der Staatssekretär ganz sicher, wurde «über die jeweiligen Vorzimmer vermittelt». Kühn wurde Zeuge des Telefonats, weil er sich zufällig im Dienstzimmer des Staatssekretärs befand.

«Aus der Art der Fragestellung» Barschels, so etwa nach der Versteuerung des Dienst-Pkw, entnahm Schleifer, daß der Ministerpräsident den Inhalt der anonymen Anzeige kannte; Schleifer zog daraus den Schluß, «daß auch ihm eine Ablichtung zugegangen ist». Er vermutete, daß die Anzeige «weit gestreut» worden ist. Über die telefonische Anfrage Barschels informierte der Staatssekretär sogleich seinen Minister Roger Asmussen.

Während Pfeiffer, wie er sagt, «erleichtert» darüber ist, daß die Detektive keine Anhaltspunkte für einen unmoralischen Lebenswandel des Oppositionsführers finden konnten, empfindet er «Wut» wegen des schmählichen Fiaskos mit der Steueranzeige. Er fühlt sich von Barschel «geleimt», der ihm aufs Geratewohl, ohne die Spur eines Beweises, die Denunziation aufgetragen hat. «Wenn man als Journalist eine Information bekommt und kann sich auf den Informanten nicht verlassen, und das ist dann noch ein Ministerpräsident – das ist doch wahnsinnig.» Daß das, woran er mitgewirkt hat, sittlich verwerflich und strafrechtlich relevant sein könnte, bekümmert ihn offenbar weniger als der Umstand, daß sein professioneller Reporter-Ehrgeiz mißbraucht wurde. Aber schon steckt Pfeiffer mittendrin in den nächsten Aktionen.

8
« Unter Nerventerror setzen »

Der angedichtete Aids-Verdacht

Donnerstag, 5. Februar. Die «Bunte» erscheint mit der Schlagzeile auf dem Titelblatt: «Rufmord mit Aids – Prominente im Zwielicht». Die dazugehörige Geschichte auf Seite 23 trägt die Überschrift: «Das tödliche Gerücht», Unterzeile: «Aids – immer häufiger ruiniert dieses Wort den guten Ruf schöner Frauen und berühmter Männer. Und Dementis nützen nichts.»

Aufhänger für die Story ist das Schicksal der französischen Schauspielerin Isabelle Adjani («Ein mörderischer Sommer»), die sich, ebenso verzweifelt wie vergebens, gegen das Getuschel zur Wehr setzt, sie sei mit dem tödlichen Virus infiziert – gegen die üble Nachrede helfen ihr weder öffentlich angekündigte Fototermine noch ein Auftritt im Fernsehen, weder ein spektakulärer Restaurant-Besuch mit dem französischen Kulturminister noch die Tatsache, daß der Präsident des Ärzteverbands höchstselbst den negativen Aids-Befund veröffentlicht.

Unter Aids-Getratsche haben, so die «Bunte», auch prominente Deutsche zu leiden, etwa der Darsteller Raimund Harmstorf oder der Modeschöpfer Wolfgang Joop. «Diese grausame Sportart wird immer beliebter», berichtet die Illustrierte: «Es ist so leicht, irgendeinen Menschen fertigzumachen, mit ein paar Andeutungen zu erledigen. Und es ist unendlich schwierig, dieser Vernichtung zu entgehen.»

Was bei den «Bunte»-Lesern Abscheu hervorrufen soll, scheint Barschel zu animieren, die heimtückische Methode gegen den verhaßten Engholm anzuwenden. Mit der «Bunten» in der Hand, so Pfeiffer, berauscht sich Barschel an der Vorstellung, dem Kontrahenten Aids-Verdacht anzudichten. Er ist besessen von der fixen Idee, der Sozialdemokrat sei bisexuell, also sei eine HIV-Ansteckung nicht von der Hand zu weisen. Piels täppische Detektive haben zwar weder Damenbesuche noch verdachterregende Männerbekanntschaften festgestellt, aber von fehlenden Fakten läßt sich Barschel, nach Pfeiffers Darstellung, nicht irritieren. Das sei doch «eine Wahnsinns-Unterstellung», wendet der Referent ein. Barschel hat indes bereits eine Idee, wie Engholm «einzuschüchtern» sei: Er fragt seinen Gehilfen, ob er sich zutraue, Engholm anzurufen und sich als Arzt auszugeben.

Pfeiffer hat von Jugend an einen Hang zur Schauspielerei, aber diese Rolle ist ihm angeblich «zuwider». Später sagt er, er habe sich «geschämt»: «Das war die schmutzigste Aktion, die wir je gefahren haben.» Dennoch befolgt er Barschels Regieanweisungen. Er beruft sich auf eine Art Befehlsnotstand: «Wenn der Ministerpräsident mir einen Auftrag gibt, dann muß ich doch loyal sein.»

Um 10.18 Uhr, der Telefon-Computer hält Zeit und Datum genau fest, ruft Pfeiffer zum ersten Mal als «Dr. Wagner» bei Engholm an – nicht vom eigenen, sondern von Ahrendsens Apparat. Der Vize-Sprecher ist zu einem Redaktionsbesuch bei der «Bergedorfer Zeitung» aufgebrochen, Pfeiffer telefoniert öfters in fremden Dienstzimmern, wenn keiner da ist und er ungestört sein will. Manchmal schließt er sich sogar im Zimmer von Kollegen ein, während die zum Mittagessen in die Kantine gehen.

Er stehe den Sozialdemokraten «sehr nahe», schmeichelt sich der falsche Arzt bei Engholm ein. Scheinbar besorgt berichtet er, eine Aids-kranke «Person» – deren Geschlecht er bewußt offen läßt – habe in seiner Praxis gebeichtet, neben mehreren anderen Kontakten auch intime Beziehungen zu Engholm unterhalten zu haben. Der Anrufer rät dem SPD-Mann, schleunigst einen HIV-Test machen zu lassen.

Engholm reagiert, so Pfeiffer, «schockiert», ihm verschlägt es erst mal die Sprache: Er schweigt «etwa eine halbe Minute». Dann ringt er fassungslos nach Worten. Die Sache, meint Engholm laut Pfeiffer, könne nur «mit diesen schmutzigen Rufmordkampagnen» zusammenhängen, derer er sich seit Jahren erwehren müsse: «Ich glaube, wir beide laufen hier einer Riesensauerei auf.» Ohne weitere Abmachung legt der falsche Dr. Wagner auf, das Gespräch dauerte genau zwei Minuten.

Engholm ruft gleich seinen Hausarzt Peter Thoemmes an und berichtet ihm von dem seltsamen Dr. Wagner. Thoemmes klappert, als «erste Reaktion» auf die Engholm-Mitteilung, telefonisch «sämtliche Lübecker Dr. Wagners» ab, die er kennt und fragt die Kollegen, ohne den Anlaß zu nennen, ob sie ihm «einen Patienten in die Praxis geschickt» hätten. Dabei wird, so Thoemmes, «sehr schnell klar, daß es die nicht waren und da nichts in Frage kam». Thoemmes rät Engholm, er solle diesen Dr. Wagner, falls der sich noch einmal meldet, bitten, sich mit ihm als Arzt in Verbindung zu setzen.

Barschel will es laut Pfeiffer tatsächlich nicht bei dem einmaligen Anruf bewenden lassen. Bei einem gemeinsamen Abendessen in der Dienstwohnung des Ministerpräsidenten, im sogenannten «Haus B» neben der Staatskanzlei, schmieden sie ihre finsteren Ränke weiter. Fünf Stunden, sagt Pfeiffer, sitzen sie «bei Steak und Wein» zusammen, Barschel trinkt nur Mineralwasser, weil er abnehmen will. Am Ende des Arbeitsessens beschließen sie, daß sich Pfeiffer medizinisch sachkundig machen und Engholm mit weiteren Details konfrontieren soll.

Der Referent fragt beim Kieler Sozialministerium an, ob die Behörde Informationsmaterial über Aids habe. Zufällig wird dort gerade eine Dokumentation zusammengestellt, Pfeiffer läßt sich von dem «mehrseitigen Schinken» eine Telekopie schicken. Außerdem erkundigt er sich bei einem befreundeten Arzt nach den häufigsten Anzeichen für eine Aids-Diagnose. Der nennt ihm das «Kaposi-Sarkom», einen durch das HIV-Virus begünstigten Metastasen-Befall des Magen-Darm-Traktes. Eifrig studiert Pfeiffer einschlägiges Schrifttum, übt mit lauter Stimme seinen nächsten Telefon-Auftritt.

Am 17. Februar ruft der Pseudo-Doktor wieder beim Oppositionsführer an. Die fragliche Person, schützt er vor, komme nochmals zu ihm in die Sprechstunde, ob Engholm schon etwas unternommen habe. Der fragt, laut Pfeiffer, zurück, ob der Anrufer ihm den Namen nennen könne. Nein, sagt der falsche Mediziner, «die Person hat Angst, unter Druck gesetzt zu werden». Wo der Doktor praktiziere, will Engholm wissen. «Irgendwo in Schleswig-Holstein», nähere Angaben verbiete ihm die Schweigepflicht, sagt «Dr. Wagner». Engholm empfiehlt ihm, sich an seinen Hausarzt Peter Thoemmes zu wenden.

Das tut Pfeiffer denn auch gut eine Stunde später. «Herr Kollege», redet er den Medikus an und schmeißt mit allerhand Fachvokabular um sich («Ich habe mich richtig sattelfest gemacht»), damit Thoemmes keinen Verdacht schöpfen soll. Thoemmes scheinen es, jedenfalls im nachhinein, «etwas angelernte medizinische Ausdrücke über Tests und Symptome» zu sein. Mißtrauisch bittet er «Dr. Wagner» um seine Telefonnummer, damit er zurückrufen könne; doch «Dr. Wagner» weicht aus, er werde wieder anrufen. «Dr. Wagner» schlägt vor, sich mit Thoemmes zu treffen, weil er das Problem nicht am Telefon besprechen wolle. Sie vereinbaren einen Termin für Mittwoch, den 25. Februar, um 14 Uhr bei Thoemmes in der Praxis. Wenige Stunden vor dem Treffen sagt «Dr. Wagner» telefonisch ab, teilt aber mit, die «infizierte Person» werde sich am 27. Februar unter einem Kodewort bei Thoemmes melden. Aber die taucht natürlich nie auf.

So erfährt Barschel allerdings auch nicht, ob sich Engholm über die mysteriösen Anrufe den Kopf zermartert. Pfeiffer gibt sich erleichtert: «Das war ein Schuß in den Ofen.» Der Tenor aller Telefonate, behauptet er, sei mit Barschel genau abgesprochen gewesen. Der Regierungschef habe die Parole ausgegeben, Engholm «unter Nerventerror zu setzen, um ihn vor der Wahl von der politischen Bühne verschwinden zu lassen».

Zur gleichen Zeit, da der falsche Dr. Wagner den Oppositionsführer mit dem Aids-Gerücht verschreckt, dokumentiert Barschel, wie sehr ihn das Thema Aids beschäftigt – ein gewichtiges Indiz dafür, daß Pfeiffer dessen Anstifter-Rolle richtig beschreibt: Ohne Rücksprache mit den Fachleuten aus dem Sozialministerium oder mit Referenten seiner Pressestelle verfaßt der Ministerpräsident am 18. Februar während einer Landtagssitzung, bei der es um ganz andere Probleme geht, eigenhändig eine Pressemitteilung. Kernaussage: «Bester Schutz gegen Aids ist Vertrauen in der Partnerschaft.»

Ebenfalls an diesem 18. Februar startet Pfeiffer die Aktion, die schließlich als einzige zu dem von Barschel gewünschten Erfolg führt: die «Zersetzung» der Unabhängigen Wählergemeinschaft. Der Ministerpräsident fürchtet, daß ihn die Splittergruppe um den Wahlsieg bringen könnte. Immer wieder warnt er vor der «Zersplitterung des bürgerlichen Lagers». In einem Interview malt er das Schreckgespenst aus: «Wenn das Wahlergebnis knapp wird, dann erhöht natürlich jede Stimme, die uns durch die unabhängige Gruppe genommen wird, die Gefahr, daß das rot-grüne Bündnis realisiert wird.»

Viele UWSH-Mitglieder haben mal der CDU angehört, der sie aus unterschiedlichsten Gründen abtrünnig geworden sind. Ein prominenter CDU-Dissident ist Professor Emil Schlee, bis Frühjahr 1986 Bundessprecher der Landsmannschaft Mecklenburg und ehemaliger Vertriebenen-Beauftragter der Kieler Landesregierung; er ist 1984 aus der Union ausgetreten, weil ihm deren Deutschland- und Ostpolitik nicht mehr paßt. Als Sonntagsredner vor Flüchtlingen oder auch mal bei einem «Stahlhelm»-Treffen schlägt Schlee, der zweite stellvertretende Vorsitzende der UWSH, extrem rechte Töne an.

Das Wahlprogramm der UWSH ist ein kunterbuntes Kaleidoskop aus dem rechten politischen Spektrum, aber die Haßliebe zur Union läßt zwei Grundströmungen erkennen: Die einen wollen, auf Teufel komm raus, nach der Wahl mit Barschel kooperieren, die anderen lehnen ein Bündnis mit der CDU ebenso strikt ab.

Dem Vorsitzenden Guldager werden Minister-Ambitionen nachgesagt, doch im Vorstand der UWSH überwiegen die Gegner einer Koalition mit den Christdemokraten. Mißtrauisch verfolgen sie, wie Guldager taktiert. Daß er sich schon seit langem Barschel anbiedert, ahnen sie jedoch nicht. Auch der Ministerpräsident hängt den Umgang mit dem Professor nicht an die große Glocke. «Wir haben uns mal kennengelernt auf einem Schiff», erinnert er sich undeutlich, «im Rahmen der Kieler Woche, bei einer Regattabegleitfahrt.» Bei einer solchen Gelegenheit, im Sommer 1986, «haben wir mal ganz lose ins Auge gefaßt, ob wir nicht mal ein Gespräch miteinander führen wollten». Barschel betont: «Damals war noch gar nicht die Rede davon, daß er landesweit antreten wollte.»

Guldager ließ offenbar nicht locker. Er bedrängte Barschels Persönlichen Referenten Gerd-Harald Friedersen ständig wegen eines Termins und hat, laut Barschel, «sogar den Wunsch geäußert, daß ich zu ihm komme». Immer wieder gelingt es ihm, den aufdringlichen Professor abzuwimmeln. Eine neue Interessenlage ergab sich für Barschel, als Guldager ankündigte, seine UWSH werde bei der Landtagswahl kandidieren. Nun beriet sich Barschel mit dem Landesvorsitzenden Stoltenberg, dem Fraktionsvorsitzenden Klaus Kribben und dem CDU-Generalsekretär Rolf Rüdiger Reichardt, ob das von Guldager gewünschte Gespräch opportun sei.

«Wenn ich es führe», wußte Barschel, «heißt es, na, da wird sicher geredet über Koalition und so weiter, und alle möglichen Spekulationen schießen ins Kraut.» Die Parteifreunde gaben ihm dann aber «doch mehr den Rat, ich sollte dieses Gespräch führen, weil sonst der Eindruck entsteht, die CDU sitzt so auf dem hohen Roß, daß sie überhaupt Gespräche ablehnt».

Beide, Barschel wie Guldager, hatten also großes Interesse daran, ihre Begegnung geheimzuhalten, die am 16. Februar um 19 Uhr im Hamburger «Alsterkrug-Hotel» in der Nähe des Flughafens stattfand, nur Friedersen war Zeuge. Die Gesprächspartner vereinbarten absolute Vertraulichkeit über die vier Stunden dauernde Unterredung. Guldager mochte in seinem Vorstand ohnehin keinen einweihen: «Schleswig-Holstein verlangte das», rechtfertigt er später seine Geheimpolitik. Von Barschel haben «über die Existenz dieses Gespräches überhaupt nur sehr wenige Mitarbeiter erfahren, über den Inhalt niemand».

Dennoch kann Pfeiffer den UWSH-Vorsitzenden zwei Tage

später mit Details aus dem Geheimtreffen verblüffen. Während einer Vorstandssitzung im Hotel «Cap Polonio» in Pinneberg wird Guldager ans Telefon gerufen. Der Anrufer, der sich als «Pfeiffer, ‹Bild›-Zeitung» vorstellt, erklärt dem Parteichef, sein Widersacher Schlee beanspruche für sich den zweiten Platz auf der Landesliste, andernfalls werde er aus der Partei austreten. Als Guldager ins Sitzungszimmer zurückkehrt, wirkt er auf die Vorständler «konsterniert» (so Eckhard Stolzenburg, der Pressesprecher). Der Professor berichtet über den Inhalt des Telefonats. Die Runde ist ratlos. Einen Rückruf hat Pfeiffer mit der Ausrede abgeblockt, er rufe von einer Telefonzelle an. Guldagers sofortiger Versuch, mit Schlee zu sprechen, scheitert auch; Schlee liegt krank im Bett, seine Frau wimmelt den Anrufer ab – allerdings nicht ohne den Hinweis, auch bei ihnen habe ein Pfeiffer angerufen und behauptet, Guldager wolle Schlee «aus der UWSH herausdrängen». Von entsprechenden Äußerungen Guldagers gebe es sogar Tonbandaufzeichnungen, die sich bei der «Bild»-Zeitung befänden.

Am nächsten Morgen erhält Schlee zu Hause in Raisdorf erneut einen Anruf von «Pfeiffer, ‹Bild›-Zeitung». Dem Parteivize erzählt der angebliche Reporter, es habe ein Gespräch zwischen Barschel und Guldager stattgefunden, und dabei habe Guldager gesagt, «mit so einem Rechtsradikalen» wie Schlee wolle er «nicht mehr an einem Tisch sitzen». Wenn Schlee auf dem zweiten Listenplatz beharre, dann könne er gleich «den Koffer nehmen».

Ebenfalls am 18. Februar – dem Tag, an dem der ominöse Pfeiffer dem UWSH-Vorstand abends in Pinneberg den ersten Schrecken einjagt – empfängt Barschel mittags in seiner Staatskanzlei eine lauenburgische Lokalgröße, die sich den Unabhängigen angeschlossen hat: Alexander von Wachholtz, ehrenamtlicher Bürgermeister der Kleingemeinde Müssen in Barschels Wahlkreis und Multi-Sportfunktionär, seit kurzem Beisitzer im UWSH-Vorstand und potentieller Kandidat für die Landtagswahl. Nach Barschels Darstellung geht es bei dem Dreieinhalb-Stunden-Gespräch lediglich um die von Wachholtz geäußerte Bitte an den Ministerpräsidenten, an einer Podiumsdiskussion des Kreissportverbands und der Kreis-CDU teilzunehmnen.

In Wahrheit nimmt sich der Regierungschef so viel Zeit für den Besucher, weil er von Wachholtz davon abbringen will, als direkter Gegenkandidat im Wahlkreis Lauenburg-Süd für die UWSH anzutreten. Aufgrund seiner vielen Ehrenämter wäre von Wachholtz ein ernst zu nehmender Konkurrent. Barschel, der von Wachholtz «seit mindestens zehn, vielleicht sogar 15 Jahren sehr gut» kennt, möchte den UWSH-Mann zur CDU herüberziehen. Deshalb kommt Barschel auch auf UWSH-Interna zu sprechen: «Zwischen Guldager und Schlee», erläutert er seinem Gast, «das wird nichts, die beiden sind zu verschieden.» Und als verrate er eine Neuigkeit, fragt Barschel von Wachholtz: «Wissen Sie eigentlich schon, daß Guldager den Schlee feuert?» Davon weiß von Wachholtz tatsächlich nichts, kann ja auch nichts wissen – denn Guldager will im Gegenteil, trotz aller Kontroversen um politische Positionen, seinen Stellvertreter als Stimmenfänger unter deutschnational gesinnten Wählern nicht verlieren.

Barschel scheint sich nicht sicher zu sein, ob von Wachholtz in dem langen Mittagsgespräch offen und ehrlich über seine Ambitionen als möglicher Landtagsbewerber gesprochen hat. Deshalb schickt er am 19. Februar, kurz nach 19 Uhr, seinen Medienreferenten vor. Pfeiffer soll telefonisch von Wachholtz auskundschaften, «wie er denn über Barschel denke» und ob er für die UWSH kandidieren werde. Barschel steht neben Pfeiffer, als der unter dem Namen «Morgenstern, dpa» bei von Wachholtz anruft. Auf einem Zettel hat Barschel notiert, wonach Pfeiffer fragen soll: «Chancen UWSH», «rot-grün», «Gefährdung Barschel». Während des Gesprächs kritzelt Barschel noch auf das Papier, «wo in Bad Oldesloe» am selben Abend eine UWSH-Veranstaltung stattfinde.

Tagungsort ist, wie Pfeiffer erfährt, der «Jever-Krug» in der holsteinischen Kreisstadt. Dort erhält, kurz vor 20 Uhr, Guldager einen Anruf, ebenfalls von einem «Morgenstern, dpa».

Wieder geht es um das angebliche Zerwürfnis zwischen den beiden Professoren an der Vereinsspitze. Diesmal, versichern Reiner Pfeiffer und Jutta Schröder, schlüpft jedoch Ahrendsen in die «Morgenstern»-Rolle. Angeblich verspricht er sich einmal und nennt aus Versehen seinen richtigen Namen, worauf Barschel wütend aufspringt. Ahrendsen behauptet später, er habe «zu keiner Zeit unter falschem Namen und schon gar nicht unter dem Namen ‹Morgenstern›» mit Mitgliedern der UWSH telefoniert. Gegen 21.30 Uhr trifft auch von Wachholtz im Oldesloer «Jever-Krug» ein und erzählt, wie Zeugen berichten, «ganz aufgeregt», was er von Barschel erfahren hat: daß Guldager Schlee hinausekeln wolle.

Guldager alarmiert Barschels Persönlichen Referenten Friedersen und berichtet ihm von den seltsamen Telefonaten. Zwei Tage später ruft Friedersen zurück, richtet «schöne Grüße» vom Ministerpräsidenten aus und teilt mit, daß Barschel und er nicht zur Aufklärung beitragen könnten. Bei «Bild», wo man nachgeforscht habe, sei ein Pfeiffer unbekannt.

Das ist geschwindelt, aber Friedersen weiß es vielleicht nicht besser. Denn ausgerechnet Pfeiffer wird, «wegen seiner guten Kontakte zum Hause Springer» (Friedersen), beauftragt, nach dem merkwürdigen Namensvetter zu fahnden – und Pfeiffer unternimmt natürlich gar nichts. Bis zu dem Zeitpunkt, als Pfeiffer nach Pfeiffer suchen soll, sagt Friedersen, habe außer den Gesprächsteilnehmern im «Alsterkrug-Hotel» nur einer in der Staatskanzlei davon gewußt: Staatssekretär Hebbeln.

Welches Gewicht Barschel den Unabhängigen und speziell seinem möglichen Gegner im Wahlkreis beimißt, belegt auch ein weiterer Anruf, den von Wachholtz am 21. Februar erhält, diesmal «von einem Pfeiffer, ‹Bild›-Zeitung»: Einen Tag vor seiner Abreise zu einem dreiwöchigen Urlaub in der Slowakei will Barschel Gewißheit haben, ob von Wachholtz für die UWSH kandidiert.

Tagelang bemüht sich Guldager vergebens, mit Schlee ein klärendes Gespräch zu führen. Aber wann immer er in Raisdorf anruft, läßt sich Schlee durch seine Frau verleugnen. Pressesprecher Stolzenburg und Landesgeschäftsführer Manfred Siemund versuchen, die zerstrittenen Professoren zu versöhnen. Doch Schlee ist das Barschel-Zitat («Guldager feuert Schlee») bereits hinterbracht worden. In einem Brief an die beiden Vermittler bekräftigt Schlee: «Ich habe nie Äußerungen über Listenplatzansprüche oder Fragen nach Verwendungen bei erfolgreicher Landtagswahl gemacht.» «Die jetzige Lage», schreibt Schlee, sei «entstanden durch die ‹Geheimpolitik› von Herrn Prof. Guldager, durch das Gespräch zwischen ihm und dem MP Dr. Barschel, das stattgefunden haben muß». Denn: «Das alles kann man sich nicht aus den Fingern saugen.»

In der Nacht vom 26. auf den 27. Februar, bei einer Vorstandssitzung auf dem Hof des Bauern August Wilkens in Goosefeld bei Eckernförde, die bis vier Uhr morgens dauert, wird Guldager von der gesamten UWSH-Spitze in die Zange genommen, bis er das Treffen mit Barschel eingesteht. Der Urheber der Telefon-Kampagne bleibt aber weiter im dunkeln. Stolzenburg glaubt nach wie vor, wie er gleich im Anschluß an die stürmische Nachtsitzung an Schlee schreibt, an eine «Intrige der ‹Bild›-Zeitung», die versuche, «durch geschickt gelenkte Nachrichten über Ihre Person den Vorstand auseinanderzudividieren». Am 1. März tritt Schlee bei den Unabhängigen aus, er schließt sich bald darauf den «Republikanern» an.

Pfeiffers «Zersetzungskampagne», urteilt Guldager später, habe zu «Unfrieden und persönlichen Diffamierungen» innerhalb der UWSH geführt und «enormen Einfluß» auf das Wahlergebnis gehabt. Am 13. September bleiben die Unabhängigen bei kläglichen 1,3 Prozent hängen – sie bekommen noch nicht einmal eine Wahlkampfkosten-Erstattung, denn Staatsgelder für Parteien gibt es erst von anderthalb Prozent an.

Schon früher will Pfeiffer von Staatssekretär Hebbeln gehört haben, «daß es einige ehemalige Nazis unter den führenden UWSH-Leuten gibt». Auch Gerüchte über Vorstrafen kommen ihm zu Ohren. Um Konkreteres zu erfahren, spricht Pfeiffer am Rande einer Landtagssitzung im Februar den Innenminister Karl Eduard Claussen an. Er stellt sich vor und übergibt ihm, angeblich im Auftrag Barschels, einen Zettel, auf dem der Name «Stolzenburg» steht, der Minister solle über den mal Nachforschungen anstellen lassen. Claussen sagt: «Sie hören von mir.» Dann reicht er das Papier an seinen Staatssekretär Hans-Joachim Knack weiter, der telefonisch bei der Kripo in Rendsburg eine Aktenauskunft einholt. Da die Informationen mündlich gegeben werden und nichts darüber protokolliert wird, kann auch der schleswig-holsteinische Datenschutzbeauftragte Ernst-Eugen Becker später den Datenfluß nicht nachvollziehen.

Am 19. März meldet sich «Pfeiffer, ‹Bild›-Zeitung» telefonisch bei Stolzenburg und bezeichnet ihn als «Wirtschaftskriminellen». Ihm und dem UWSH-Schatzmeister Claus Peters, den er am 20. März anruft, droht Pfeiffer außerdem, ihre frühere NPD-Mitgliedschaft publik zu machen. Auch über zwei weitere führende Unabhängige, deutet Pfeiffer an, gebe es manches Histörchen auszuplaudern, so etwa eine acht Jahre zurückliegende Trunkenheitsfahrt oder eine 1976 begangene Fälschung einer Zahnarzt-Rechnung.

Stolzenburg kann anhand seines Führungszeugnisses nachweisen, daß im Bundeszentralregister keine Vorstrafe eingetragen ist. Wohl seien, so Stolzenburg, diverse Ermittlungsverfahren gegen ihn eingeleitet, aber allesamt «durch Beschluß der jeweiligen Staatsanwaltschaften eingestellt» worden. Staatssekretär Knack versichert, die mitgeteilten Informationen der Rendsburger Kripo seien «nicht über meinen Schreibtisch hinausgegangen». Doch Pfeiffers Vorhalte gegenüber Stolzenburg gehen offenkundig auf diese Quelle zurück.

Nicht aufzuklären ist, woher Pfeiffers Wissen über die drei anderen UWSH-Vorständler stammt. Weder im Polizei-Computer noch im Nachrichtendienstlichen Informationssystem des Verfassungsschutzes sind Angaben über angebliche Vorstrafen oder eine braune Vergangenheit gespeichert.

Pfeiffers Behauptungen basieren zudem auf veralteten Erkenntnissen. Denn wegen des Vorwurfs, einen Beihilfeantrag gefälscht zu haben, ist der UWSH-Geschäftsführer Siemund in letzter Instanz freigesprochen worden. Siemund, der zum Führungsstab der Bereitschaftspolizei in Eutin gehört, läßt sogar seine Personalakte daraufhin überprüfen, auch da findet sich keine Eintragung. «Diese alten Klamotten», sagt Siemund, «standen aber auch nicht in der Zeitung.» So bleiben nur zwei Möglichkeiten: Entweder gibt es geheime Dossiers, derer sich Barschel bedienen konnte, oder er hat sich als ehemaliger Innenminister, wenn auch unvollkommen, an die Vorgänge erinnert.

Anfang März baut Reiner Pfeiffer Kontakte zum Kieler Kriminalpolizeiamt (KPA) und zur Verfassungsschutz-Abteilung im Innenministerium auf. «Mit großer Wahrscheinlichkeit am 2. 3. 1987», so KPA-Direktor Hans Gersonde in einem schriftlichen «Vermerk», ruft Pfeiffer an und bittet den Kriminalisten um ein Gespräch mit dem Hinweis, «es gehe um eine Untersuchung von Fingerspuren». Gersonde verweist Pfeiffer an den Leiter des Dezernats Kriminaltechnik und Erkennungsdienst, Kriminaldirektor Jochen Rathleff.

Bei ihm findet sich wenige Tage später Pfeiffer mit merkwürdigen Utensilien und einem noch merkwürdigeren Begehren ein: Er hat ein Blatt Papier und ein Bierglas mitgebracht und will nun die Fingerabdrücke auf beiden Gegenständen vergleichen lassen. Das Bierglas, behauptet Pfeiffer laut einem vom Rathleff gefertigten Vermerk, sei «von einer Person benutzt worden, die als Schreiber von Briefen mit abträglichen Inhalten an einen Parteifreund des Ministerpräsidenten in Bremen in Frage kommen würde. Dieser Parteifreund habe sich hilfesuchend an den Ministerpräsidenten gewandt. So habe er – Pfeiffer – sich dieser Sache annehmen müssen». Doch Rathleff lehnt das Ansinnen ab, seine Dienststelle könne nur im Auftrag von Polizei, Staatsanwaltschaft und Gerichten tätig werden. Außerdem seien die Fingerabdrücke «dilettantisch abgenommen» und für einen daktyloskopischen Vergleich «völlig ungeeignet».

Der Medienreferent hat mit seinem schrulligen Anliegen zumindest einen nachhaltigen Eindruck bei seinem Gesprächspartner hinterlassen. Er hat sich als Mitarbeiter der Regierungspressestelle eingeführt und zugleich die Befremdlichkeitsschwelle für künftige Fälle herabgesetzt.

Pfeiffers nächster Besuch beim KPA, am 19. März, wirkt denn auch wie ein Versuch, die Behörde auf die Probe zu stellen. Der Medienreferent scheint es darauf angelegt zu haben, die Gesetzestreue der Beamten zu testen. Aber das Ansinnen ist wohl ernst gemeint – und die rechtlichen Sicherungen hätten beinahe versagt.

Barschels Medienreferent, der sich vorher bei Gersonde angemeldet hat, legt dem KPA-Direktor, so sagt Pfeiffer, eine Liste mit «elf bis dreizehn» Namen vor. Es handelt sich durchweg um Mandatsträger, Landtagskandidaten und Funktionäre der Grünen. Die Aufstellung hat sich Jutta Schröder, ganz offiziell als Mitarbeiterin der Regierungspressestelle, vom Grünen-Landesgeschäftsführer Heino Schomaker geben lassen. Pfeiffer bittet Gersonde, laut dessen Vermerk, «um polizeiliche Überprüfung der dort aufgeführten Personen». Höflich weist Gersonde den Medienreferenten darauf hin, «daß eine solche Überprüfung polizeilicherseits wohl nicht in Betracht komme». Pfeiffer bittet darum, in den nächsten Tagen nachfragen zu dürfen.

Die Auskunft wird ihm also nicht klipp und klar verweigert, sondern der oberste Kriminalbeamte des Landes verschafft sich erst einmal Zeit zum Überlegen. Dabei hätte sich Gersonde sogar strafbar gemacht, wenn er Pfeiffer Einblick ins Strafregister verschafft hätte. Und es ist unerheblich, ob sich Pfeiffer auf einen Auftrag Barschels beruft: Auch der Ministerpräsident wäre zur Abfrage solcher Daten nicht berechtigt. Aber der Vorgang illustriert, wie die Staatsdiener spuren, wenn jemand den Namen des Landesvaters erwähnt.

Einen Beweis für Willfährigkeit liefert am selben Tag auch der Leiter der Verfassungsschutz-Abteilung im Innenministerium, Jürgen Witt. Zu ihm kommt Pfeiffer angeblich mit derselben Liste, diesmal mit dem Wunsch, Informationen über deren möglicherweise extremistische Vergangenheit zu bekommen. Nach Aussage der Staatskanzlei-Mitarbeiterin Gabriele Mielke stammt die Liste jedoch aus dem Pressearchiv der Regierungspressestelle und umfaßt 34 Namen. Auch Witt weist das eindeutig rechtswidrige Ansinnen nicht etwa sofort zurück. Er zweifelt nicht daran, daß Pfeiffer «im Auftrag des Ministerpräsidenten» handelt, wie dieser behauptet. Wegen des «ungewöhnlichen Begehrens» erkundigt sich Witt dennoch beim Leiter der Ministerialabteilung in der Kieler Staatskanzlei und bei der Pressereferentin des Innenministeriums über Pfeiffer. Von beiden wird Pfeiffer als «keine sehr durchsichtige Person» geschildert, die Probleme mit Alkohol im Dienst habe. Die Auskünfte lassen es Witt «nicht angeraten erscheinen, mit Pfeiffer weiteren Kontakt zu haben».

Der oberste Verfassungsschützer des Landes rückversichert sich bei Innen-Staatssekretär Knack und schiebt ihm die Entscheidung zu, ob Pfeiffer die erbetene Auskunft erhalten soll. Knack lehnt Pfeiffers Ansinnen am 2. April ab. Bei einer eventuellen Rückfrage Pfeiffers solle sich Witt darauf berufen, daß dies zwischen dem Staatssekretär im Innenministerium und dem Leiter der Regierungspressestelle so abgesprochen worden sei – kein Wort also über gesetzliche Vorschriften, die eine derartige Auskunft an Pfeiffer verbieten.

Knack scheint jedoch selber neugierig geworden zu sein und fordert die ursprünglich von Pfeiffer verlangten Informationen an. Daraufhin wird der Verfassungsschutz-Computer nach Erkenntnissen über zwanzig der auf der Knack-Liste stehenden Grünen abgefragt, bei vieren werden Anhaltspunkte über «linksextremistischen (kommunistischen) Hintergrund» gefunden. Schriftliche Unterlagen über diese vier erhält Knack «zur persönlichen Unterrichtung». Für den Datenschützer Becker, der den Vorgang später untersucht, «bleiben Zweifel, ob es nicht mehr waren, da nichts dokumentiert wurde».

Ob Barschel tatsächlich hinter der Ausforschung der Grünen steht, ist fraglich. Bei allen anderen Aktionen, die Pfeiffer bisher unternommen hat – bei der Steueranzeige, beim Spitzeleinsatz, bei den Aids-Anrufen, bei der UWSH-Zersetzung –, war der Steuermann erkennbar. Bei der Durchleuchtung der Grünen ist das anders: Außer daß sich Pfeiffer auf Anweisungen Barschels beruft, gibt es keine Anzeichen für eine direkte Mitwirkung des Ministerpräsidenten. Pfeiffer scheint also unter allen Machenschaften gerade die gegen die Grünen aus eigener Initiative zu betreiben, obschon er sich später als langjähriger Sympathisant dieser Partei bekennt.

Bis auf die Kampagne gegen die Unabhängigen haben sich alle Aktionen bislang als Flops erwiesen, die böswilligen Unterstellungen lassen sich einfach nicht erhärten. Ohne sichtbares Resultat ist allein der fingierte Aids-Verdacht. Hier hakt Barschel deshalb nach.

Nach Pfeiffers Aussage drängt der Ministerpräsident darauf, die Aids-Denunziation gegen Engholm dem SPD-Landesvorsitzenden Günther Jansen zuzuspielen, den Barschel als innerparteilichen Widersacher des SPD-Spitzenkandidaten ausgemacht zu haben glaubt. Auf SPD-Papier schreibt Pfeiffer, angeblich nach Barschels Diktat, einen anonymen Brief als «besorgter Genosse», der «in einer Kneipe» mitbekommen haben will, daß jemand behauptet habe, «Aids-krank zu sein und mit Engholm geschlafen zu haben». Der Genosse Björn sei also «möglicherweise mit Aids infiziert», und «um Schlimmes zu verhüten», müsse «sofort gehandelt werden».

Die Pfeiffer-Vertraute Jutta Schröder adressiert den Bluff-Brief an die SPD-Landesgeschäftsstelle. Doch das Lügengespinst erreicht Jansen nie: Die Sekretärin des Landesgeschäftsführers Klaus Rave öffnet das Schreiben und zerreißt es spontan aus Wut über die dreiste Verdächtigung.

Da sich auf der Gegenseite überhaupt nichts rührt, ordnet Barschel laut Pfeiffer an, «den ganzen Vorgang an die ‹Bild›-Zeitung zu schicken». Weisungsgemäß, sagt Pfeiffer, faxt er die Bezichtigung an den Politik-Chef Karl-Ulrich Kuhlo, den er jedoch telefonisch vorwarnt: «Für mich ist die Sache sehr windig, aber auf persönlichen Wunsch von Barschel schicke ich das Zeug. Wenn Sie mich fragen, ich würde das nicht drucken.» Nachdem Kuhlo am 1. April zum privaten TV-Sender «SAT 1» gewechselt ist, ruft Pfeiffer auf Barschels Geheiß dessen Nachfolger bei «Bild», Gerhard Mumme, an und versucht ihn zum Abdruck des ominösen Briefes zu veranlassen. Aber auch ihm vertraut Pfeiffer angeblich sein Unbehagen an, «hauen Sie mich nicht in die Pfanne». Barschel hingegen tobt nach Pfeiffers Darstellung: «Sind Sie nun eigentlich ein Springer-Mann oder nicht?» Pfeiffer bleibt nach eigenem Bekunden cool: «Rufen Sie doch Tamm an.»

Am 6. April unternimmt Pfeiffer einen letzten Versuch, das brisante Material bei dem konservativen Presse-Konzern unterzubringen. Im «Club zu Bremen» hält der Kieler Regierungschef an diesem Tag ein Referat über den «Wirtschaftsraum Norddeutschland», Pfeiffer darf ihn begleiten. Bei dieser Gelegenheit verabredet sich der Medienreferent mit Bernd Plogmann, dem ehemaligen Kollegen vom «Weser Report», der zufällig zur gleichen Zeit in der Hansestadt beruflich zu tun hat. Er arbeitet an einer Heirats-Serie für «Bild» («Ich suche eine Frau, ich suche einen Mann») und ist mit seiner Freundin, einer Fotografin, im Hotel «Plaza» abgestiegen.

An der Hotelbar übergibt Pfeiffer den anonymen Brief samt einer selbstverfaßten Meldung an Plogmann, der sich brüstet, er habe in der «Bild»-Zentrale «jemand sitzen», der sich der Sache annehmen werde. Tatsächlich heftet er lediglich eine Visitenkarte dran, auf der er handschriftlich notiert: «Lieber Herr Mumme, wie besprochen. Weitere Informationen hat H. Pfeiffer, Landesregierung Kiel.» Pfeiffer über die plumpe Plogmann-Tour: «Damit war dann die Geschichte endgültig gestorben.» Mumme mag sich damit nicht befassen, ihm erscheint die Story «so dürftig und absolut schwachsinnig», daß das Blatt von einer Veröffentlichung absieht.

Pfeiffer begegnet an diesem Abend noch einem anderen alten Bekannten: Als Barschel die obere Halle des Bremer Rathauses betritt, geht Pfeiffer an seiner Seite, gemeinsam begrüßen sie den stellvertretenden Bremer CDU-Chef Reinhard Metz.

9
Zwischen «Loyalität und innerer Abwehr»

Pfeiffers Gespräche mit Barschel

Mit Kuhlo, sagt Pfeiffer, sei die Kieler Staatskanzlei immer unzufrieden gewesen, «er tue nicht genug für die CDU». Als Kuhlo zu SAT 1 geht, sieht Pfeiffer eine Chance, dessen Platz als Politik-Chef bei der «Bild»-Zeitung einzunehmen. Diesen Posten hatte Rattmann ja als angemessen für Pfeiffer erwogen, als aus dem «Tag» nichts wurde. Pfeiffer bittet Behnke, bei Rattmann anzurufen und sich für ihn zu verwenden. Doch der Springer-Direktor lehnt das Ansinnen strikt ab, Pfeiffer zitiert ihn mit den Worten: «Nichts, nichts, der Pfeiffer soll seine Mission erfüllen, sonst wird Tamm sauer.»

Pfeiffer will bei Barschel aussteigen. Ob ihn Gewissensnöte dazu motivieren oder Frustration über die fehlgeschlagenen Aktionen, läßt sich schwer ausmachen. Er versucht jedenfalls, den suspendierten Springer-Vertrag vorzeitig wiederaufleben zu lassen. Sich bei Springer über die Art seiner Kieler Arbeit zu beschweren, sieht Pfeiffer jedoch als sinnlos an. «Dann hätte sich der Verlag sofort von mir getrennt.» Er habe schließlich «denen mehrmals gesteckt, daß ich für subversive Tätigkeiten eingesetzt werde», und «seit der Aids-Geschichte mit Engholm mußten die spätestens wissen, was gespielt wurde».

In seinem Verhältnis zu Barschel schwankt Pfeiffer zwischen «Loyalität und innerer Abwehr». Der Ministerpräsident hat seinem Gehilfen «zunächst das Gefühl vermittelt, daß er mich für intelligent hält und meinen Rat sucht». Das schmeichelt dem ehrgeizigen Journalisten, steigert sein Selbstwertgefühl. Aber bald findet Pfeiffer heraus, «daß er nicht logisch denken kann, der zweifache Doktor», der Knecht fühlt sich seinem Herrn «geistig überlegen».

Barschel möchte gern mal Lebensretter spielen, erzählt Pfeiffer. Der Referent soll angeblich «ein Kind ins Wasser stoßen», wenn Barschel an der Förde spazierengeht. Als geübter Wettkampfschwimmer will der Ministerpräsident ins Wasser springen und das Kind rausholen. Doch Pfeiffer läßt sich, wie er sagt, darauf nicht ein, «Ihre Sicherheitsbeamten würden mich doch abknallen, wenn ich das Kind ins Wasser schubsen und flüchten würde». Das Argument überzeugt Barschel: «Ja, ja, da haben Sie auch recht.»

Den Eindruck, willenloses Werkzeug zu sein, erweckt Pfeiffer nicht. Er wagt angeblich sogar lebhaften Widerspruch: «Wir haben uns öfter angeschrien . . . Und ich habe ihm dann auch gesagt, ‹beruhigen Sie sich man, aber Sie müssen das so und so sehen›.» Andererseits, wenn Jutta Schröder ihm «immer wieder schwere Vorwürfe» macht, weil er sich für die «Schweinereien» hergibt, wendet Pfeiffer ein: «Was soll ich tun? Barschel läßt nicht locker.»

Pfeiffer beruhigt sich und seine Sekretärin damit, daß die Intrigen fast alle folgenlos bleiben. Nach der Steueranzeige, die durchaus «kein Schlag unter die Gürtellinie» gewesen sei, habe er die folgenden Aktionen «mit gebremstem Schaum gefahren». Bedenken wegen des Spitzel-Einsatzes gegen Engholm entkräftet Pfeiffer damit, daß «die beiden Detektive eine Beschattung rund um die Uhr ohnehin nicht schaffen», zumal sie schon Probleme hatten, «dem Fahrer Engholms, der wie ein Teufel fährt», zu folgen. Und die Aids-Anrufe, hätten Engholm sicher «im ersten Augenblick schockiert», aber, dank seiner Obstruktion, kein Nachspiel gehabt.

Auswirkungen hatten indes die hinterhältigen Telefonate mit UWSH-Funktionären: Nach dem stellvertretenden Vorsitzenden Schlee legen auch andere führende Unabhängige ihre Ämter nieder, bereits Anfang März hat sich der Landesgeschäftsführer Siemund «ausgeklinkt».

Pfeiffers innere Zerrissenheit, das Wechselbad von Gewissensnot und Selbsttäuschung, spiegelt sich wider in dem fast gleichzeitigen Bemühen um einen anderen Job und einem glühenden Bekenntnis zu Uwe Barschel. Am 22. April ruft Pfeiffer einen alten Bremer Bekannten, den Finanzsenator Claus Grobecker, an. Dem Sozialdemokraten berichtet er, daß er jetzt in der Kieler Staatskanzlei arbeite, aber dort unzufrieden sei. Weil er in Kiel kaum Kontakte habe, bittet Pfeiffer den Bremer Politiker, er möge ihm doch die Türen zur schleswig-holsteinischen SPD öffnen. Grobecker, der keine gute Meinung von Pfeiffer hat, nimmt das Ersuchen nicht sonderlich ernst und leitet den Wunsch an seinen Persönlichen Referenten Edgar Denkmann weiter. Der wählt zwar mal die Telefonnummer der Kieler SPD-Fraktion an, aber als der Anschluß besetzt ist, unternimmt er nichts weiter und vergißt die Sache wieder.

Zwei Tage nach dem Vermittlungsgesuch schreibt Pfeiffer einen anbiedernden Brief an Barschel, der so gar nicht zu der Bekundung paßt, seine Machenschaften seien auf Erfolglosigkeit angelegt gewesen. Pfeiffer beschwert sich vielmehr darüber, wie seine Grünen-Anfrage und die Stolzenburg-Recherche durch Innen-Staatssekretär Knack abgeblockt worden sind: «Eine vom Innenminister persönlich erbetene Auskunft etwa wird derartig von dessen Staatssekretär konterkariert, daß die erbetenen Auskünfte entweder ganz verweigert oder erschwert werden. Dies ist Parkinson in Hochkultur. Wenn man einen politischen Gegner wirksam angehen will, erstirbt eine derartige Anstrengung schon im Keim oder bleibt auf Staatssekretär-Ebene hängen, wo sie aufgrund ihrer Vertraulichkeit überhaupt nicht hingehört.» Pfeiffer beklagt sich: «Der normale Dienstweg bei vertraulichen Recherchen-Aufträgen ist absolut unzureichend.»

Auch zur Regierungsarbeit unterbreitet Pfeiffer dem Ministerpräsidenten «einige Verbesserungsvorschläge», da er, wie er versichert, «persönlich – politisch und menschlich – daran interessiert» sei, «daß Sie nach dem 13. September dieses Jahres Ministerpräsident bleiben». Barschels Minister, meint der Medienreferent, «agieren zu autonom» und müßten «deshalb schärfer an die Kandare genommen werden».

«Ich bin bereit», schließt Pfeiffer den Brief, «für Sie und

Ihren Wahlsieg bis zum Umfallen zu kämpfen. Um dies optimal zu erreichen, wünsche ich mir allerdings, nicht – wie bisher – unter Wert eingesetzt zu werden.»

Der Brief, behauptet Pfeiffer später, sei «reine Taktik» gewesen, um eventuelle Zweifel Barschels an seiner Loyalität zu zerstreuen. Pfeiffer beobachtet, daß der burschikose Ahrendsen, Jahrgang 1948, mit dem er sich duzt und der, so Pfeiffer, «über die meisten Aktionen Bescheid wußte», teilweise sogar mitgewirkt haben soll, zunehmend das Vertrauen des Chefs gewinnt. Der frühere Rundfunkjournalist Behnke, Jahrgang 1940, seit 1981 Chef der Regierungspressestelle und mithin eine Erblast aus der Ära Stoltenberg, ist von Barschel schon seit einem Jahr kaltgestellt worden.

Pfeiffer zieht einen sportlichen Vergleich zu seinem Nebenbuhler Ahrendsen. Als Leichtathlet sei er gewohnt, «taktische Rennen» zu laufen: «Lieber vorher als der sichere Verlierer aussehen und am Ende gewinnen.» Ahrendsen hingegen ist Handballer, sogar ehemaliger Nationalspieler, und für einen Handball-Kreisläufer wie Ahrendsen, weiß Pfeiffer, «geht es darum, mit allen Tricks und Ösen zum Torwurf zu kommen».

Am 28. April bittet Barschel den Briefschreiber ab 18 Uhr zu einem abendlichen Meinungsaustausch in seine Dienstwohnung im Haus B. Pfeiffer ist pünktlich, aber der Ministerpräsident ist noch nicht da. Als dessen Hausdame dem Besucher etwas anbietet, verlangt er Wein, und zwar «den besten, der vorhanden ist». Die Hausdame findet das Verhalten des Gastes «ungewöhnlich und unüblich». Obwohl das Gespräch, das der Regierungschef und sein Referent dann führen, bis gegen Mitternacht dauert, reicht die Zeit offenbar nicht aus, um die anstehenden Probleme zu lösen. Barschel und Pfeiffer verabreden sich deshalb für den 1. Mai im Möllner Privathaus des Ministerpräsidenten. Dessen Persönlicher Referent Friedersen zeichnet für Pfeiffer eine Wegeskizze auf ein Blatt Papier.

Gegen 14 Uhr trifft Pfeiffer in Mölln ein. Er fährt mit seinem Mercedes bis zu einem schweren, elektronisch gesteuerten Stahlsprossentor, das die Zufahrt zu Barschels Anwesen versperrt. Auf sein Klingeln betätigt der Hausmeister den Türöffner. Der Ministerpräsident setzt sich zu seinem Referenten ins Auto, gemeinsam fahren sie das kurze Stück zum Schmalsee. Sie drehen zu Fuß eine Runde um den See, klettern einen Hang hinauf, von wo aus sie eine Feriensiedlung aus Blockhäusern betrachten, für die Barschel, wie er sagt, die Baugenehmigung durchgesetzt hat. Dann zeigt Barschel seinem Gast das Waldstück, das er angepachtet hat, kickt ein bißchen mit den Kindern, die auf dem Rasen Fußball spielen, und bedrängt Pfeiffer, immer noch ein bißchen weiter zu gehen. Dreieinhalb Stunden, schätzt Pfeiffer, sind sie unterwegs, «ich bin noch nie so lange spazierengegangen».

Barschel will angeblich wissen, wie Pfeiffer über ihn denkt. Er halte ihn für «machtbesessen, skrupellos, egozentrisch», so die Worte Pfeiffers, der Barschel zugleich «etwas Zuckerbrot» gibt: Er sei auch «führungsstark und politisch vielseitig kompetent». Allerdings habe der Ministerpräsident «ein Kabinett von Marionetten», «nur Idioten um sich gesammelt, die Ihnen nicht gefährlich werden können». Vor allem auf Innenminister Claussen hat Pfeiffer einen Pik, aber auch Justizminister Heiko Hoffmann kommt in Pfeiffers Einzelkritik schlecht weg. Da wird Barschel «ganz fuchtig, denn mit dem war er schon in der Jungen Union zusammen, und ihn hat er ins Kabinett gehievt». Hoffmann arbeitete in den sechziger Jahren als Referent bei Barschel, der seinerzeit Regierungsbeauftragter für Jugend und Sport war.

Wie Pfeiffer das Gespräch wiedergibt, das die beiden Spaziergänger unter vier Augen führen, ähnelt es in seiner ungeschminkten Offenheit und der verletzenden Überheblichkeit sehr dem Brief, den Pfeiffer eine Woche zuvor geschrieben hat. Das schriftliche Dokument spricht daher für die Authentizität des von Pfeiffer referierten Gesprächsverlaufs. «Wenn er Behnke abgelöst und mich zum Staatssekretär gemacht hätte», sagt Pfeiffer, «hätte ich wohl einige Zeit stillgehalten. Aber wenn er mich zum Innenminister gemacht hätte, wäre ich keine zwei Jahre im Kabinett gewesen, dann hätte er mich gefeuert.»

Bei soviel skurrilem Gesprächsstoff erscheint auch Pfeiffers bizarrste Bezichtigung nicht mehr als Ausgeburt blühender Phantasie: eine geplante Schein-Entführung Barschels. Der Ministerpräsident, der morgens gelegentlich im See schwimmt und abends schon mal unbewacht um das kleine Gewässer spaziert, soll, so der Plan, kurz vor dem Wahltag von Pfeiffer überfallen, mit Äther betäubt und mit Handschellen an einen Baum gefesselt werden. Ein Schild oder Aufkleber soll den Eindruck eines terroristischen Anschlags erwecken oder den Verdacht auf die Grünen lenken.

Die Methode, politischen Gegnern wahrheitswidrig etwas in die Schuhe zu schieben, wovon sich die Christenunion Vorteile verspricht, wird in diesen Tagen um den 1. Mai jedenfalls praktiziert. Die «Bild»-Zeitung berichtet, SPD-Spitzenkandidat Engholm sei in die Kirche eingetreten und habe sich taufen lassen. Engholm ärgert sich über die «Bild»-Meldung, denn er will kein Aufheben um «diese wirklich sehr private Angelegenheit» machen. Pfeiffer teilt Barschels Ansicht, daß ein solcher Schritt wenige Monate vor der Landtagswahl anrüchig sei. «Da muß doch irgend jemand was dazu erklären können», meint Barschel, der jedoch die CDU heraushalten möchte. Es ist angeblich Barschels Idee, die Intrige wie einen Billardstoß über Bande laufen zu lassen: Die Grünen könnten doch Kritik an Engholms Taufe üben, die CDU hält sich bedeckt.

Jutta Schröder besorgt sich von einer Kollegin ein «Typenrad mit einem größeren Schriftbild» für ihre Schreibmaschine und tippt einen Text, den Reiner Pfeiffer ihr diktiert: «Ziemlich befremdet» seien die Grünen in Schleswig-Holstein über Engholms Taufe, die «eine peinliche Wahlkampfmasche» darstelle. Der Kircheneintritt sei «vordergründig berechnend» und «der Gipfel der Taktlosigkeit». Dazu läßt Pfeiffer den Grünen-Landesgeschäftsführer Heino Schomaker erklären: «Zunächst haben wir diesen Taufakt für eine üble Falschmeldung reaktionärer rechter Kreise gehalten, die der SPD mit allen Mitteln schaden wollen.» Von einer normalen Pressemitteilung der Grünen schneidet Pfeiffer den Briefkopf ab und klebt ihn zusammen mit dem Pressetext auf eine DIN-A4-Seite. Um die Manipulation zu verschleiern, zieht er die Schnittstelle mit einem dicken Filzstift-Strich nach.

Mit dem Falsifikat läßt sich die Sekretärin Schröder am 4. Mai gegen 16 Uhr mit einem Dienstwagen der Staatskanzlei zur Kieler Hauptpost fahren. Dort läßt sie die gefälschte Pressemitteilung an «alle wichtigen Zeitungen des Landes» absetzen, insgesamt an elf Redaktionen. Die Übermittlungsgebühr, sechs Mark die Seite, legt sie gegen Quittung aus. Den Absendetermin hat Presse-Profi Pfeiffer geschickt gewählt. Kurz vor Redaktionsschluß der meisten Provinzblätter sind, so kalkuliert er richtig, «keine großen Rückfragen mehr möglich». Die Meldung wird gedruckt.

Die erste Reaktion kommt von der Nordelbischen Kirchenleitung. Sie weist die Kritik der Grünen an Engholms Taufe als «würdelos» zurück: «Wir können nur dringend bitten, in diesem Stil nicht fortzufahren.» Nun dementieren auch die Grünen, jemals den Kircheneintritt des Oppositionsführers kritisiert zu haben: «Ich vermute», sagt Schomaker, «daß die Fälscher der Presseerklärung aus Kreisen kommen, die einen Spaltkeil zwischen Grüne und SPD treiben wollen.»

Nachdem der Meinungsstreit um die Engholm-Taufe hinterlistig angezettelt worden ist, wagt auch die CDU einen hämischen Kommentar. Im Mitgliederblatt «Schleswig-Holstein Kurier» schreibt Parteisprecher Günter Kohl, «die Freude über diese Heimkehr eines verirrten Schafes in den Kreis der Kirche» werde «ein wenig getrübt», weil «diesem löblichen Tun» anhafte, «was Engholms Charakter ohnehin bestimmt: Opportunismus». Kohl rät: «Belegen Sie noch einen Konfirmanden-Intensivkurs, Herr Engholm!»

Zufrieden präsentiert Pfeiffer das Ergebnis seiner Mühen – Zeitungsausschnitte, ergänzt durch einen handschriftlichen Vermerk für den «Herrn Ministerpräsidenten»: «Da muß doch wohl einer beim Beten gelogen haben.» Laut Pfeiffer hat Barschel die fingierte Grünen-Pressemitteilung «sinngemäß vorformuliert», die er dann «journalistisch ausfeilte». Zufällig gibt es ein Indiz, das Pfeiffers Behauptung bestätigt: Der Text-Entwurf steht auf dem Papier, auf dessen Rückseite Pfeiffer nach den Angaben von Barschels Persönlichem Referenten am 29. April die Wegbeschreibung nach Mölln aufzeichnete. Und am 3. Mai zitiert Springers «Welt am Sonntag» den Regierungschef, der sich über Engholms Taufe scheinheilig entrüstet: «Damit scherzt man auch wenige Monate vor einer Landtagswahl nicht. Und wenn die Nachricht stimmt, dann bleibe ich trotzdem in der Kirche.»

Am Abend des 5. Mai lädt Barschel kurzfristig seine engsten Wahlkampfhelfer aus der Staatskanzlei zu einem Arbeitsessen ins Hamburger «Fischereihafen-Restaurant» ein. Mit von der Partie sind Ahrendsen, Pfeiffer und der Ministerialrat Jürgen Lambrecht. Der ist eigentlich für Dinge wie die Vorbereitung von Kabinettssitzungen oder Gnadenakte zuständig, aber, so Ahrendsen, auch für «brauchbare Ideen» bekannt. Das Quartett berät, wie der ursprünglich von Pfeiffer erstellte PR-Katalog konkretisiert und aktualisiert werden kann. Eine erste Fortschreibung hat Ahrendsen am 9. Februar gemacht. Darin sind zwölf «PR-Aktionen des Ministerpräsidenten» bereits fest terminiert worden, fünf weitere Auftritte Barschels sind grundsätzlich vorgemerkt. Abgehakt sind, am 11. Februar, der «Besuch eines Tierheims in Geesthacht» und der Punkt «Körperbehinderte Kinder aus Mettenhof besuchen den Ministerpräsidenten im Hotel Conti Hansa» in Kiel am 20. März. Nicht realisiert wurde die für den 13. April eingeplante Übernahme einer «Ehrenpatenschaft für ein neugeborenes Kind, das mit einer Behinderung zur Welt kommt». Und auch die Auszeichnung des Ministerpräsidenten mit dem Goldenen Sportabzeichen, die für den 3. Mai terminiert war, fiel aus: In ihrer Ausgabe vom 5. Mai jedenfalls berichtet die «Bild»-Zeitung von einem Trainingslauf Barschels, der für die 3000-Meter-Strecke 16 Minuten und 12 Sekunden braucht: «Das langt natürlich noch nicht für das Goldene Sportabzeichen.»

10
Barschel – ein Kind seiner Partei

Ämterfilz, Korruption und Pöstchenwirtschaft

Der Ministerialrat Jürgen Lambrecht, Kabinettsreferent in Barschels Staatskanzlei, ist das Paradebeispiel eines Parteidieners im öffentlichen Sold. In seiner Amtsstube geht er seinen archivarischen Neigungen nach: «Ich sammle fast alles.» So besitzt er, nach eigener Einlassung, eine «umfangreiche Sammlung politischer Aussagen zu allen wichtigen Politikfeldern», er hortet aber auch viele «Papiere, die zunächst dienstlich über meinen Schreibtisch gegangen sind». Aus den so angehäuften Schätzen mixt er, «in meiner Freizeit», wie er betont, brisante Munition gegen den politischen Gegner.

«Zwischen Gründonnerstag und Ostermontag» beispielsweise fertigt Lambrecht, zumindest im Entwurf, eine 44 Seiten starke Broschüre (Titel: «Betr. Engholm»), wobei er aus mannigfachen Quellen schöpfen kann, die einem Innendienst-Beamten der Regierungszentrale normalerweise nicht zugänglich sind: mehrere Jahre alte Zeitungsartikel aus Lokalblättern, Ausschriften von lange zurückliegenden Rundfunksendungen, Parteitagsreden von SPD-Politikern. Aus Zitatfetzen und Verbalinjurien klittert Lambrecht ein Horrorszenario zusammen, welche Folgen ein Regierungswechsel in Kiel hätte.

Um etwa den «Chaospakt zwischen Rot und Grün» an die Wand zu malen, verfälscht Autor Lambrecht die Aussage Engholms, er werde sich gegebenenfalls auch mit den Stimmen der Grünen zum Ministerpräsidenten wählen lassen. Engholm, macht Lambrecht daraus, «überschlägt sich geradezu in seinen Anbiederungsversuchen und Ergebenheitsadressen an die Grünen. Die bürgerliche Maske fällt. Zum Vorschein kommt wieder der alte Opportunist».

Umgekehrt biegt Lambrecht auch die Aussagen der Grünen zurecht, damit sie ins CDU-Feindbild passen: Sie «setzen», behauptet er, «heute schon die Daumenschrauben an und werden die Anbiederung Engholms stets mit neuen radikalen Forderungen beantworten». Dabei stellen die Grünen nur zwei Bedingungen, um den Sozialdemokraten zum Regierungschef zu küren: die Atomkraftwerke stillzulegen und den Giftmüll-Transport zur Deponie Schönberg in der DDR zu beenden. Beide Forderungen stehen ohnehin im SPD-Wahlprogramm, weshalb die Grünen, die eine Koalition ausschließen, ihren Wählern schwer begreiflich machen können, weshalb die dann nicht gleich die Sozis wählen sollen.

Es sind indes nicht allein die Verdrehungen der Fakten, die das Pamphlet so unappetitlich machen, sondern vor allem die persönlichen Verunglimpfungen, die das Lambrecht-Werk durchsetzen: Engholm sei ein Mann mit «Gummi-Rückgrat», ein «geländegängiger Opportunist», er blase «die Posaune des Ostens» und fördere «Neonazis und Kommunisten als Lehrer». Das Mäßigungsgebot für Beamte bei politischen Äußerungen scheint Lambrecht fremd zu sein. Als Pfeiffer dem Ministerialrat jedoch die Geschichte mit der Engholm-Taufe andient, verwirft Lambrecht deren Erwähnung in der Broschüre angeblich mit dem Argument, das liege «unter der Gürtellinie».

An dieser Broschüre scheitert ein geplantes Fairneß-Abkommen zwischen CDU und SPD. Engholm findet, das Machwerk sei «so ziemlich das Übelste, das ich in meinem Leben kennengelernt habe. Alles persönliche Unterstellungen, nicht eine politische Argumentation». CDU-Generalsekretär Reichardt hingegen hält die Broschüre «für eine durchaus korrekte Bewertung der Politik Engholms, sicherlich nicht im Sinne der SPD, sicherlich auch in Folgerungen und Bewertungen hart, aber keineswegs unfair».

Rolf Rüdiger Reichardt, Jahrgang 1940, ist der Vertraute und Statthalter des Landesvorsitzenden Stoltenberg, der die Provinz-Partei von Bonn aus mit linker Hand führt. 1980 hat Stoltenberg den ehemaligen Bundeswehr-Oberstleutnant

Reichardt, dem das Verteidigungsministerium ein vorzügliches Zeugnis ausstellte (Stoltenberg: «Ich habe noch nie eine so gute Personalakte gesehen»), nach Kiel geholt. Seither kommandiert der Partei-General die schleswig-holsteinische CDU ganz nach dem Geschmack des Vorsitzenden. Über die Engholm-Broschüre hat Stoltenberg «gehört, daß es den Wunsch nach einem Nachdruck gab», und den hat er «zustimmend zur Kenntnis genommen».

Die Infamien sind keineswegs Pannen, sondern haben Methode. Schon im Frühjahr 1986 hat Stoltenbergs Parteisprecher Kohl im CDU-Mitgliederblatt «Schleswig-Holstein Kurier» dafür plädiert, die «vornehme Zurückhaltung» gegenüber der SPD «abzulegen». Generalsekretär Reichardt kündigte zu Beginn des Wahljahres an: «Die Gangart wird härter.» Lambrecht hat mithin nur den Marschbefehl befolgt. Für Engholm ist es eines der «Puzzlesteinchen» bei den Versuchen der CDU, «mich als Monster darzustellen».

Die Greuelpropaganda liegt zudem genau auf der Linie, die Reichardt im Oktober 1986 in einem zwölf Seiten starken Strategiepapier (Überschrift: «Überlegungen zur Landtagswahl Herbst 1987») vorgegeben hat. Das «bürgerliche Ambiente» Engholms, heißt es in der Reichardt-Analyse, überdecke «die Entwicklung nach links», gebe dem «knallharten Sozialismus schleswig-holsteinischer Prägung Verbindlichkeit» und vermittle «das Gefühl, als gehe es um den Menschen und nicht um die Ideologie». Weiter führt Reichardt über den SPD-Spitzenkandidaten aus: «Seine Schwächen sind zu geringer Arbeitseinsatz, politische Oberflächlichkeit, große Empfindlichkeit. Er ist ein schlechter Verlierer.»

Und dann folgt ein Satz, den Lambrecht genau befolgt hat, der aber womöglich auch als Handlungsanweisung für Barschels und Pfeiffers Machenschaften zu lesen ist: «Engholm kann ein Teil seiner Wirkung genommen werden», schreibt Reichardt, «wenn es gelingt, ihn in seiner persönlichen Empfindlichkeit zu treffen, seine Glaubwürdigkeit zu erschüttern und deutlich zu machen, wo er und die SPD unterschiedliche

Positionen vertreten.» Und an anderer Stelle heißt es, der «Ablauf der Landtagssitzungen» müsse «auf den Ministerpräsidenten ausgerichtet sein; zugleich darf Engholm bei seinen Auftritten nicht zur Entfaltung kommen». Auch für den Umgang mit der lästigen Konkurrenz UWSH gibt Regisseur Reichardt die Leitlinien vor: «Ein Antreten muß verhindert werden, erste Ansätze müssen im Keim erstickt werden.» Der CDU-Generalsekretär bestreitet, daß dieses «persönliche Positionspapier» als Anleitung für «irgendwelche kriminellen oder verwerflichen Aktivitäten» zu verstehen sei.

Zumindest steht es in einem verdächtig engen zeitlichen Zusammenhang mit Barschels Bemühungen, einen Mann fürs Grobe zu engagieren. Es war am 22. Oktober 1986, als Reichardt im Schwarzkopf-Herrenhaus Steinhorst seine Thesen vortrug – vier Wochen vor dem Einstellungsgespräch, das Barschel am selben Ort mit Pfeiffer führte, zwei Wochen vor der ersten Begegnung Behnkes mit Pfeiffer im Springer-Verlagshaus. Anwesend waren bei dem Reichardt-Vortrag neben Barschel die Staatssekretäre Behnke und Hebbeln, Vize-Sprecher Ahrendsen, der Kabinettsreferent Lambrecht und CDU-Fraktionschef Kribben – ein Spiegelbild der engen Verquickung von Partei und Regierungszentrale.

Es wäre blauäugig zu glauben, daß irgendwo sonst in deutschen Landen die Bediensteten der Staatskanzleien frei wären von der Versuchung, den jeweiligen Regierungsparteien Hilfestellung beim Machterhalt zu leisten. Natürlich schart der politisch Verantwortliche um sich einen Kreis öffentlich bediensteter Ratgeber und Zuarbeiter, die mehr oder minder verdeckt zu Nutz und Frommen der herrschenden Partei handeln. Aber wohl nirgends außer in Kiel verstehen sich Staatsdiener so willfährig und selbstverständlich als Teil des CDU-Parteiapparats, in den sie sich ungeniert einspannen lassen. Das geht sogar so weit, daß die Staatssekretäre Hebbeln und Behnke an den Sitzungen der CDU-Fraktion teilnehmen, Behnke auch an den Sitzungen des Parteivorstands. Im CDU-Fraktionssaal ist Hebbelns Platz mit seinem Namensschildchen gekennzeichnet.

So findet niemand etwas dabei, als Hebbeln und der Leiter der Präsidialabteilung, Uwe Lützen, den Fachreferenten im Januar 1987 den Auftrag erteilen, Beiträge für eine «Bilanz der Oppositionstätigkeit» in der vergangenen Wahlperiode zu liefern. Dabei herrschen unter den Beteiligten auch keinerlei Zweifel, daß das Material von der CDU im Wahlkampf verwendet werden soll – was sollte die Staatskanzlei damit auch anfangen? Der CDU-Generalsekretär räumt ganz offen ein, daß ihm Barschel die Referenten-Arbeit angeboten hat. Das Vorhaben scheitert lediglich daran, daß die säumigen Referenten die angeforderten Unterlagen nicht beibringen, so daß sich schließlich der Ministerialrat Lambrecht allein daranmacht, das Engholm-Pamphlet zu erstellen.

Diejenigen an der Spitze der Staatskanzlei, die den Winter-Hilfsdienst für die Partei organisieren, kennen, wie sie zugeben, sehr wohl die einschlägige Rechtsprechung des Bundesverfassungsgerichts. Es sei den Staatsorganen verwehrt, urteilte der Zweite Senat des Gerichts im Jahr 1977, «sich in amtlicher Funktion im Hinblick auf Wahlen mit politischen Parteien oder Wahlbewerbern zu identifizieren und sie unter Einsatz staatlicher Mittel zu unterstützen oder zu bekämpfen, insbesondere durch Werbung die Entscheidung des Wählers zu beeinflussen». Die Parteinahme durch Staatsorgane sei bei Wahlen auch dann «nicht zulässig», wenn sie «in der Form von Öffentlichkeitsarbeit» stattfinde, unter anderem deshalb, weil die dabei eingesetzten Steuergelder von allen Bürgern aufgebracht worden seien und nur «für das gemeine Wohl» ausgegeben werden dürften.

Das gemeine Wohl sehen Barschels und Stoltenbergs Helfer allein im Machterhalt der Kieler Unionsregierung. Und die Staatsdiener haben die Gleichsetzung von Staat und Partei offenbar so verinnerlicht, daß sie gar kein Unrechtsbewußtsein mehr empfinden, wenn sie ihre Amtspflichten verletzen. So füllen Bedienstete der Staatskanzlei denn auch die Hochglanz-Wahlbroschüre «Schönes Schleswig-Holstein» wie selbstverständlich mit «Leistungsbilanzen der Regierung», laut Behnke handelt es sich dabei um «Abfallprodukte der Tagesarbeit». Daß damit gegen das Verfassungsgerichts-Urteil verstoßen wird, sieht Behnke «nicht so. Die Öffentlichkeitsarbeit der Landesregierung stoppt an keiner Stelle».

Für ein Geleitwort Stoltenbergs (Überschrift: «Mein Freund Uwe Barschel») fertigt Ghostwriter Pfeiffer den ersten Text-Entwurf, der allerdings das Stilgefühl des Landesvorsitzenden nicht richtig trifft, weshalb der Finanzminister den Beitrag in drögem Beamten-Deutsch «in Bonn selbst weitgehend neu» faßt. Pfeiffer fabuliert, auf einer Doppelseite, einen «Tag im Leben des Ministerpräsidenten» zusammen, von sechs Uhr morgens («Aufstehen, Gymnastik, Duschen») bis 22 Uhr («Aktenstudium und Vorbereitung auf den nächsten Arbeitstag»). Außerdem verfaßt er einen Artikel über Freya Barschel, «die Frau an seiner Seite». Herausgegeben wird das «blau-weiß-rote Magazin» von einer Tarnorganisation namens «Verlag für Landespolitik und Werbung», die Buchstaben CDU tauchen nur im Kleingedruckten auf. Lediglich die Postfach-Adresse und der Name des Parteisprechers Kohl im Impressum verraten Kundigen die Herkunft. Konzeption und Layout stammen von einem Springer-Mitarbeiter.

Daß die Gleichschaltung von Staat und Partei so reibungslos gelingt, liegt vor allem daran, daß die schleswig-holsteinische CDU das Land seit 37 Jahren ununterbrochen regiert, davon seit 16 Jahren ohne Koalitionspartner. Unter Stoltenberg und Barschel haben sich Pöstchenwirtschaft und Parteifilz, Karrieredenken und Korruption breitgemacht. Aus Sicht machtbewußter CDU-Chargen, vom Gemeinderat bis hinauf zur Landesregierung, ist die nordelbische Provinz weniger eine Region, die möglichst sauber und bürgernah verwaltet werden muß, als vielmehr ein parteipolitisches Beutestück, das es mit Zähnen und Klauen zu verteidigen und nach Kräften auszuweiden gilt.

Es habe sich, klagt Engholm, «so etwas wie eine christdemokratische Alleinvertretungsdoktrin in Schleswig-Holstein gebildet», dadurch habe sich «in weite Bereiche der Verwaltung und Gesellschaft hinein ein dichtes Geflecht von Gefügigkeiten entwickelt». So entstünden «Abhängigkeiten, weil jeder weiß: Lehnst du dich gegen die auf Dauer Regierenden auf, wirst du nicht mehr belobigt, nicht mehr beauftragt, nicht mehr befördert».

Den Staat als Selbstbedienungsladen für Parteigänger zu gebrauchen, hat Barschel als CDU-Fraktionsvorsitzender schon 1974 empfohlen. In einem Geheimpapier («Vertraulich – nur zur persönlichen Information») forderte er: «Die politischen Verhältnisse im Lande müssen sich in der Personalpolitik widerspiegeln. In der Beförderungspraxis muß sichtbar – und zwar geräuschlos – werden, daß unsere Regierung CDU-Freunde am ehesten für geeignet hält, CDU-Politik an Ort und Stelle zu verwirklichen.» In den folgenden Jahren wurde die Filz-Forderung des Parteibuchstrategen Barschel konsequent verwirklicht. Jetzt ist, so Engholm, «keine Führungsposition im Landesdienst, keine Landratsposition, kaum eine Schulratsstelle, keine Aufgabe im landeseigenen Wirtschaftsbereich» mit einem Sozialdemokraten besetzt. So viele schwarze Parteibuchbeamte «wie in Schleswig-Holstein in Führungspositionen», glaubt der ehemalige Bonner Minister, «gibt es auf der ganzen Bundesebene nicht».

Der machtlosen Opposition bleibt nur übrig, mit Akribie die Stellenwechsel zu notieren. Da rückt ein ehemaliger CDU-Landrat an die Spitze des Energieversorgungsunternehmens Schleswag, ein anderer wird Präsident der Wohnungsbaukreditanstalt, ein dritter Chef der Landgesellschaft. Der Vorsitzende des CDU-Landesfachausschusses für Kulturpolitik ist zugleich Chef der Landeszentrale für Politische Bildung. Ein ehemaliger Stoltenberg-Referent führt die Landwirtschaftskammer, ein früherer CDU-Fraktionsassistent die Jugendstiftung des Landes – und und und.

Zur Schaltstelle der Partei-Personalpolitik hat sich, zunehmend in den letzten Jahren unter Barschel, die Kieler Staatskanzlei entwickelt. Von der dänischen Grenze bis zur Unterelbe, von Kiel bis zur Insel Helgoland haben die Mächtigen in der Regierungszentrale, wie SPD-Landesgeschäftsführer Klaus Rave sagt, ein «schwarzes Spinnennetz» gespannt. Dabei hat Barschel nur perfektioniert, was ihm seine Amtsvorgänger Helmut Lemke (1963 bis 1971) und Gerhard Stoltenberg (1971 bis 1982) vorexerziert haben. Bereits in den fünfziger Jahren ist das Bestreben der CDU-Regierung aktenkundig, bevorzugt eigene Leute an die Schaltstellen der Macht zu bringen.

Gerhard Stoltenberg, damals Vorsitzender der Jungen Union, setzte sich 1955 energisch für «eine im Sinne der CDU gesteuerte bessere Personalpolitik» des Landes ein. Die «Verwaltungsangehörigen mit CDU-Gesinnung», heißt es in einem Papier des CDU-Landesfachausschusses für öffentliche Verwaltung aus dem Jahr 1956, seien «die einzigen, auf die wir auch dann noch rechnen können, wenn die politische Führung der Verwaltung einmal in andere Hände übergehen sollte».

Da sei der Allmächtige vor. Aus «staatspolitischen Gründen», bittet Barschel, «möge Gott verhüten», daß die Sozis das Land zwischen den Meeren verwalten dürfen. Einer, der politische Macht als Gottesgnadentum begreift und nicht als etwas auf Zeit Verliehenes, tut sich natürlich schwer, in einem heraufdämmernden Regierungswechsel einen normalen demokratischen Vorgang zu sehen. Der drohende Machtverlust erscheint in diesem Weltbild als schiere Katastrophe, der mit allen zu Gebote stehenden Mitteln begegnet werden muß, auch mit den schmutzigsten. Barschel spricht vom Wohl des Landes, das auf dem Spiel stehe, und meint nur sein eigenes.

Barschel ist indes keine Einzelerscheinung, ist vielmehr ein Kind seiner Partei. Auch Generalsekretär Reichardt verrät jene selbstherrliche Gesinnung in seinem Strategiepapier, wenn er schlankweg verkündet: «Es muß jeden Bürger mit Sorge erfüllen, daß eine andere Mehrheit die Verantwortung übernehmen könnte.» Wer Politik nicht als das Ringen um den richtigen Weg, nicht als Problemlösungs-Veranstaltung mit alternativen Möglichkeiten versteht, sondern dem politischen Gegner generell die Fähigkeit zum Regieren abspricht, der kann nach seiner eigenen Logik Wahlkämpfe nur noch als Vernichtungsfeldzüge führen. Und darin hat die Union eine lange Tradition.

Schon Urvater Konrad Adenauer, er vor allem, war ein Meister im Intrigieren und Diffamieren. Seine listigen Simplifizierungen («Je einfacher denken, ist oft eine jute Jabe Jottes») schufen in der jungen, demokratie-unerfahrenen Republik ein Freund-Feind-Klima. «Die Wahl», behauptete er 1953, «wird entscheiden, ob die Bundesrepublik christlich bleibt oder kommunistisch wird.» Seine politischen Söhne machten daraus 1976 die Schlagetot-Parole «Freiheit oder Sozialismus». Für die Enkel in Schleswig-Holstein geht es um die «Entscheidung, ob unser Land seine unverwechselbare blau-weiß-rote Identität behält oder in den Strudel rot-grüner Experimentiersucht gerät».

Ohne Bedenken operierte Adenauer, ebenfalls im Bundestagswahlkampf 1953, mit gefälschten Dokumenten gegen die SPD. Er berief sich auf angebliche Fotokopien von Aktennotizen, die aus der Bonner SPD-Baracke stammen sollten, in Wahrheit aber für 1000 Mark von einem Nachrichtenhändler gekauft waren. Danach sollten Gewerkschaften, Arbeiterwohlfahrt und die Sozialistische Jugend «Die Falken» mit Beiträgen und Spenden ihrer Mitglieder den SPD-Wahlkampf finanziell unterstützt haben. Obwohl die Dokumente als Fälschung, noch dazu als schlechte, entlarvt wurden (ein Gericht: «Inhaltlich völlig unbegreiflich ... Keine Partei würde derartiges schriftlich von sich geben»), benutzte die CDU das Material noch wochenlang als Wahlkampf-Munition.

Im selben Jahr verbreitete Adenauer auch die Mär, ein Gewerkschafter in Gelsenkirchen und ein SPD-Funktionär in Solingen hätten aus einem Fonds der SED heimlich durch Kuriere Geld für den SPD-Wahlkampf erhalten. Erst fünf Monate nach gewonnener Wahl nahm der Kanzler die wahrheitswidrige Behauptung vor Gericht zurück.

Eine gerade Linie führt von Adenauers Wahlkampfstil des Jahres 1961 zu Reichardts Regierungsanweisungen im Oktober 1986. «Wir haben», sagte der Alte damals, «viel zu selten und zu rücksichtsvoll von unserer Majorität Gebrauch gemacht.» Seinen Kontrahenten Willy Brandt, «der so vornehm tut», rüpelte er an: «Wenn einer mit der größten Rücksicht behandelt worden ist von seinen politischen Gegnern, dann ist das der Herr Brandt alias Frahm» – die infame Formulierung im Polizeijargon für Hochstapler sollte genau so verstanden werden. Als Adenauer wegen der persönlichen Verunglimpfung attakkiert wurde, spielte er die verfolgte Unschuld: «Was habe ich denn für eine Sünde begangen? Ich wollte doch nur andeuten, Herr Brandt solle auch auf seine politischen Gegner Rücksicht nehmen.»

Persönliche Verunglimpfungen, Zersetzungsaktionen und Fälschungen gehörten auch schon zum Standard-Repertoire der schleswig-holsteinischen CDU, lange bevor Pfeiffer in Barschels Dienste trat. Etliche Beispiele aus der Ära Stoltenberg, der seit 1971 als Landesvorsitzender amtiert, belegen dies.

Bereits im Landtagswahlkampf 1971 agitierte die CDU mit einem als «Analyse» bezeichneten Pamphlet gegen den – im September 1987 gestorbenen – damaligen SPD-Spitzenkandidaten Jochen Steffen. Das Machwerk gab sich zwar einen wissenschaftlichen Anstrich; darin waren aber, wie mehrere Professoren, darunter der Stuttgarter Historiker Eberhard Jäckel, kritisierten, «lediglich beliebig ausgewählte Zitate aneinandergereiht» und «mit anderen so kombiniert» worden, «daß beim Leser bestimmte negative Assoziationen und Emotionen geweckt werden sollen». Wahlpropaganda, forderte Jäckel, «sollte mit offenem Visier und mit politischen Argumenten betrieben werden und sich nicht den falschen Anschein einer wissenschaftlichen Untersuchung geben».

Ganz so hoch ist der Anspruch der Lambrecht-Broschüre ohnehin nicht, doch die Machart ist die gleiche. Und auch der Auftraggeber mischte schon damals mit: Unter Berufung auf die scheinwissenschaftliche Dokumentation verlangte Barschel, damals stellvertretender Landesvorsitzender der CDU, von den Sozialdemokraten, sie sollten Steffen «aus dem politischen Geschäft ziehen».

Ebenfalls 1971 versuchte die Nord-CDU mit zweifelhaften Tricks, die Liberalen auseinanderzudividieren, die damals in Bonn mit der SPD regierten und auch in Kiel ein Bündnis mit den Sozialdemokraten eingehen wollten. Eine «Aktionsgemeinschaft Liberale Politik» (ALP) machte mit großformatigen Zeitungsannoncen Stimmung gegen die Koalitionsaussage der schleswig-holsteinischen FDP – die tückischen Anzeigen waren, wie später eine Gerichtsverhandlung ergab, in Wahrheit vom CDU-Landesverband aufgegeben worden.

Acht Jahre später griff die ALP, deren Vorsitzender Hans-Joachim Herbst vorübergehend auch CDU-Landesschatzmeister war, abermals unter liberalem Deckmäntelchen die FDP an. «Die CDU», konstatierte FDP-Landesgeschäftsführer Dieter Priegann, «muß schon ungeheure Angst um ihre Mehrheit haben, wenn sie sich zu derart obskuren Wahlkampfmethoden gezwungen sieht.» Als «befremdlich» wertete es die FDP, «daß Grüppchen wie die ALP nicht von subalternen CDU-Funktionären geführt werden, sondern daß beim Ministerpräsidenten Dr. Stoltenberg selbst die Fäden zusammenlaufen».

Mit Fälschungen arbeitete, nach Angaben eines ehemaligen Mitarbeiters der CDU-Fraktion, auch Barschel selber, wenn er sich von Zeit zu Zeit bürgernah gab. In sogenannten Telefonsprechstunden, die der damalige Fraktionsvorsitzende Barschel in den siebziger Jahren alle paar Monate veranstaltete, meldete sich nicht nur Volkes Stimme. An der Strippe waren oft Barschels eigene Fraktionsangestellten, die, anonym oder unter falschem Namen, die richtigen Stichworte gaben.

So beklagte sich im Oktober 1976 ein anonymer Anrufer, er werde unter Druck gesetzt, in die Gewerkschaft Erziehung und Wissenschaft einzutreten, anderenfalls sehe es schlecht aus für seine Karriere an einer Hamburger Hochschule. Dankbar ergriff Barschel die Gelegenheit – die Journalisten der «Lübekker Nachrichten» notierten den Fall –, dem DGB eins auszuwischen: «Das ist Gewerkschaftsterror, wie er angeprangert werden muß.»

Die gewünschte Kontroverse zwischen CDU und DGB entbrannte daraufhin in der Regionalpresse. Schriftlich beschwerte sich der Vorsitzende des DGB-Bezirks Nordmark, Jan Sierks, bei Barschel, der CDU-Politiker übernehme «unkritisch» die Vorwürfe eines Anonymus. Sierks: «Fürwahr eine sehr raffinierte Methode, die Gewerkschaften ins Unrecht zu setzen.» Fürwahr. Denn der anonyme Anrufer, so bezeugt ein ehemaliger Barschel-Mitarbeiter, habe zum Stab der CDU-Fraktion gehört und sei Barschel wohlbekannt gewesen. Der Christdemokrat resümierte nach der Sprechstunde scheinheilig: «Es ist wirklich erstaunlich, was man bei diesen Sprechstunden so alles erfährt.»

Auch politischen Gegnern wurden von der CDU Schleswig-Holstein immer wieder mal Fälschungen untergejubelt, lange bevor ein Pfeiffer auf der Bildfläche erschien. Im Kommunalwahlkampf 1986 etwa ertappte der Sprecher der Freien Wählervereinigung (FWV) im ostholsteinischen Lensahn, Manfred Siemund, CDU-Mitglieder auf frischer Tat, als sie Flugblätter mit dem Titelkopf «FWV-Nachrichten» verteilten. Siemund, später zeitweilig Geschäftsführer der Unabhängigen Wählergemeinschaft Schleswig-Holstein, stellte die Handzettel-Verteiler zur Rede: «Stoppt sofort diese Riesensauerei.» Doch die CDU-Wahlkämpfer fühlten sich sogar noch im Recht. «Das würden wir genauso wieder machen», erklärte der Ortsverband der Union und zeigte Siemund wegen Nötigung an. Die Staatsanwaltschaft in Lübeck ermittelte nicht etwa gegen die Fälscher von der CDU, sondern gegen das Fälschungsopfer Siemund und erhob Anklage.

Der FWV-Mann wurde zwar vor dem Amtsgericht Oldenburg freigesprochen, weil die versuchte Wählertäuschung durch die gefälschten Flugblätter offenkundig war. Aber Stoltenbergs Landesverband ließ nicht locker. Weil Siemund äußerte, er hätte Wahlkampfmethoden von derartiger «politisch-moralischer Verwerflichkeit nur in undemokratischen Regimes für möglich gehalten», klagte die Landespartei beim Landgericht Lübeck auf Unterlassung und Widerruf. Als die Richter zu erkennen gaben, daß sie Siemunds starke Worte für gar nicht so abwegig hielten, zog die CDU ihre Klage zurück.

Etwa zur gleichen Zeit, als die Fälscher unterwegs waren, im Frühjahr 1986, ventilierte Stoltenbergs Parteisprecher Kohl die Erfolgsaussichten einer auf dumpfe Instinkte gerichteten Wählerwerbung. Wahlen, schrieb Kohl im Mitgliederblatt «Schleswig-Holstein Kurier», gewinne derjenige, «der ein Thema am besten emotionalisiert». Als «Beispiel» nannte Kohl das Stichwort «Homosexualität». Eine Kommission von SPD-Juristen auf Bundesebene habe «Vorschläge ausgearbeitet, nach denen die Unzucht von Männern mit Jungen unter 18 und Mädchen unter 16 Jahren straffrei sein soll». In dieser Kommission hätten auch vier sozialdemokratische Juristen aus Schleswig-Holstein mitgewirkt. Einer davon sei «vor drei Jahren wegen homosexueller Beziehungen zu Jugendlichen rechtskräftig verurteilt» worden. «Ein Sexualstraftäter», folgerte Kohl, «will also unser Sexualstrafrecht, wenn man so will, in seinem Sinne reformieren.»

Direkt an dieses Beispiel knüpfte der Stoltenberg-Sprecher die Frage: «Soll dies von uns aufgepickt, veröffentlicht werden? Stoßen wir dann nicht an die Grenzen des Anstandes, der politischen Kultur?» Kohls Antwort: «In 15 Jahren politischer Öffentlichkeitsarbeit für die CDU hat sich aus meiner Sicht nichts geändert: In Wahlauseinandersetzungen argumentieren wir wohltemperiert, unterfüttert mit guten Argumenten, sachlich, korrekt, differenzierend.» Wieviel Rücksicht auf das «Stilempfinden der Wähler», die «Detailtreue» und die «Wahrhaftigkeit» genommen werden könne, müsse jedoch «in jedem Einzelfall neu entschieden» werden.

Ein Aufruf der CDU zur «Leserdiskussion» über die Kohl-Thesen fand ein frenetisches Echo. Unter Überschriften wie «Attacke» und «Goldrichtig», «Aggressiver und offensiver», «Mehr Emotionalität» und «Mehr Bauch», «Klartext» und «Radikal vereinfachen» offenbarte die plattdeutsche CDU-Basis, wes Geistes Kind sie ist.

So bestärkt durch das Parteivolk, daß mit Schmuddeleien

Stimmen zu gewinnen seien, zugleich beunruhigt durch die große Popularität Engholms, schaltete die CDU-Spitze auf Aggression und Attacke. Daß da der einschlägig erfahrene Bremer Propaganda-Experte Pfeiffer als Pressereferent in die Kieler Staatskanzlei rückte, kam der CDU offenbar zupaß. Pfeiffers Geheimoperationen entsprachen dem internen Strategieplan Reichardts ebenso wie einem wenige Monate zuvor im CDU-Mitgliederblatt abgedruckten Ratschlag: «Solche Munition» wie das Thema «Unzucht», hieß es da, dürfe die CDU «nicht nur einfach verscharren, weil sie schmutzig ist». Es werde «ganz entscheidend darauf ankommen, wie man es handhabt, damit man sich nicht selbst schmutzig macht».

Trotz alledem erscheint dem jungen Ahrensburger Rechtsanwalt Trutz Graf Kerssenbrock, Jahrgang 1954, der 1983 in den Landtag einzog, Schleswig-Holstein in den Jahren seiner Parlaments-Zugehörigkeit als eine «Oase der Solidität». Der trügerische Eindruck von heiler Welt oder Friedhofsruhe, je nach Temperament des Betrachters, entsteht, weil die Machenschaften der Regierungspartei den Bürgern des Landes häufig verborgen bleiben. Denn als besonders erfolgreich hat sich die Personalpolitik der Union bei der Pflege der heimischen Medienlandschaft erwiesen.

Im Kieler Funkhaus des öffentlich-rechtlichen NDR waltet mit Henning Röhl ein Parteibuch-Protegé, der durch redaktionelle «Umstrukturierungen» für Linientreue auf den Radiowellen sorgt (und dafür im Februar 1988 von den ARD-Intendanten mit der Ernennung zum «Tagesschau»-Chef belohnt wird). Im Ressort «Politik und Zeitgeschehen» geben ein ehemaliger Stoltenberg-Referent, ein früherer Parteisprecher der schleswig-holsteinischen CDU und ein Ex-CDU-Ratsherr den konservativen Ton an. Unter den sieben Vertretern Schleswig-Holsteins im NDR-Rundfunkrat sind 1986 fünf eingeschriebene CDU-Mitglieder, kein einziger Sozialdemokrat gehört dem Gremium an. Der erste Direktor der Unabhängigen Landesanstalt für das Rundfunkwesen, Volkram Gebel, war zuvor Medienreferent in der Staatskanzlei. Das private «Radio

Schleswig-Holstein» wird, über die Springer-Anteile bei den Provinz-Zeitungen, von dem mit Barschel innig verbundenen Verlagshaus majorisiert.

So wächst, unter weitgehendem Ausschluß kritischer Öffentlichkeit, politisches Spezitum – zum Vorteil der christlichen Regierung wie auch zum Wohle jener, die sich gut mit ihr stellen. «Die Medienarbeit für das Jahr '87», heißt es denn auch in Reichardts Strategiepapier, müsse «mit den geplanten Schwerpunkten mit den befreundeten Journalisten im Lande vorbereitet und in Einzelschritten verabredet werden. Dafür empfehlen sich Konferenzen, die einmal im Quartal durchgeführt werden sollten und in denen die politischen Leitlinien festgelegt werden».

Wie es fürwitzigen Journalisten ergeht, die sich nicht geschmeidig in den Filz fügen, erfuhr, im November 1986, der ZDF-Redakteur Alois Theisen: Barschel selbst versuchte sich des mißliebigen Fernsehmannes zu entledigen, indem er vertrauliche Akten an die ihm ergebene «Bild»-Zeitung verriet. Theisen war – zu Unrecht, wie sich herausstellte – von einem Polizisten angezeigt worden, weil er bei Aufnahmen über Kernkraftgegner, die Strommasten umzusägen versuchten, einen der Täter in seinem Dienstwagen chauffiert habe. Am 26. November berichtete die «Bild»-Zeitung unter der Schlagzeile «Anschlag auf Brokdorf-Mast: ZDF-Reporter angezeigt», daß Theisen bei der Sabotage «Beihilfe geleistet haben soll»; die Staatsanwaltschaft Itzehoe ermittle «wegen des Verdachts der Beihilfe zur gemeinschädigenden Sachbeschädigung».

Das Ermittlungsverfahren wurde im Januar 1987 eingestellt, doch für den Fernseh-Journalisten war der Fall damit nicht erledigt. Ihm war aufgefallen, daß die von «Bild» verbreiteten Fakten auffällig mit den vertraulichen Ermittlungsakten übereinstimmten. Die Quelle des Springer-Blatts konnte demnach nur eine amtliche Stelle gewesen sein. Deshalb erhob Theisen Dienstaufsichtsbeschwerde gegen Beamte der Staatsanwaltschaft und der Polizei und stellte Strafantrag wegen Verletzung von Privatgeheimnissen.

Im Februar 1988 kommt heraus, wie die Information aus der Akte an die «Bild»-Zeitung gelangte: Am Tag vor der Veröffentlichung, also am 25. November 1986, so berichtet Behnke, telefonierte Barschel in seinem Dienstzimmer mit einem «Bild»-Redakteur. «Langsam, offenbar zum Mitschreiben» (Behnke), las der Ministerpräsident aus dem amtlichen Papier vor, den Namen des beschuldigten Redakteurs buchstabierte er. So hoffte Barschel offenbar doch noch, den unliebsamen Journalisten loszuwerden, nachdem er wenige Tage zuvor vergebens bei ZDF-Intendant Dieter Stolte die Ablösung Theisens betrieben hatte; als Barschel den Brief mit der Weigerung Stoltes am 24. November in Kiel in die Finger bekam, forderte er über Staatskanzlei-Chef Hebbeln die Theisen-Akte im Innenministerium an und erhielt sie noch am selben Tag im verschlossenen Umschlag.

Wohlgelitten bei Hofe sind hingegen die «Bild»-Chronisten, die selbst den 43. Geburtstag des Regenten am 13. Mai 1987 zum Anlaß nehmen, ihm mit einem dreispaltigen Jubel-Artikel zu huldigen. Ehefrau Freya, erfahren die Leser, habe ihm «zwei ausgestopfte Vögel, einen Sperber und einen Dompfaff», geschenkt, denn «der Landesvater sammelt seit seiner Schulzeit Präparate heimischer Tiere. In seinem Arbeitszimmer sieht's aus wie in einem Mini-Zoo». Die Jagdleidenschaft seines Freundes Ballhaus teilt Barschel jedenfalls nicht: «Ich schieße keine Tiere», vertraut er dem «Bild»-Reporter an, «bin ein stiller Bewunderer ihrer Schönheit.»

11
«Lockspitzel oder reuiger Sünder?»

Pfeiffer rückt bei Barschel ins Abseits

Sonntag, 31. Mai. Bundeskanzler Kohl hat die Ministerpräsidenten der CDU-regierten Bundesländer zu einer finanz- und steuerpolitischen Aussprache nach Bonn gebeten. Finanzminister Stoltenberg ist über den niedersächsischen Regierungschef Ernst Albrecht verstimmt, weil dieser in der letzten Bundesratssitzung verlangt hat, daß der Bund die Einnahmeverluste ersetzen müsse, die den Ländern durch die Steuerreform entstehen. Barschel, in Sorge um die Parteitreue seiner bäuerlichen Wähler, ermahnt den Kanzler an diesem Tag in einem Interview, in der EG härter aufzutreten, «um die Bauern vor dem Ruin zu bewahren».

Der Kieler Regent verläßt, gegen 21.30 Uhr, als erster die Runde im Kanzlerbungalow. Er will am nächsten Morgen in Mölln vor kirchlichen Mitarbeitern eine Rede zum Thema «Kirche und Staat» halten. An diesem Manuskript feilt er auf dem Heimflug in einem gecharterten zweistrahligen Düsenflugzeug vom Typ Cessna Citation 501. Um Zeit zu sparen, steuert der Pilot Michael Heise, 39, den kleinen Flugplatz Lübeck-Blankensee nahe der DDR-Grenze an, der nur etwa 15 Kilometer von Barschels Wohnsitz in Mölln entfernt ist. Dort ist der sechssitzige Jet am Nachmittag auch gestartet.

Das Wetter ist miserabel, die Sichtweite beträgt rund 1000 Meter, die Untergrenzen der Wolken schwanken zwischen 300 und 90 Metern. In Blankensee gibt es kein Instrumenten-Lande-System, die Landebahn muß deshalb nach Sichtflugregeln angeflogen werden. Als Anflughilfe dient ein «ungerichtetes Funkfeuer», 690 Meter vor Beginn der Landepiste, auf einem knapp 16 Meter hohen metallenen Sendemast. Barschels Flugzeug müßte an dieser Stelle noch in wenigstens 60 Meter Höhe fliegen, ist aber tatsächlich schon so niedrig, daß die linke Tragfläche den Mast streift. Es ist 23.01 Uhr.

Etwa einen halben Kilometer schrammt und schlittert die Cessna über Bahngleise und Büsche, 150 Meter vor der Landebahn bleibt das brennende Wrack liegen. Es gibt mehrere Explosionen, so daß eine Anwohnerin glaubt, «die Russen schießen». Die Retter finden zwei Tote: den Flugzeugführer Heise und seine Kopilotin Elisabeth Friske, 47. Schwerverletzt wird Barschels Leibwächter Bernd Hansen, 29, geborgen, doch auch er stirbt eine Woche später.

Barschel selbst wird von seinem Fahrer und den Sicherheitsbeamten, die ihn am Flugplatz abholen wollten, etwa 40 Meter von der brennenden Maschine gefunden. Er liegt frierend im nassen Gras und bittet die Helfer um eine Wolldecke. Durch eine klaffende Öffnung, die sich nach dem Wegbrechen des Vorderteils auftat, ist er ins Freie getaumelt. Mit linksseitigem Kreuzbeinbruch und Querfortsatzabriß des fünften Lendenwirbels wird der Regierungschef in die Chirurgische Klinik der Medizinischen Universität zu Lübeck eingeliefert.

«Er kann natürlich nicht rumhüpfen», verkündet am 1. Juni, zwölf Stunden nach dem Absturz, Herwig Ahrendsen vor Journalisten, aber in einigen Wochen werde Barschel wieder in den Wahlkampf eingreifen können. Zunächst freilich ist die ganz auf den Ministerpräsidenten zugeschnittene Planung zusammengebrochen. Der Ausfall des Spitzenkandidaten belege, «wie sehr die CDU auf Barschel fixiert ist», findet der Landtagsabgeordnete Graf Kerssenbrock, und «in welchem Umfang er die Partei bis ins Detail beherrscht».

Tatsächlich tut sich die Union ohne Barschel im Wahlkampf schwer. Regierungsmitglieder und Parlamentarier kritisieren ein Terminchaos und Mißmanagement im Parteiapparat von Generalsekretär Reichardt. Da laufe «business as usual», ärgert sich ein Abgeordneter – ganz so, als sei nichts geschehen: «Die Partei steht mächtig auf dem Schlauch.» Hinzu kommt, daß auch der Landesvorsitzende Stoltenberg in heimischen

Gefilden selten gesichtet wird. Er sei, mosert ein Kieler Fraktionsmitglied, von «Bonner Problemen» wie der Steuerreform «völlig absorbiert».

Ausgerechnet in diesen heiklen Wochen belasten weitere Personalprobleme die Landesregierung. Am Pfingstmontag, dem 8. Juni, kommt Wirtschaftsminister Manfred Biermann an Barschels Krankenbett, um nach nur 18 Monaten Amtszeit seine Demission anzubieten: Der frühere Lübecker Steuerberater und Wirtschaftsprüfer ist im Zusammenhang mit Steuerhinterziehungen eines ehemaligen Klienten ins Gerede gekommen. Angesichts des nahenden Wahltermins macht Barschel keine Anstalten, seinen Wirtschaftsminister zu halten. Er beauftragt Finanzminister Asmussen, das verwaiste Wirtschaftsressort bis zur Wahl mitzuverwalten. Die Entscheidung macht auch der Öffentlichkeit deutlich, daß die CDU mit dem Ende ihrer absoluten Mehrheit rechnet: Kein Christdemokrat ist bereit, das Amt für drei Monate zu übernehmen, um es dann – wenn nicht sogar die SPD ans Ruder kommt – dem Koalitionspartner FDP zu überlassen.

Regierungssprecher Behnke bleibt zwar vorerst noch auf seinem Posten, aber er wird nun vollends zur Sprachlosigkeit verdammt. Der farblose Pressemann hatte sich mit der Landespresse angelegt, um von seiner unglücklichen Informationspolitik abzulenken. Deshalb besteht seine «Hauptaufgabe jetzt darin», so ein Kabinettsmitglied, zu schweigen und «keine weiteren Fehler zu machen». Als Sprecher hat endgültig Vize Ahrendsen das Sagen. Er eilt fast jeden Tag nach Lübeck an Barschels Krankenbett, berichtet dort vom Gang der Geschäfte in der Staatskanzlei und nimmt Aufträge mit nach Kiel.

Demoskopen melden derweil neues Ungemach. Für das Mannheimer Ipos-Institut, das im Auftrag der FDP gut 2000 Wähler befragt und auch die Ergebnisse anderer Meinungsforscher ausgewertet hat, ist längst «noch nicht entschieden, ob CDU oder SPD stärkste Partei im Land werden». Die badischen Sozialforscher prognostizieren zwar noch 45 Prozent für die Union und 43 für die Sozialdemokraten, aber mit zunehmender Tendenz für die SPD.

Die Ipos-Leute konstatieren, daß die SPD «genauso angesehen» sei «wie die CDU als Regierungspartei». Diese «ausgesprochen ungewöhnliche» Situation führen die Wahlforscher vor allem auf die «überaus gute Einstufung» des Spitzenkandidaten Engholm zurück. Zwar werde Barschel von den Befragten «gut» beurteilt, aber Engholm werde noch «etwas besser» eingestuft. Die CDU versucht denn auch, die Popularität ihres Spitzenmannes weiter aufzupolieren. Nachdem die sorgsam vorbereitete Kampagne, den Landesvater bei Volksfesten und Kulturveranstaltungen wie der Kieler Woche oder dem «Schleswig-Holstein Musik Festival» herumzuzeigen, buchstäblich zu Boden gegangen ist, richten sich die Propaganda-Aktivitäten der Union nun aufs Krankenbett.

Die medienträchtige Vermarktung des Flugzeugabsturzes beginnt am Freitag, dem 19. Juni. Die Barschel-Familie, außer der zwölfjährigen Tochter Maike, versammelt sich zum Gruppenfoto in der Klinik. Anlaß bietet das Versetzungszeugnis des zehn Jahre alten Sohnes Hauke («Voller Einser»), der nach den Sommerferien auf die Lauenburgische Gelehrtenschule, ein Ratzeburger Gymnasium, wechseln wird. Die Aufnahmen nebst anrührenden Bildtexten über das Befinden des Bettlägerigen erscheinen in den Wochenendblättern. In der Klatschspalte der «Bild»-Zeitung verbreitet Herwig Ahrendsen ärztliche Bulletins (am 2. Juli zum Beispiel: «Die Brüche heilen gut, es gibt keine Komplikationen»).

Treuherzig versichert CDU-Sprecher Kohl, man sei auf «billige Effekthascherei» nicht angewiesen, weil Barschel «des Mitgefühls aller sicher ist». Wie dies gleichwohl noch zu steigern sei, erörtern nach einer Aussage von Jutta Schröder hochrangige Mitarbeiter der Staatskanzlei, darunter Staatssekretär Hebbeln und Vize-Sprecher Ahrendsen: Es werden Überlegungen angestellt, ob Barschel bei seiner Entlassung aus dem Krankenhaus medienwirksamer «im Rollstuhl, auf Krücken oder am Stock» präsentiert werden solle.

Am 4. Juli erscheint Festival-Intendant Justus Frantz samt Orchester zum Genesungsständchen im Klinik-Park, wohin Barschels Krankenbett unter dem Klicken der Kameras gerollt wird. Dem Meisterdirigenten Leonard Bernstein, dem der Ministerpräsident am 12. Juli das Große Bundesverdienstkreuz überreicht, kommt Barschel bereits im Anzug und auf Krücken entgegen. Der Musiker küßt dem Patienten die Hand. «Bernstein», läßt sich Ahrendsen in der «Bild»-Zeitung zitieren, «hatte vor Rührung Tränen in den Augen.»

Seine Genesung komme «sehr gut voran», versichert Barschel den Reportern, und damit es ihm auch die Leser im Lande glauben, drucken die Heimatblätter beinahe täglich Bilder vom Rekonvaleszenten: auf der Bettkante sitzend, auf dem Home-Trainer strampelnd, Wahlkampf im Pyjama. Seine «Hoffnung», spätestens in der ersten August-Hälfte selbst in die politische Arena zurückkehren zu können, werde «mehr und mehr zur Gewißheit». Doch «wie ich dann physisch belastbar bin», räumt er ein, werde sich erst «in der Situation sagen» lassen.

Und er vergißt auch nicht hinzuzufügen, daß er aus dem Unglück neue Erkenntnisse für sich selber gezogen habe: «Wenn man das alles durchgemacht hat, ist es ein besonderes Bedürfnis, sich für einen fairen Wahlkampf einzusetzen, politische Kultur auch im Wahlkampf zum Ausdruck zu bringen.» Er wolle künftig mehr auf menschliche Anteilnahme achten, teilt der Patient im Stützkorsett mit, er sei «geduldiger, dankbarer, bescheidener, gelassener» geworden.

Barschels Sekretärin, für die in der Klinik ein Büro eingerichtet worden ist, verschickt derweil Dankesbriefe an Hunderte von Bürgern, die dem Regierungschef ihr Mitgefühl bekundet haben: «Jeder Tag unseres Lebens, an dem wir atmen und denken», schreibt Barschel, «ist ein unersetzliches Geschenk. Wohl dem, der dafür dankbar sein kann.» Er rechne damit, «in nicht allzu ferner Zeit wieder im Kreise meiner Familie zu sein und meine Aufgaben für unser schönes Land Schleswig-Holstein wieder voll erfüllen zu können».

Ein Schreiben beantwortet Barschel allerdings nicht. Es

stammt von Irmgard Heise, der Mutter des Piloten, der die Unglücksmaschine geflogen hat und in den Trümmern gestorben ist. «Herr Dr. Barschel», schrieb die Frau am 22. Juni ohne weitere Anrede aus dem schweizerischen Morcote, wo sie sich zur Kur aufhielt, «können Sie eigentlich nachts noch ruhig schlafen? Sie haben drei Menschenleben auf dem Gewissen!» Ihr Vorwurf: Trotz widriger Wetterverhältnisse habe Barschel den Flugzeugführer bedrängt, den nur für Sichtflug geeigneten Flugplatz Blankensee anzufliegen, anstatt in Hamburg-Fuhlsbüttel oder auf einem Bundeswehr-Flugplatz zu landen – und dies nur, weil er dadurch 30 Minuten eher zu Hause sein wollte. Irmgard Heise verbittert: «Diese 30 Minuten haben drei Menschenleben gefordert.»

Der Vorwurf ist, wie das Luftfahrt-Bundesamt in Braunschweig später ermittelt, offenbar unbegründet; es gibt keine Hinweise, daß Barschel eine Anweisung gegeben hat, um jeden Preis Blankensee anzusteuern. Irmgard Heise erklärt ihre Anschuldigung als Reaktion auf die Bilder, die sie am 20. Juni in den Zeitungen gesehen hat, wo Barschel als glücklicher Familienvater posiert. Der Regierungschef schickt seinen Ahrendsen zu Irmgard Heise nach Rellingen bei Hamburg, um ihr seine Anteilnahme auszudrücken.

Der «Stern» veröffentlicht den Brief der Piloten-Mutter in seiner Ausgabe vom 30. Juli. Noch am selben Morgen tritt Barschel, der drei Tage zuvor aus der Lübecker Klinik entlassen worden ist, bei einer Pressekonferenz im Möllner Hotel «Schwanenhof» dem Vorwurf entgegen, er habe «den Flugkapitän zu irgendeinem Risiko gedrängt». Er fliege, sagt Barschel den Journalisten, ohnehin «ungern», und «wenn ich nur das Gefühl gehabt hätte, da ist ein Risiko, hätte ich's sein gelassen».

Ungeklärt bleibt, wie der Brief in die Illustrierten-Redaktion geriet. «Aus dem Kreis der Familie» sei er dem «Stern» jedenfalls nicht zugespielt worden, weist deren Rechtsanwalt Birger Hendriks jeden derartigen Verdacht zurück. Die Angehörigen des toten Piloten seien im Gegenteil «empört, daß dieses sehr persönliche Schreiben an die Öffentlichkeit gelangen konnte». Der Anwalt deutet an, es gebe «Anzeichen» dafür, daß der Brief «aus einem ganz anderen Kreis dem ‹Stern› hinterbracht wurde».

Die Spur führt zurück in die Staatskanzlei. Der Kreis derer, die von der Existenz des Briefes wissen, wurde dort verständlicherweise von vornherein stark eingeschränkt. Auch wenn, wie behauptet wird, das Original des Schreibens nach dem Eingang vier Stunden lang offen bei Staatssekretär Hebbeln auf dem Schreibtisch gelegen haben sollte, bevor Ahrendsen es wegschloß, gibt es nicht einmal eine Handvoll Bediensteter, die unbeobachtet eine Kopie ziehen konnten. Einer, der in Betracht kommt, es aber bestreitet, ist Reiner Pfeiffer.

Sicher ist, daß Pfeiffer am 25. Juni um 17.20 Uhr den Redakteur Richard Rickelmann im Düsseldorfer SPIEGEL-Büro anruft. Pfeiffer und Rickelmann haben Anfang der sechziger Jahre bei zwei verschiedenen Zeitungen im Kreis Recklinghausen volontiert: Pfeiffer bei der «Westfälischen Rundschau», Rickelmann bei den «Ruhr-Nachrichten». Die beiden haben, wie sie übereinstimmend sagen, seit etwa 15 Jahren keinen Kontakt miteinander gehabt. Nun fragt Pfeiffer seinen Bekannten aus früheren Tagen, ob der SPIEGEL in seiner nächsten Ausgabe eine Geschichte über den Barschel-Absturz bringe. Rickelmann, als NRW-Wirtschaftskorrespondent weder thematisch noch örtlich für die Sache zuständig, weiß nicht, ob dergleichen geplant ist, und verspricht, sich beim Kieler SPIEGEL-Korrespondenten Manfred Ertel zu erkundigen.

Am nächsten Morgen, es ist der 26. Juni, versucht Pfeiffer, die Mutter des toten Piloten in Morcote anzurufen. Er erreicht sie jedoch nicht. Daraufhin versucht er, Angehörige in Hamburg telefonisch ausfindig zu machen. Nacheinander ruft er Frauen mit dem Namen Heise an, weil er irrigerweise annimmt, die Gesuchte wohne in Hamburg. Im vierten Versuch erwischt Pfeiffer die richtige Nummer – im Ortsnetz Pinneberg.

Angeblich soll Pfeiffer, in Barschels Auftrag, die Angehörigen ansprechen, um «das Vorfeld zu glätten», ehe Ahrendsen einen Besuch abstattet. Pfeiffer will zugleich aber auch «die Lage ausloten, ob Barschel tatsächlich schuld haben könnte». Die Information, daß der SPIEGEL eine Veröffentlichung zu diesem Thema plane, will Pfeiffer von einer Kollegin bei der «Hannoverschen Neuen Presse» haben. In einem zweiten Telefonat mit Rickelmann, kurz vor Mittag, rät Pfeiffer, der SPIEGEL-Redakteur könne sich «doch mal bei der Mutter des Piloten erkundigen», «ein Kontakt würde sich für eine Exklusiv-Story lohnen». Pfeiffer nennt Anschrift und Telefonnummer der Frau, erwähnt jedoch nichts von einem Brief.

SPIEGEL-Herausgeber Rudolf Augstein, der sehr oft mit Heise geflogen ist, sagt über den Piloten: «Das ist ein Mann, dem kann man nicht sagen, du hast jetzt hier zu landen, der würde das gar nicht. Der macht das, was er für richtig hält. Nicht das, was ein Ministerpräsident oder ein Herausgeber ihm sagt.» Es gibt keine weiteren Recherchen, weil die Geschichte schon im Ansatz nicht glaubhaft erscheint.

Was immer das Motiv Pfeiffers ist, dem SPIEGEL – und womöglich auch anderen Publikationsorganen – eine Geschichte zu stecken, ob er den Brief der Mutter an den «Stern» lanciert oder nicht: Im Ergebnis kann die Enthüllung, die sich Pfeiffer durch journalistische Nachforschungen verspricht, in der Tendenz nur gegen Barschel gerichtet sein. Die Anschuldigungen der Mutter nimmt er offenbar ernst, dem Ministerpräsidenten traut er zu, den Piloten unter Druck gesetzt zu haben.

Am 2. Juli ruft Pfeiffer das Springer-Vorstandsmitglied Christian Herfurth an. Nachdem Tamm-Vize Prinz Mitte Mai aus dem Vorstand ausgeschieden ist, sucht Pfeiffer im Verlag einen neuen Gesprächspartner, mit dem er seine berufliche Zukunft nach Ablauf des Kieler Arbeitsvertrags regeln kann. Herfurth erklärt ihm, er sei «persönlich nicht mit der Sache befaßt» und könne sich «nur sozusagen in Amtshilfe» darum kümmern. Ein «fundiertes Gespräch über die Anschlußbeschäftigung» solle aber besser «erst nach der Wahl in Kiel stattfinden». Am 10. Juli schreibt Pfeiffer an Herfurth einen Brief, in dem er den Inhalt des Telefonats festhält und andeutet, daß er, wenn es sonst keine freie Stelle gibt, auch im Bereich der «Bild»-Zentralorganisation, die sein Bekannter Voss leitet, arbeiten würde. Herfurth ist «davon überrascht, da es an sich ungewöhnlich ist, daß ein Journalist in den administrativen Zweig einer Zeitung wechselt». Herfurth informiert Voss und meint, «daß die Sache ohnehin nicht eilig und akut wäre».

Pfeiffer könnte ja wirklich beruhigt bis zum Jahresende warten, da ihm nach dem 1. Januar 1988 bei Springer eine Anstellung garantiert ist. Aber Pfeiffer sucht nach einer Möglichkeit, vorzeitig aus der Staatskanzlei wegzukommen. Ihm fällt, wie er dem CDU-Sprecher Kohl klagt, «die Decke auf den Kopf»; man behandle ihn «wie einen Fußabtreter».

Weil Pfeiffer während Barschels Abwesenheit viel Freizeit hat, kann er tagelang privaten Interessen frönen. So eruiert Pfeiffer zusammen mit dem Leiter des Kieler Büros des Evangelischen Pressedienstes, Dieter Hein, mit dem er befreundet ist, Möglichkeiten, einen norddeutschen Sterbehilfe-Verein ins Leben zu rufen. Am 27. Juli spricht Hein von Pfeiffers Diensttelefon aus mit einer Mitarbeiterin der «Deutschen Gesellschaft für Humanes Sterben» in Augsburg, am 29. Juli mit der «Eubios»-Klinik des Julius Hackethal am Chiemsee, Pfeiffer selbst telefoniert mit dem Bremer Verein «Pro Senectute – Gesellschaft für würdiges Leben und Sterben im Alter» und mit mehreren Ärzten. Er bemüht sich um Informationsmaterial, vor allem um Satzungen, die er auch bekommt.

Pfeiffers Initiative beruht auf persönlichen Erfahrungen, wie nahe Angehörige und Freunde auf qualvolle Weise dahingesiecht und gestorben sind: «Mein Vater starb an der Parkinsonschen Krankheit. Er erlitt einen Gehirnschlag nach dem anderen, war eine lebende Leiche. Er starb zwei Jahre lang und fast so wenig in Würde wie einer meiner besten Freunde, der mit 27 Jahren an Hautkrebs starb.» Mit Barschel, betont Pfeiffer, habe er jedoch nie über Selbstmord oder über die geplante Vereinsgründung gesprochen.

Klaus Nilius ist in Personalunion Pressesprecher der SPD-Landtagsfraktion und des SPD-Landesverbands, seine Chefs sind also gleichermaßen der Fraktionsvorsitzende Engholm wie der Landesvorsitzende Jansen. Dem Medienreferenten Pfeiffer ist er aus beruflichen Anlässen zwangsläufig schon oft über den Weg gelaufen. Pfeiffer, erinnert sich Nilius, «erschien von Zeit zu Zeit auf unseren Pressekonferenzen». Pfeiffer sprach ihn «vor den Sommerferien» an, «als wir uns auf dem Flur des Landeshauses begegneten», Nilius schlug laut Pfeiffer vor, «mal gemeinsam ein Bier» trinken zu gehen.

In der Gaststätte «Legienhof» im Gewerkschaftshaus kommt es am 16. Juli gegen 17 Uhr zum ersten Treffen. Bei Edelzwicker, Bier und einem kleinen Imbiß beschnuppern sich der Oppositionssprecher und der Regierungsreferent erst mal. Vorsichtig beginnt Pfeiffer, «von Mensch zu Mensch», auszupacken, welche Machenschaften in der Staatskanzlei gegen den SPD-Spitzenkandidaten angezettelt worden sind, und erzählt von «bohrenden Zweifeln über das, was ich machen muß». Anderthalb Stunden dauert das erste Gespräch, doch Pfeiffer beläßt es zunächst bei Andeutungen, Genaueres spart er sich auf für drei weitere Begegnungen am 21. und 27. Juli sowie am 3. August. Weil sie vor dem Gewerkschaftshaus einem Regierungsmitarbeiter über den Weg laufen und sie fürchten, mit gemeinsamen Kneipenbesuchen Argwohn zu wecken, setzt sich Pfeiffer bei den nächsten beiden Treffen für jeweils 20 bis 30 Minuten in Nilius' «bequemen Citroën» auf dem Parkplatz vor dem DGB-Haus, die vierte Begegnung dauert nur wenige Minuten.

Pfeiffer berichtet dem Mann von der Gegenseite, wie beide bekunden, nur von den beiden ersten gegen Engholm gerichteten Aktionen: von der Bespitzelung durch Detektive und von der Steuerdenunziation, wobei Pfeiffer es vermeidet, das Wort Steuer*anzeige* zu gebrauchen, er spricht nur allgemein von Steuerakte oder Steuerangelegenheit. «Manche Fakten und Pläne», von denen Pfeiffer erzählt, erscheinen Nilius «unglaubwürdig, ungeheuerlich», er hält ein «Doppelspiel» für möglich, darauf angelegt, «mich mit einer erfundenen Geschichte zu linken». Andererseits, sagt Nilius, deckt sich Pfeiffers «Einschätzung der Person Barschels mit so manchem, was mir gerüchteweise im Landeshaus schon mal zu Ohren gekommen ist». Ist Pfeiffer «Lockspitzel oder reuiger Sünder»? Der Sozialdemokrat findet keine schlüssige Antwort darauf.

Nilius rätselt auch darüber, aus welchen Motiven Pfeiffer sich gerade ihm anvertraut hat. Er gewinnt den Eindruck, daß Pfeiffer ihm die brisanten Fakten erzählt, damit er darüber in der «Zeitung am Sonntag», der SPD-Wahlkampfpostille, berichte. Doch das verbietet sich von selbst. Denn Nilius kann nicht ausschließen, daß Pfeiffer einen unwahren Bericht provozieren will, über den die CDU dann werbewirksam herfallen kann. Aber selbst wenn Pfeiffers Schilderungen stimmen, darüber ist sich Nilius im klaren, kann er nichts beweisen: Pfeiffer ist nicht bereit, als Informant in Erscheinung zu treten, und schriftliche Belege hat der SPD-Sprecher auch nicht in der Hand. Also beschließt er, die Informationen für sich zu behalten: «Ohren auf, soviel wie möglich erfahren, aber Finger weg davon.»

Niemandem, beteuert Nilius, erzählt er ein Sterbenswörtchen von den niederträchtigen Operationen aus der Staatskanzlei. Seine Chefs, versichert er nachdrücklich, weiht er erst sehr viel später in seine Geheimbündelei mit Pfeiffer ein: Jansen angeblich am 7. September, Engholm am Wahlsonntag, dem 13. September.

Es mag schierer Zufall sein, schürt aber doch Zweifel, daß Engholm just Ende Juli Vorgänge aufrührt, die Monate zurückliegen. Am 27. Juli beauftragt er seinen Pressereferenten aufgrund eines «Hinweises aus dem Polizeibereich» (Nilius), beim Kieler Kriminalpolizeiamt nachzufragen, ob es wegen der im Februar vermuteten Gefährdung seiner Person neue Erkenntnisse gebe. Der damalige Kripo-Tip, «öfter mal in den Rückspiegel zu sehen», könne nämlich jetzt «in einem anderen Licht erscheinen». Am 31. Juli erkundigt sich der SPD-Spitzenmann außerdem persönlich beim Finanzamt

Lübeck, «ob eine Anzeige vorliegt, wonach ich zu wenig Steuern bezahlt haben soll». Die zeitliche Nähe zu den Treffen Pfeiffers mit Nilius ist jedenfalls frappierend.

Engholm hat andere Erklärungen dafür. Die Anfrage bei der Polizei veranlaßt er wegen «merkwürdiger Beobachtungen» vor seinem Haus, auf die er von einer Nachbarin angesprochen worden sei, was diese bestätigt; seltsame Gestalten hätten da um jene Zeit in der Wohnstraße herumgelungert. Der Sozialdemokrat bittet zunächst den Kripo-Beamten Georg Schulz um Rat, der im Februar mit ihm das Sicherheitsgespräch geführt hat; Engholm weiß nicht, daß Schulz inzwischen pensioniert ist. Und beim Finanzamt wird der Spitzen-Sozi vorstellig, nachdem er «im Sommer in Lübeck mehrere Informationen erhalten» habe, «daß meine Steuerakte offenkundig untersucht worden ist». Daraufhin habe er erst mal einen Nachbarn angerufen, einen Steuerfachmann, und «ihn gefragt, was man da tun kann». Der habe ihm empfohlen, direkt die Steuerbehörde zu konsultieren.

Daß kein Zusammenhang zwischen seinen Nachforschungen und Pfeiffers Offenbarungen gegenüber Nilius bestehen könne, begründet Engholm so: «Wenn Nilius mir seine Erkenntnisse mitgeteilt hätte, hätte ich mir doch die ganzen Umwege sparen können.» Möglich ist aber auch, daß Engholm hofft, seine Anfragen würden amtliche Untersuchungen auslösen, die genau jenen Verdacht bestätigen, den er wegen der unkalkulierbaren Glaubwürdigkeit Pfeiffers nicht öffentlich aussprechen kann.

Nilius erwähnt, eigenen Bekundungen zufolge, gegenüber Engholm nur, daß er «auch von solchen Gerüchten gehört» habe, die Spitzel und die Steuerakte betreffend. Der Vermutung, daß Nilius mehr von seinem durch Pfeiffer erworbenen Wissen ausgeplaudert habe, stehen zwei Indizien entgegen: Zum einen erkundigt sich Engholm konkret nach einer «Steueranzeige», obwohl Pfeiffer nur allgemein von einer Steuersache gesprochen hat; zum andern behauptet Engholm geradezu hartnäckig einen «Bruch des Steuergeheimnisses», was er sicher nicht tun würde, wenn die Information von Pfeiffer stammte – denn der weiß ja genau, daß keine Steuerakte beigezogen wurde, um die anonyme Anzeige zu formulieren.

Am 29. Juli teilt das Kriminalpolizeiamt auf die Nilius-Anfrage mit, daß am 10. Februar ein Haus in Blumenthal, in dem sich Engholm damals aufhielt, von einem Mann fotografiert worden sei. Über den Leihwagen habe die Spur zur Detektei Piel in Stubben geführt, die jedoch weder Auftrag noch Auftraggeber genannt habe.

Am 2. August, einem Sonntag, ruft Engholm den Lübecker Finanzamtsleiter Förster zu Hause an. Dessen Stellvertreter, mit dem der SPD-Fraktionsvorsitzende zwei Tage zuvor telefonierte, verwies ihn an den Chef, der am Wochenende aus dem Urlaub zurückkehre. Engholm bittet darum, ihm eine Ablichtung des Vorgangs zu schicken. Förster schlägt die Bitte ab und sagt, Engholm solle sich an den Finanz-Staatssekretär Schleifer wenden. Der sucht den Oppositionsführer am nächsten Tag in dessen Dienstzimmer im Landeshaus auf. Engholm beklagt sich in dem knapp halbstündigen Gespräch, daß er nicht von Amts wegen über die Denunziation unterrichtet worden ist. Schleifer sagt zu, daß Engholm eine Kopie der Anzeige samt Briefumschlag bekommt.

Die SPD, «eine rundum anständige Partei», wie ihr Spitzenkandidat sagt, hat während Barschels zweimonatiger Zwangspause auf jede Auseinandersetzung mit dem leidenden Ministerpräsidenten verzichtet. Gewiß sammelt Engholm weiter fleißig Punkte, wenn er – wandernd und radfahrend, mit dem Auto und per Schiff – kreuz und quer durchs Land reist. Aber Barschels Präsenz in den Medien ist dank geschickter Vermarktung des Klinikaufenthalts nicht zu überbieten. Engholm selbst hat das Unglück des Kontrahenten, wie er versichert, «tief bewegt»; er hat Barschel im Krankenhaus besucht, ihm Blumen geschickt.

Um so mehr empört ihn, wie «die Moral der SPD» und Barschels Unfall «schäbig ausgenutzt» werden: «In dieser Zeit unserer Zurückhaltung», beklagt er, habe die CDU «mit politischen Dum-dum-Geschossen auf uns gefeuert». Wenige Tage nach dem Flugzeugabsturz ist das Pamphlet «Betr. Engholm» in Umlauf gesetzt worden, und kurz bevor Barschel das Krankenhaus verließ, verteilten die Christdemokraten ein Flugblatt, das ein Schreckensbild rot-grüner Politik zeichnete: Abtreibung bis zur Geburt, Leerung der Gefängnisse, Entwaffnung der Polizei. Als Engholm die CDU-Anwürfe zum ersten Mal liest, bekommt er, «wozu ich selten neige, einen Wutausbruch»: Von diesem Tag an geht er «offensiv gegen diese Sprache der Verlogenheit, des Zynismus, der Menschenverachtung» vor.

Für Engholm sind die schmierigen Schriften, «die natürlich auch Barschel kennt und verantwortet», ein Beleg, daß die CDU rigoros «in Stürmer-Machart» die politische Kultur auf den Müll geworfen habe. Die Unions-Strategen belächeln Appelle zur Sachlichkeit indes als Wehleidigkeit. Die SPD, hält Generalsekretär Reichardt dagegen, habe Barschel wohl nie direkt, jedoch «über die Sache» angegriffen. Regierungssprecher Behnke meint schlicht, in jedem Wahlkampf gebe es Texte, «die nicht nobelpreisverdächtig» seien.

Am 7. August der erste öffentliche Auftritt: Am schwarzen Krückstock humpelnd betritt Barschel die Holstenhalle in Neumünster, schleppt sich Meter um Meter zum Podium. 1300 alte Damen und Herren aus ganz Schleswig-Holstein hat die Landesregierung zu ihrem 1. Seniorentreffen in Bussen herangekarrt, damit sie die mitleidheischende Vorstellung eines Mannes erleben, der «mit Gottes Hilfe den zehn Wochen langen schweren Kampf überstanden» hat. Vorgeführt wird ein lebendes Wunder, das eigentlich in eine Rehabilitationsklinik gehört statt in den Wahlkampf. Aber die Männer um den Ministerpräsidenten sind sich bewußt, daß der Unfall den «Unterhaltungswert», so Behnke, gewaltig erhöht hat.

Vier Tage später am selben Ort: «Ich bin wieder da», verkündet Barschel seinen Anhängern, die mit ihm die heiße Wahlkampfphase eröffnen. Zum Schluß schwenkt er seinen Krückstock wie eine Siegestrophäe über dem Kopf. Bei allen künftigen Veranstaltungen läßt er das Utensil, das Schwäche suggeriert, im Kofferraum seines Dienstwagens. Das Schlüsselwort der Barschel-Kampagne heißt jetzt wieder «Kraft», wie eh und je. Nur wird die Zauberformel anders intoniert: «Wem das Leben buchstäblich noch einmal geschenkt wurde, ohne daß er es sich in unserem Sinn des Wortes erarbeitet oder verdient hat, ... der spürt Kräfte und Einsichten in sich, die er so nicht kannte.» Und damit ja alle sehen, daß er «wieder voll da» ist, klettert er zum Entsetzen des Publikums im Feuerwehrzelt von Alt Bennebek bei Schleswig auch schon mal wacklig auf einen Stuhl.

Zwischen den beiden öffentlichen Auftritten in Neumünster, am 10. August, nimmt Barschel seine Amtsgeschäfte wieder auf. Zum Empfang des Ministerpräsidenten hat sich fast das komplette Kabinett versammelt, die Bediensteten der Staatskanzlei sind angetreten, Sekretärinnen überreichen Sommerblumen. In einer Ecke steht auch Reiner Pfeiffer. Jovial begrüßt ihn der Regierungschef: «Na, Pfeiffer mit drei f.» So buchstabiert Pfeiffer seinen Namen. Der Angesprochene glaubt, «ein unsicheres Flackern in den Augen» Barschels entdeckt zu haben, ihm kommt die Herzlichkeit «ein bißchen verschämt» vor.

Pfeiffer ist bei Barschel ins Abseits gerückt. Während Ahrendsen fast jeden Tag ans Lübecker Krankenlager fuhr, wünschte der Ministerpräsident, wie er durch Ahrendsen ausrichten ließ, keinen Besuch seines Medienreferenten. Der telefonierte zwar ein paarmal mit ihm, schickte ihm auch ein Buch – «Loriots heile Welt» – in die Klinik. Aber der Mann fürs Grobe hat offenbar ausgedient, Barschel hat keine Verwendung mehr für ihn.

Dafür steigt Ahrendsen in der Gunst seines Herrn, wie Pfeiffer eifersüchtig beobachtet. Den Begriff «Intimus», sagt Ahrendsen, könne er «nicht leiden», doch aus «menschlicher, persönlicher» Sicht lasse er ihn gelten. «Erst seit dem Flugzeugabsturz», sagt Ahrendsen, sei er «in ein wirklich enges Verhältnis zum Ministerpräsidenten getreten». Barschel habe ihn in diesen Wochen wohl zunehmend ins Vertrauen gezogen, «weil ich ihm offenbar am ehesten Aufmunterung und Optimismus geben konnte».

In der verbleibenden Zeit bis zum Wahltag hat es Barschel nicht mehr nötig, daß ihm ein psychologischer Sonderberater ein künstlich aufgeschminktes Image verpaßt, jetzt darf er sich wieder so darstellen, wie er schon immer gesehen werden wollte: kraftvoll, dynamisch, belastbar. Die kleinen Tricks, dem Publikum dergleichen glaubhaft vorzutäuschen, beherrscht er selbst, da braucht er keinen Dramaturgen. So streut er beispielsweise in ein Interview ein, daß «ein Kreuzbeinbruch zwölf Wochen Krankenhaus bedeutet – bei mir waren es nur acht». Oder er erwähnt vor dem Auditorium in Bad Oldesloe wie beiläufig, daß «ich heute schon in Lübeck, Fehmarn, Schleswig – und wo sonst noch? – war und nun hier bin». Die Termine waren nicht, wie Barschel weismachen will, Wahlkampfeinsätze trotz physischer Belastung, wofür man ihn bewundern soll, sondern die ambulante Behandlung in der Uni-Klinik und, nach einer ausgedehnten Ruhepause, zwei Redaktionsbesuche bei Zeitungen.

Immer wieder redet Uwe Barschel über die «Grenzerfahrung», die ihn demütig und bescheiden gemacht habe. Auch Reiner Pfeiffer denkt, als er seinen Chef nach der langen Abwesenheit wiedersieht, daß dieser «ein anderer Mensch geworden» sei. In Wirklichkeit verfolgt Barschel die alte Linie noch konsequenter und kompromißloser, nach dem Nietzsche-Motto: Was mich nicht umbringt, macht mich stärker. Zu Kanzler Kohl nach Oggersheim fliegt er am 23. August demonstrativ mit einer Maschine von derselben Charterfirma und gleichen Typs, mit der er zwölf Wochen zuvor auf dem Rückflug von Bonn abgestürzt ist. Er wählt sogar den gleichen Sitzplatz wie damals, hinten rechts.

Im sechsten Stock des Springer-Hochhauses trifft sich Pfeiffer am 20. August mit «Bild»-Chefredakteur Horst Fust. Bei dem Gespräch ist auch Friedhelm Voss zugegen. Pfeiffer äußert den Wunsch, als Leiter eines Ressorts oder eines

Außenbüros eingestellt zu werden. Voss meint, «daß nach dem bisherigen beruflichen Lebenslauf von Herrn Pfeiffer» dieser «mehr» sei «als ein einfacher Redakteur und diese Stelle für ihn nicht unangemessen» wäre. Aber es gibt angeblich keine entsprechende Vakanz, so daß man sich auch diesmal «ohne konkretes Ergebnis» vertagt. «Beide Seiten», so Voss, wollen «eine Denkpause einlegen und im Laufe des Herbstes wieder Kontakt aufnehmen».

Laut Pfeiffer gibt es jedoch sehr wohl ein Angebot: Er könne politischer Chefreporter bei der «Bild»-Zeitung werden, für 12000 Mark im Monat. Doch Pfeiffer, so seine Version, mag sich auch für viel Geld nicht länger knechten lassen, will «nicht weiter von einem Herrn Barschel erpreßbar sein»: «Der hätte doch bei seinen hervorragenden Beziehungen zu Herrn Tamm auf den Knopf gedrückt und gesagt, ‹so, die Geschichte möchte ich jetzt haben›, und schon hätte ich wieder für Barschel springen müssen. Bei Springer hätte ich den immer im Nacken gehabt.»

In den letzten Wochen vor der Wahl hilft Pfeiffer, weil er in der Regierungspressestelle ohnehin nichts zu tun hat, als Chef vom Dienst der CDU-Wahlkampfzeitung «Schleswig-Holstein am Wochenende» aus. Parteisprecher Kohl hat ihn dazu animiert, nachdem der Medienreferent ihm geklagt hatte, er sei in der Staatskanzlei total frustriert. Wie sehr Partei und Regierungsarbeit miteinander vermengt sind, belegt ein CDU-Rundschreiben vom 21. Juli, in dem Pfeiffer den Landtagskandidaten als «Ansprechpartner» genannt wird, mit Angabe seiner Durchwahlnummer in der Regierungspressestelle. Niemand findet etwas dabei, auch keiner von Barschels Ministern.

Behnke betrachtet Pfeiffers Nebentätigkeit als «freiwilliges, ehrenamtliches Engagement», Barschel weiß ja auch Bescheid. «Einen Verfassungsbruch», sagt der Staatssekretär, «kann ich nicht erkennen.» Der Regierungssprecher selbst liest, als Barschels Aufpasser, Korrekturabzüge der vorgesehenen Beiträge.

Pfeiffer ist an wenigstens drei Tagen in der Woche voll ausgelastet mit der Arbeit an der Parteizeitung: Er redigiert Artikel und schreibt sie um, macht Interviews, verfaßt eine «Home-Story» über Freya Barschel und wirkt am Layout mit. Auch Jutta Schröder bringt jede Woche einen dreiviertel Arbeitstag damit zu, die Texte für das Wahlkampfblatt zu schreiben. Pfeiffer kümmert sich auch um die technische Abwicklung, mittwochs bis freitags fährt er regelmäßig zur Druckerei Frank im nahen Preetz, auf seinem Schreibtisch entdecken Besucher bisweilen Druckfahnen des CDU-Blatts.

In der Ausgabe, die am Wochenende vor der Wahl verteilt werden soll, aber bereits Tage zuvor zur Abholung bereitliegt, steht auf der letzten Seite ein Artikel, in dem behauptet wird, «SPD und Grüne wollen Sex mit Kindern straffrei» lassen. Die Sozialdemokraten bekommen Wind davon, der Anwalt des SPD-Landesverbands, der frühere Hamburger Bürgermeister Peter Schulz, erwirkt vor Gericht am 4. September eine einstweilige Verfügung. Die Verbreitung der Wahlkampfzeitung muß noch an diesem Freitag gestoppt werden, was aber viele CDU-Ortsverbände nicht hindert, das Blatt noch mehrere Tage später zu verteilen.

Autor des umstrittenen Artikels war Pressesprecher Kohl. Pfeiffer «fand, daß man das nicht drucken konnte. Da sagte Kohl, sei man beruhigt, ich bin der Chefredakteur und dafür verantwortlich».

12
Der «Klempner» packt aus

Pfeiffer kommt zum SPIEGEL

Den ersten Zipfel des Skandals bekommt der Kieler SPIEGEL-Korrespondent Manfred Ertel am 1. September zu fassen. An diesem Dienstagabend erhält er einen Hinweis, daß der SPD-Spitzenkandidat «Anfang des Jahres» durch Detektive bespitzelt worden sei; die Observation sei während eines Besuchs Engholms «bei einem Holsteiner Bürgermeister aufgeflogen».

Die Information ist noch schemenhaft, der Hintergrund der Ausspähung nicht erkennbar. Aber Ertel schätzt seine Quelle als seriös und zuverlässig, zweifelt nicht am Wahrheitsgehalt der Mitteilung. Am nächsten Tag unterrichtet er die Deutschland-Ressortleitung in der Hamburger Zentrale und kündigt vorsorglich, falls sich der Tip durch weitere Recherchen erhärten lasse, eine Meldung für die «Panorama»-Seite an. Am Donnerstag erfährt Ertel tatsächlich Genaueres: erst den Ort und den Zeitpunkt, an dem die Schnüffler aufgefallen sind, dann auch die Namen der beiden in Blumenthal enttarnten Detektive. Schließlich bekommt der SPIEGEL-Redakteur von Sicherheitsbehörden die erste offizielle Bestätigung des Sachverhalts.

Da die Spuren der Detektive ins Bremische führen, beteiligt sich ein ortskundiger SPIEGEL-Kollege an den Recherchen: Dieter G. Uentzelmann aus dem Deutschland-Ressort, der in den sechziger Jahren bei den «Bremer Nachrichten» volontiert und dort bis 1970 gearbeitet hat. Bald erkennen die Journalisten, daß die sich abzeichnende Affäre nicht mit einer Zwanzig-Zeilen-Notiz abgetan werden kann. Ertel schlägt den Ressortleitern Jochen Bölsche und Hans Werner Kilz vor, einen «kleinen Kasten» neben eine von ihm bereits geschriebene Geschichte über die womöglich wahlentscheidenden Klein-Parteien zu stellen.

Mittlerweile ist den Redakteuren der Inhalt von Fernschreiben bekannt geworden, mit denen Polizeidienststellen mehrerer Bundesländer im Februar Nachforschungen über mögliche Hintermänner anstellten. Die Vermutung, daß politische Drahtzieher hinter der Bespitzelung stecken, verdichtet sich.

Merkwürdig ist, daß die schleswig-holsteinische Polizei den Oppositionsführer monatelang nicht über die Ausspähung in Kenntnis setzte. Zudem erfahren die SPIEGEL-Leute, daß die in Blumenthal enttarnten Detektive Kuffel-Neubert und Maier für die Detektei Piel im Einsatz waren; diese auf Wirtschaftskriminalität und Objektschutz spezialisierte Kleinfirma wiederum, wird Ertel zugetragen, habe einen Großkunden, der gute Beziehungen zu Barschel pflege: den Hamburger Kosmetik-Konzern Schwarzkopf. Und, seltsam, ausgerechnet Barschel-Freund Ballhaus, obwohl für die technische Sicherheit des Firmengeländes gar nicht zuständig, halte Kontakt zu Piel.

Damit schließt sich der Kreis. Denn welchen Grund sollte der Shampoo-Manager haben, dem Spitzenmann der Sozialdemokraten von Schnüfflern nachspionieren zu lassen? Näher liegt der Verdacht, daß die CDU, in Sorge um den Erhalt der Macht, ihren ohnehin an Schmuddeleien reichen Wahlkampf auch noch mit Pikanterien aus dem Privatleben des politischen Gegners würzen wollte. Am Freitagmorgen, dem 4. September, als die SPIEGEL-Redakteure die Recherchen mit Befragungen der unmittelbar Beteiligten eigentlich abschließen wollen, bekommen sie noch einen Wink: Die Sache mit den Detektiven, eröffnet ihnen ein Gesprächspartner, sei «ja noch längst nicht alles», vielmehr gebe es da noch die Steueranzeige gegen Engholm. Über Mittelsleute, denen sie Vertraulichkeit zusichern, erfahren Ertel und Uentzelmann den Wortlaut des «Homo Sapiens»-Schreibens.

Genauso spannend wie die Enthüllung selbst ist für viele später die Frage, woher dem SPIEGEL die ersten Informationen zugegangen sind. Aber in diesem Punkt müssen Journalisten zugeknöpft bleiben, auch vor Gerichten und Untersuchungsausschüssen dürfen sie darüber die Auskunft verweigern. Informanten, die den Medien brisante Sachverhalte offenbaren, müssen sich darauf verlassen können, daß ihre Identität nicht preisgegeben wird. Kieler Christdemokraten vermuten die SPIEGEL-Quelle natürlich in der SPD, womöglich gar an deren Spitze. Aber «aus einem ganz einfachen Grund», sagt Engholm, komme er als SPIEGEL-Tipgeber nicht in Frage: «Weil Interesse an der Veröffentlichung in der letzten Wahlwoche an einer mangelnden Steuermoral von Engholm ich ja wohl nicht gehabt haben kann und Spekulationen über andere Dinge ja wohl erst recht nicht.» Erst als die Story rund ist, fragt Ertel den Oppositionsführer direkt, was er gegen die Aktionen unternehmen wolle. Wenn der SPIEGEL am Montag darüber berichte, antwortet Engholm, werde er Strafanzeige gegen den anonymen Denunzianten erstatten.

Die meisten Telefonate führen die Redakteure von Uentzelmanns Dienstapparat. Während der eine spricht, sitzt der Kollege daneben, souffliert Fragen, macht Notizen. Am Freitagmittag rufen sie Piel an. «Engholm, wer ist denn das?» tut der Detektei-Chef erstaunt, «den kenne ich nicht.» Und Kuffel-Neubert sei da «nicht in meinem Auftrag tätig» gewesen.

Das Team Ertel/Uentzelmann hat allerdings zuvor schon mit dem Detektiv Kuffel-Neubert gesprochen, und der hat in der ersten Überraschung den Auftrag bestätigt: «Darüber sind Sie informiert? Mein Auftraggeber war Harry Piel.» Zwei Stunden später, nach Rücksprache mit Piel, ist alles «ein Mißverständnis»: «Ich kann da jetzt nichts mehr zu sagen, ich darf Ihnen nichts sagen.»

Nach dem Telefonat mit Piel wählen die Redakteure die Nummer des Schwarzkopf-Managers Ballhaus. Ertel fragt zunächst ganz allgemein, ob das Unternehmen mit Piel in Geschäftsverbindung stehe. Ballhaus bejaht und gibt auch bereitwillig Auskunft, daß Piel einen Auftrag habe, die Sicherheit des Firmengeländes zu überprüfen. Dann kommt Ertel zur

Sache: Ob Ballhaus den Kieler Oppositionsführer bespitzeln lasse, will er wissen. Entrüstet weist Ballhaus dies zurück, dazu, sagt er, «hätten wir keine Veranlassung». Auch Ertels Frage, ob es einen Schwarzkopf-Auftrag zur Beschattung des TV-Journalisten Bednarz gebe, verneint Ballhaus.

Ballhaus droht, er müsse sich «überlegen, ob ich eine einstweilige Verfügung beantrage». An einen Spitzelauftrag gegen den SPD-Spitzenkandidaten mag er «nicht einmal im Traum denken – ich wüßte dafür auch keinen vernünftigen Grund». Denn: «Dieser Herr... dieser Herr... wie heißt er doch gleich... dieser Herr Engholm ist uns schnurzpiepegal!» Die Firma Schwarzkopf habe damit nichts zu tun, darauf gibt Ballhaus sein «Ehrenwort». Daß Engholm unzweifelhaft ins Visier von Piels Detektiven geraten ist, kann sich Ballhaus überhaupt nicht erklären: Er habe «keine Ahnung, was der Piel sonst noch treibt». Kaum haben die Redakteure aufgelegt, läutet in Stubben das Telefon. Es ist genau 13.11 Uhr. Ballhaus, der «bis dahin keinen Kontakt mit Piel» hatte, wünscht dringend den Detektiv zu sprechen. Seit die angebliche Anzahlung für das Dioxan-Material überwiesen wurde, hat er von Piel nichts mehr gehört. Nun versuchen die Vertragspartner, ihre Aussagen abzustimmen. Laut Ballhaus bestreitet Piel zunächst, in die Engholm-Bespitzelung verwickelt zu sein: «Nein, damit habe ich nichts zu tun.» Später sieht Piel ein, daß er, nach allem, was bereits bekannt ist, schlecht leugnen kann, daß seine Leute den Sozialdemokraten beschattet haben. Piel bekundet deshalb nur, zwischen der «Sicherheitsüberprüfung» bei Schwarzkopf und der Engholm-Observation sei «von meiner Seite kein Zusammenhang zu sehen».

Bei dem Bemühen, eine gemeinsame Sprachregelung zu finden, reden Auftraggeber und Auftragnehmer aneinander vorbei. Ballhaus fragt Piel angeblich, «wie weit ich mit meinen Arbeiten sei» – und meint damit offensichtlich die Beschaffung von Informationen über «Monitor». Doch der Detektiv nimmt die «Sicherheits-Analyse», wie sie im Angebot stand, auf einmal wörtlich: Er habe noch nicht damit angefangen, dazu benötige er «unbedingt die Lagepläne des Firmengeländes». Ballhaus greift die Antwort auf und erörtert mit Piel «die Möglichkeit, die Angelegenheit wenigstens der Öffentlichkeit gegenüber noch als Sicherheitsüberprüfung laufen zu lassen». Die beiden verabreden, so Piel, «daß wir uns in der nächsten Woche unbedingt einmal in der Firma wegen dieses Auftrags treffen müßten».

Um 13.59 Uhr ruft Redakteur Ertel den amtierenden Kieler Regierungssprecher Ahrendsen an und hält ihm vor, was dem SPIEGEL bis dahin bekannt ist: daß Engholm von Detektiven beschattet wurde, die offenbar Barschel-Freund Ballhaus bezahlt hat, daß Engholms Steuerehrlichkeit mit einer anonymen Anzeige angezweifelt wurde, die sehr intime Kenntnisse von den Einkünften des Oppositionsführers verrät – und daß die Informationslage den Schluß zulasse, daß der Regierungsapparat und/oder die CDU dafür verantwortlich sei oder zumindest davon wisse. Ertel bittet um eine offizielle Stellungnahme, Ahrendsen sagt zu, sich darum zu kümmern. Ahrendsen behauptet später, er habe gesagt, er «kenne den Sachverhalt nicht» und könne «nur mit Nichtwissen bestreiten, eine andere Chance der Aufklärung habe ich gar nicht in so kurzer Zeit».

Es läge nahe, daß der Regierungssprecher sich nach einer Presseanfrage, wenn sie ihn tatsächlich überrascht, bei den möglicherweise betroffenen Behörden, in diesem Fall beim Innen- und beim Finanzministerium, erkundigt. Doch nichts dergleichen geschieht. Statt dessen ruft Ahrendsen in kurzer zeitlicher Folge die Redaktionen der Springer-Blätter «Bild», «Bergedorfer Zeitung» und «Hamburger Abendblatt» sowie das Springer-Vorstandsmitglied van Straaten an – diesen nicht über die Springer-Durchwahl, sondern über seinen Amtsleitungs-Anschluß, dessen Nummer, wie van Straaten sagt, «kaum bekannt» ist. Um 17.47 Uhr mahnt Ertel eine Antwort an, doch die bleibt aus.

Aus der ursprünglich geplanten Meldung über eine verdächtige Observation des Oppositionsführers wird der SPIEGEL-

Aufmacher der nächsten Woche («Spitzel gegen den Spitzenmann») – mit der Spitzmarke, die zum Begriff für den bislang größten innenpolitischen Skandal der Bundesrepublik wird: «Waterkantgate». Das Wortspiel fällt SPIEGEL-Redakteuren am Mittagstisch in der Kantine ein, da bereits die ersten Umrisse der Affäre an die «dirty tricks» erinnern, deren sich Mitglieder des Komitees für die Wiederwahl des US-Präsidenten Richard Nixon im Sommer 1972 bedienten. In der Tat enthält das Komplott von Kiel viele jener Merkmale, die, wie Carl Bernstein und Bob Woodward in ihrem Buch «All the President's Men» offenbarten, zum Handwerkszeug der sogenannten Klempner gehörten, die in Nixons Auftrag die konkurrierenden Demokraten schädigen sollten: «black operations», «fake letters», «investigating campaign workers' private lives».

Diejenigen, die sich auf dubiose Weise für Barschels Wiederwahl engagieren, beraten übers Wochenende, wie die Machenschaften am besten zu vertuschen seien. Ballhaus bittet den Detektiv Piel, eine Presseerklärung abzugeben mit dem Inhalt, daß er von der Firma Schwarzkopf lediglich den Auftrag habe, eine Sicherheits-Analyse zu erstellen. Piel soll das Statement per Telekopierer an das Ballhaus-Büro schicken, der Schwarzkopf-Manager will offenbar für die Verteilung sorgen. Piel überlegt es sich jedoch, trotz Zusage, anders und schickt die gewünschte Mitteilung nicht.

Zwischen zwei Wahlkampfauftritten in Lübeck und Schwarzenbek stattet Kanzler Kohl am Samstag den Barschels in Mölln «seinen ersten Privat-Besuch» ab, wie die «Bild»-Zeitung vorab meldet, inklusive Speiseplan der Hausfrau Freya: «Ich werde ihm vermutlich ein Fisch-Ragout vorsetzen und dazu einen Weißherbst servieren.»

Spätabends an diesem Samstag ruft Pfeiffer den SPD-Sprecher Nilius an. Der Sozialdemokrat hat seit dem letzten Parkplatz-Gespräch in Kiel am 3. August «keinen Kontakt» mehr mit Pfeiffer gehabt. Daß er die ganze Zeit Distanz hielt, begründet er damit, daß «mein Unbehagen größer war als meine Wißbegierde». Jetzt, mitten in der Nacht, teilt Pfeiffer dem Vertrauensmann auf der Gegenseite mit, daß er sich entschlossen habe, «einen Schlußstrich zu ziehen», er wolle «mit der ganzen Geschichte raus». Nilius sieht seine «Wahlkampfplanung, nachdem wir so lange durchgehalten hatten, durch einen spektakulären Pfeiffer-Auftritt und die zu erwartenden Dementis in der letzten Woche gefährdet». Er bittet Pfeiffer, zu warten und am Montag noch einmal mit ihm darüber zu sprechen.

Am Sonntagmorgen um halb neun, so Pfeiffer, ruft Barschel seinen Medienreferenten, mit dem er seit seinem Dienstantritt nach dem Klinikaufenthalt kaum noch ein Wort gewechselt hat, in dessen Wohnung in Probsteierhagen an. Pfeiffer soll ihm den SPIEGEL-Artikel besorgen. In der Redaktion der «Kieler Nachrichten» kann sich Pfeiffer am Nachmittag eine Kopie abholen. Er ruft Barschel wieder an, doch der hat inzwischen ein ganzes SPIEGEL-Exemplar, «wohl von Ahrendsen», meint Pfeiffer. Der Regierungschef bestürmt den Referenten, wie dieser berichtet, «um Himmels willen den Mund zu halten und nicht nervös zu werden».

Pfeiffer flachst: «Das wäre mit dem SPIEGEL sicher nicht passiert, wenn Sie einen vernünftigen Innenminister gehabt hätten.» Er will den Verdacht auf Claussen lenken, aus dessen Zuständigkeitsbereich die Informationen über die Detektive gesickert sein müßten. Zugleich knüpft Pfeiffer an das Gespräch am 1. Mai in Mölln an, wo er sich selbst für den Posten angeboten haben will: «Aber Sie sind ja nicht an mir interessiert, obwohl ich Ihnen das schon vor langer Zeit mal vorgeschlagen habe.» Barschel geht angeblich darauf ein: Er wolle mit Pfeiffer am Wahl-Wochenende darüber sprechen. Pfeiffer hat den «Eindruck, daß dieses ziemlich späte Angebot als eine Honorierung von ihm für meine Aktivitäten für ihn zu verstehen» ist.

Barschel kann von der SPIEGEL-Story nicht überrascht worden sein. Die Deutsche Presse-Agentur (dpa) berichtet erst am Sonntagnachmittag um 14.39 Uhr über die bevorstehende SPIEGEL-Veröffentlichung – und obendrein ziemlich falsch:

Laut SPIEGEL werde Engholm, heißt es bei dpa, «seit Monaten» im Auftrag unbekannter Hintermänner von Privatdetektiven bespitzelt, außerdem seien «gefälschte Steuerunterlagen» über Engholm anonym an die Steuerfahndung geschickt worden.

Zu diesem Zeitpunkt hat Staatssekretär Hebbeln bereits eine Krisenrunde zusammengetrommelt. Im Büro des Staatskanzlei-Chefs versammeln sich die Regierungssprecher Behnke und Ahrendsen, CDU-Generalsekretär Reichardt und die Ahrendsen-Sekretärin Christa Schacht, die bestellt worden ist, um eine Pressemitteilung zu schreiben. Barschel kommt mit Verspätung, aber er hat auf der Fahrt von Mölln nach Kiel seinem Persönlichen Referenten Friedersen bereits den Text für eine Presseerklärung diktiert. «Für zehn bis fünfzehn Minuten» stößt auch CDU-Fraktionschef Kribben zu der Besprechung, weil er zufällig am Landeshaus vorbeikommt und bemerkt, daß Barschel im Haus ist. Kribben beteiligt sich, wie er betont, an der insgesamt zweistündigen Diskussion nicht.

Um einschätzen zu können, was an der SPIEGEL-Geschichte dran ist, ruft Hebbeln den Innen-Staatssekretär Knack an und fragt ihn nach seinem Kenntnisstand zur Observation. Dessen Kollege Schleifer vom Finanzministerium ist nicht erreichbar. Er kommt erst abends «von einer schönen Segeltour zurück», seine Frau berichtet, «alle möglichen Leute» hätten schon angerufen, und er solle sich dringend bei Ahrendsen melden. Das tut er denn auch, wobei er von der «losen Absprache» erfährt, daß er und Knack anderntags vor die Presse gehen sollen, um die Verdächtigungen zu entkräften. Zu diesem Zeitpunkt stellt sich die Lage wohl so dar, wie auch der SPIEGEL resümiert: «Auch wenn zutreffen sollte, was Sozialdemokraten vermuten – stichhaltig beweisen können werden sie es kaum.» Darauf vertrauen offenbar auch die Krisenstäbler.

Es liegt nahe, daß die Teilnehmer der Hebbeln-Runde auch erörtert haben, wo die undichte Stelle im Regierungsapparat liegen mag, aus der Interna, auf welchem Weg auch immer, an den SPIEGEL gelangt sind. Von den Anwesenden wird darüber nichts mitgeteilt. Ahrendsen sagt, wenn Barschel tatsächlich hinter Pfeiffers subversiver Tätigkeit gesteckt habe, dann müsse er «aufgrund dieser SPIEGEL-Veröffentlichung schon vom 7. September 1987 sofort erkannt haben, daß dieser Informant nur Pfeiffer sein kann».

Ahrendsen entfaltet von diesem Zeitpunkt an eine hektische Telefon-Tätigkeit. Noch am selben Abend, um 20.48 Uhr, ruft er Ballhaus in dessen Wohnung in Duvensee an. Dabei geht es angeblich um eine schriftliche Erklärung der Firma Schwarzkopf, die anderntags bei einer Pressekonferenz der Landesregierung an die Journalisten verteilt werden soll. Barschels Vize-Sprecher führt jedoch nach dieser Pressekonferenz bis zum 10. September vier weitere Ferngespräche mit Ballhaus, die sich schwerlich auf die Schwarzkopf-Vereinbarung beziehen können. Mit dem Dithmarscher CDU-Kreisgeschäftsführer Thiessen, mit dem Ahrendsen sonst allenfalls sporadisch Kontakt pflegt, telefoniert er allein an den beiden folgenden Tagen fünfmal von seinem Dienstapparat aus – angeblich, weil er kurzfristig seine Teilnahme an einer Talkshow in Heide absagen muß. Das Springer-Vorstandsmitglied van Straaten, mit dem Ahrendsen schon seit dem 2. September wiederholt – angeblich wegen der Übermittlung von Barschels Redemanuskripten und Pressemitteilungen – telefoniert hat, ruft er am Montag ein weiteres Mal an.

Die Häufung dieser Telefonate mit Personen, die alle mit Pfeiffer zu tun hatten, ist auffällig. Die Erklärungen, die Ahrendsen dazu liefert, klingen nach einer Ausflucht. Es sieht ganz danach aus, als werde eine gemeinsame Sprachregelung getroffen, obschon die Beteiligten dies bestreiten.

SPD-Sprecher Nilius, der den Sonntag bei einem Partei-«Volksfest» in Kiel verbringt und dabei, wie er sagt, keine Zeit findet, seinen Landesvorsitzenden Jansen über Pfeiffers angekündigten Absprung zu informieren, gibt am Abend eine Erklärung zu dem SPIEGEL-Bericht ab. Die SPD, heißt es darin, sei «entsetzt und empört über die Bespitzelung und den

Versuch der Verleumdung von Björn Engholm». Wer zu solchen Mitteln greife, habe alle Maßstäbe für den Umgang zwischen politischen Gegnern in einer parlamentarischen Demokratie verloren.

Am Montag, dem 7. September, wollte Barschel ohnehin vor der Kieler Landespressekonferenz eine Bilanz seines Wahlkampfes ziehen. Am frühen Morgen ruft der Ministerpräsident den Staatssekretär Schleifer an: Den Vorwurf, Engholms Steuergeheimnis sei gebrochen worden, könne man «dadurch aus der Welt räumen», indem man darauf hinweise, «daß die in der anonymen Anzeige enthaltenen Angaben aus gesetzlichen Bestimmungen ablesbar» seien.

Daß die «Sache Engholm», die Bespitzelung und Verleumdung des SPD-Spitzenkandidaten, sich tatsächlich zugetragen hatte, können die Staatssekretäre nicht dementieren. Schleifer muß vielmehr einräumen, daß am 23. Januar beim Finanzamt Lübeck und bei Finanzminister Asmussen die Anzeige eines unbekannten Absenders eingegangen ist, der sich als «ein besorgter Steuerzahler» ausgab; die detailliert dargelegten Vorwürfe hätten sich jedoch wenig später als «völlig haltlos» erwiesen. Sein Wissen, daß auch der Ministerpräsident eine Kopie der Anzeige erhalten hat, gibt Schleifer nicht preis, obwohl er sich zumindest durch das soeben mit Barschel geführte Telefonat daran erinnern müßte. Innen-Staatssekretär Knack muß zugeben, daß der Polizei am 10. Februar zwei Detektive aufgefallen waren, die Engholm beobachteten. Nachforschungen über Zweck und Auftraggeber der Observation seien erfolglos geblieben.

Bestätigen müssen Barschels Staatssekretäre auch, daß der Oppositionsführer monatelang weder über den Inhalt des anonymen Briefes noch über den Einsatz von Detektiven unterrichtet worden ist. Das eine entspreche, behauptet Schleifer, der «Verwaltungspraxis» der Finanzbehörden; das andere sei auch nicht ungewöhnlich, weil, so Knack, «weder Verdachtsmomente für eine strafbare Handlung noch für eine persönliche Gefährdung Engholms vorlagen».

Den Verdacht, daß Engholm das Opfer einer politischen Verschwörung ist und von der Barschel-Regierung nur deshalb nicht über die Ausspähung informiert wurde, weil CDU-Spitzenleute selbst tief in die Affäre verstrickt sind, versucht der Ministerpräsident mit markigen Worten zu zerstreuen. «In diesem Landtagswahlkampf», sagt er, auch in bezug auf die Veröffentlichung des Briefes der Piloten-Mutter im «Stern» und in der «Hamburger Morgenpost», «spielen einige wenige Hamburger Presseerzeugnisse in moralisch verwerflicher Weise die Rolle des SPD-Wahlkampfhelfers.» Die SPIEGEL-Veröffentlichung sei eine «Kombination aus Behauptungen, Vermutungen und Verdrehungen».

Zur Sache heißt es in Barschels schriftlicher Stellungnahme seltsam gewunden: «Der SPIEGEL weiß selbst genau, daß es völlig absurd wäre zu behaupten, die CDU hätte Engholm ausspioniert bis hin zum Bruch des Steuergeheimnisses. Deshalb behauptet der SPIEGEL dies auch gar nicht, sondern vertraut darauf, daß seine abwegigen Behauptungen einen abträglichen Verdacht auf die CDU lenken.» Und weiter: «Sollte es zutreffen, daß Herr Engholm – wie auch immer – ‹überwacht› worden ist, so verurteilt die CDU dies entschieden.»

Zugleich mit der Barschel-Erklärung läßt die Landesregierung – ein Novum in der Presseszene – ein Dementi des Barschel-Freundes Ballhaus verteilen. Zur Engholm-Bespitzelung durch die mit dem Kosmetik-Konzern kooperierende Detektei Harry Piel heißt es darin auf Schwarzkopf-Firmenpapier: «Dieser vermeintliche Vorgang ist uns unbekannt.
Richtig ist, daß die Firma Piel von uns beauftragt ist, die Sicherheitsüberprüfung unserer Firmenanlage vorzunehmen. Der Versuch des SPIEGEL, zwischen diesem routinemäßigen Auftrag und der Sache Engholm einen Zusammenhang zu suggerieren, entbehrt jeder Grundlage.»

Barschel geht dann noch auf den Kindersex-Artikel in der CDU-Wahlkampfzeitung ein. Er erklärt, er «bedaure das alles sehr» und habe deshalb auch «mit dem einen und dem anderen sehr geschimpft». Die Schelte hat an diesem Morgen bereits

Reiner Pfeiffer gekriegt, ohne daß Barschel dessen Namen in der Pressekonferenz nennt. Doch Pfeiffer ist, wie Barschel weiß, der falsche Adressat: Bereits am Freitag hatte CDU-Anwalt Maro Meschkat in der Gerichtsverhandlung dargelegt, daß Partei-Sprecher Kohl der Autor des inkriminierten Artikels war.

Bei Christa Schacht beschwert sich Pfeiffer anschließend, nach deren Bekundung, daß er «als enger Mitarbeiter des Ministerpräsidenten» nicht zu der Krisensitzung am Sonntag hinzugezogen worden sei. Nach ihrem Eindruck spielt Pfeiffer die «total beleidigte Leberwurst», und er sagt «auch Worte wie: ‹Ich kann auch anders›».

Am Morgen des 7. September berichtet Nilius seinem Landesvorsitzenden Jansen von dem nächtlichen Anruf Pfeiffers, ohne dessen Namen zu erwähnen. Er schlägt Jansen vor, sich persönlich ein Bild von dem Informanten zu machen, der über die Hintergründe der gegen die SPD geführten Kampagnen Auskunft geben könne. Jansen und Nilius halten es nicht für ratsam, Engholm einzuweihen. Nilius äußert gegenüber Jansen sein «Unbehagen, man könnte uns reinlegen wollen». Jansen besteht daher darauf, daß ein Gespräch mit Pfeiffer in Anwesenheit von Partei-Anwalt Schulz geführt wird.

Das Treffen wird am Montagabend um 21 Uhr im Lübecker Mövenpick-Hotel «Lysia» arrangiert. Es dauert etwa anderthalb Stunden. Jansen und Schulz «reagieren reserviert», sagt Nilius. Als Pfeiffer in bunten Farben seine Aktivitäten schildert, schlägt sich Jansen angeblich immer wieder auf die Schenkel und ruft aus: «Das kann ich alles nicht glauben.» Einen Augenblick, in dem Pfeiffer mal kurz den Raum verläßt, nutzt der mißtrauische Jansen, um in dessen Aktentasche zu spähen, «ob dort ein Abhörgerät drin ist». Am nächsten Tag erkundigt sich Jansen telefonisch bei seinem Parteifreund Grobecker, dem Bremer Finanzsenator, ob er Pfeiffer kenne. Pfeiffer habe angeblich «noch ein paar dicke Hunde auf Lager». Grobecker warnt Jansen vor Pfeiffer, er solle «die Finger von ihm lassen».

Am selben Tag hat Schulz im Auftrag Engholms bei der

Lübecker Staatsanwaltschaft Strafanzeige erstattet «gegen alle als Täter, Mittäter, Beihelfer oder Anstifter in Betracht kommenden Personen». Die Staatsanwaltschaft legt eine Akte an, mit dem Zeichen 702 Js 28706/87 und dem Rubrum Verdacht der falschen Verdächtigung, der Verletzung von Privatgeheimnissen sowie der Verletzung des Steuergeheimnisses. Formell eröffnet wird das Ermittlungsverfahren am folgenden Tag.

Im Gegenzug verbreitet die schleswig-holsteinische CDU die Behauptung, sie selber sei ebenfalls bespitzelt worden: «CDU-Generalsekretär Rolf Rüdiger Reichardt gibt dies auf dem Hintergrund von SPIEGEL-Veröffentlichungen über angebliche Bespitzelungen des SPD-Spitzenkandidaten Björn Engholm bekannt», melden am Dienstag, dem 8. September, die «Kieler Nachrichten». «Mehrere CDU-Mitarbeiter», gibt das Blatt die Partei-Version wieder, hätten «unabhängig voneinander einen jüngeren Mann erkannt, der aus der Tiefe einer Wohnung heraus mit einem Fernglas oder einem Fotoapparat die CDU-Landesgeschäftsstelle in Kiel observierte. Nach einer Stunde habe der Mann die Beobachtungen eingestellt, als er feststellte, daß er bemerkt worden sei. Inzwischen hat Reichardt die Polizei eingeschaltet».

Offenbar spukt in den Köpfen von CDU-Strategen die Vorstellung, daß sich die Wirkung von Presseberichten über das Spitzel-Opfer Engholm durch eine Gegen-Enthüllung zum Nachteil der SPD neutralisieren lasse. Vielleicht macht sich auch Barschel, der gern mal «einen guten Krimi» liest, weil «das weiterbildet und das Denkvermögen schult», einschlägige Gedanken, als er an diesem Dienstagmorgen seinem Medienreferenten einen höchst sonderbaren Auftrag erteilt: Pfeiffer soll ihm eine «Wanze», ein Abhörgerät fürs Telefon, besorgen.

Beim ersten Anruf, der etwa um halb neun aus Mölln kommt, gibt Barschel noch keine Begründung, wofür er die Wanze haben will. Er benutzt wahrscheinlich für dieses Gespräch keinen der Fernsprecher im Haus, sondern, während eines Spaziergangs in seinem Garten, ein schnurloses Telefon vom Typ «Sinus». Auf dieses Ding, erinnert sich ein Kieler

Journalist, war der Ministerpräsident so «stolz, daß er bei der Entgegennahme extra eine Pressekonferenz einberief, um das neue Spielzeug vorzustellen».

Erst in einem zweiten Telefonat, das Barschel und sein Gehilfe an diesem Tag miteinander führen, erhält Pfeiffer eine Erklärung für den merkwürdigen Wunsch nach einer Wanze: Der Ministerpräsident sagt laut Pfeiffer, am nächsten Morgen um neun Uhr finde in seinem, Barschels, Dienstzimmer eine von ihm veranlaßte Überprüfung seiner Telefonanlage statt. Wenn die Techniker dann eine Wanze fänden, «dann sähe Herr Engholm ja wohl sehr schlecht aus». Während dieses Gesprächs, das von 14.12 Uhr bis 14.20 Uhr dauert, erkundigt sich Barschel bei Pfeiffer, ob er schon eine Wanze habe auftreiben können; Pfeiffer bedauert und verspricht, «noch einmal nachzuforschen».

Tatsächlich unternimmt der Referent nichts mehr, den Wunsch seines Herrn zu erfüllen. Ernsthaft, sagt Pfeiffer, habe er die Sache auch am Morgen nicht betrieben. Immerhin ruft er seinen Bekannten Frank Herrmann beim Bremer Staatsschutz an und stellt, wie der Kripo-Beamte sagt, «abstrakt die Frage, ob man in Telefone ‹Wanzen› einbauen könne». Herrmann ist «über diese Frage sehr verwundert», sieht aber keine «Zusammenhänge mit Engholm». Er sagt zu Pfeiffer also, «daß es diese Möglichkeit gebe». Nun will Pfeiffer wissen, «ob man solche Geräte in jedem Bastelladen kaufen könne». Herrmann gibt «ganz allgemein» zur Antwort, daß man sie «wahrscheinlich in Hamburg» bekomme, er hat da mal in einem Prospekt eine einschlägige Adresse gesehen. Der Polizeibeamte weist Pfeiffer jedoch darauf hin, daß man ein solches Gerät «nicht benutzen dürfe», ja «allein der Besitz» bereits «strafbar» sei. Pfeiffer, so scheint es Herrmann, ist «damit zufrieden».

Tatsächlich ruft Pfeiffer noch in drei oder vier Elektronikläden an und erkundigt sich, natürlich ohne Erfolg, nach Wanzen. Zwischen neun und zehn Uhr geht beim Kieler Kriminalpolizeiamt, im Geschäftszimmer des Dezernats 400 (Kriminaltechnik und Erkennungsdienst), ein Anruf ein; verlangt wird

Dezernatsleiter Rathleff. Da sich der Kriminaldirektor im Urlaub befindet, nimmt der Erste Kriminalhauptkommissar Friedrich-Wilhelm Keudel das Gespräch entgegen. Der Anrufer stellt sich als «Pfeiffer, Pressestelle der Landesregierung», vor. Er läßt durchblicken, daß er Rathleff kenne, und fragt dann, ob das Dezernat «Wanzen, so Minispione», habe. Keudel sagt, seine Behörde habe solche Geräte nicht. Ob er ihm eine Bezugsquelle nennen könne, will der Anrufer wissen. Keudel verweist auf «kleinformatige Anzeigen in Illustrierten», in denen für solchen «Dodelkram» geworben werde, «der Betrieb dieser Geräte» sei aber «in der Bundesrepublik verboten».

Beiläufig erzählt Pfeiffer seinem direkten Vorgesetzten, dem Regierungssprecher Behnke, daß ihm der MP die Beschaffung einer Wanze aufgetragen habe. Doch Behnke empfindet die Information als «schlechten Witz», weshalb er «sie auch nicht weiter verfolgt». Außerdem telefoniert Pfeiffer dreimal mit dem SPD-Anwalt Peter Schulz in Hamburg.

Barschel kommt den ganzen Tag nicht nach Kiel. Nach dem morgendlichen Ferngespräch mit Pfeiffer läßt er sich in den Möllner Stadthauptmannshof chauffieren, um dort ein Buch der Stiftung Herzogtum Lauenburg vorzustellen. Anschließend fährt der Ministerpräsident zu einer routinemäßigen ambulanten Behandlung in die Lübecker Universitätsklinik, von dort kehrt er gegen 13.30 Uhr nach Hause zurück. Kurz nach zwei macht er einen Lockruf bei Pfeiffer, den er um Rückruf bittet. Gegen 14.40 Uhr empfängt er den örtlichen Allianz-Vertreter Wolfgang Brög. Während der Versicherungsagent im Haus ist, ruft Ahrendsen an, der ansonsten viel Zeit darauf verwendet, mit dem Dithmarscher Kreisgeschäftsführer Thiessen zu telefonieren: Zwischen 13.57 und 15.20 Uhr ruft Ahrendsen viermal in Heide an. Die Vermutung liegt nahe, daß der Parteifunktionär bekniet wird, nichts über das im Februar an ihn gestellte Ansinnen auszuplaudern, unter den Mitgliedern seines Bereichs einen Anzeigeerstatter gegen Engholm ausfindig zu machen.

Um 15.30 Uhr bricht Barschel nach Hamburg auf, wo er zu einer «Telefon-Aktion» der «Bild»-Zeitung und zu einem Redaktionsgespräch eingeladen ist. Darüber berichtet das Blatt am 11. September, zwei Tage vor der Wahl, unter der Rubrik «Zu Gast bei ‹Bild›». Barschel wird in dem Artikel so zitiert: «Ich bleibe Ministerpräsident. Offen ist, ob mit oder ohne FDP.» Daß die Wahl für die CDU schiefgehen könnte, sei «so unwahrscheinlich, daß ich darüber noch gar nicht nachgedacht habe».

Gegen 20 Uhr macht sich Barschel auf den Weg nach Kiel. Unterwegs ruft er, exakt um 20.07 Uhr, von seinem Dienstwagen aus über Autotelefon Reiner Pfeiffer in Probsteierhagen an, das Gespräch dauert genau 94 Sekunden. Barschel erkundigt sich, ob die Beschaffung der Wanze noch geklappt habe. Als der Referent verneint, meint der Regierungschef, nach Pfeiffers Angaben: «Schade, das wäre ja ein nettes Aperçu gewesen. Aber wir werden es wohl auch so schaffen.»

Damit ist Barschels letzter Auftrag an Pfeiffer beendet. Unter allen Aktionen, die der Referent auf Geheiß des Ministerpräsidenten ausgeführt haben will und von denen keine zu der berechnenden Intelligenz zu passen scheint, die Barschel nachgesagt wird, wirkt die versuchte Wanzen-Beschaffung als die widersinnigste. Glaubt der Christdemokrat wirklich, der SPD einen Lauschangriff anhängen zu können, den er selbst inszeniert? Wie soll ein Außenstehender in den gesicherten Bürotrakt des Regierungschefs eindringen können?

Wahrscheinlicher ist, daß Pfeiffer eine Falle gestellt werden sollte. Barschel muß seit Sonntag zumindest ahnen, daß sein Mann fürs Grobe ein unsicherer Kantonist geworden ist. Womöglich vermutet er, daß Pfeiffer mit der SPD in Kontakt steht. Der ersten SPIEGEL-Veröffentlichung, darin hat ihn CDU-Generalsekretär Reichardt bestärkt, wird sicher eine zweite folgen. Reichardt: «Ich kann das einschätzen, ich war 20 Jahre Soldat»; «in der Beurteilung der Lage» ist er «absolut sicher, daß das nur eine Ouvertüre ist».

Auch wenn Pfeiffer bislang nicht als Informant erkennbar

ist, muß Barschel verhindern, daß der Kronzeuge sein ganzes Wissen ausbreiten kann. Würde, wie von Barschel beabsichtigt, die Wanze anderntags im Diensttelefon des Ministerpräsidenten entdeckt, könnte zwar der Verdacht auf die SPD gelenkt, aber vielleicht, mittels der Fingerabdrücke, auch Pfeiffer als Täter entlarvt werden. Damit wäre dem Medienreferenten jede Glaubwürdigkeit genommen, falls er weitere Aktionen ausplaudern sollte.

Pfeiffer selbst glaubt nicht an eine Falle. Er ist überzeugt, daß Barschel tatsächlich meint, die SPD auf diese Weise kompromittieren zu können. Allenfalls hält er für denkbar, daß der Beschaffungsauftrag eine Bewährungsprobe, ein Loyalitätstest sein könnte. Doch ein gewichtiges Indiz dafür, daß der Ministerpräsident seinen Helfer zu guter Letzt selbst hereinlegen wollte, liefert Pfeiffer selbst.

Er bestreitet nämlich vehement, der Anrufer beim Kriminalpolizeiamt gewesen zu sein. Es gibt für Pfeiffer, wenn er sich nach einer Wanze erkundigt hätte, keinen vernünftigen Grund, ausgerechnet dieses Detail zu leugnen. Damit drängt sich jedoch der Verdacht auf, daß jemand anders – Barschel selbst? Oder Ahrendsen? – absichtlich eine Spur legte. Nach der Entdeckung des Abhörgeräts in Barschels Telefonmuschel hätte die Polizei sofort den Täter präsentieren können.

Vom Besuch bei der Hamburger «Bild»-Redaktion fährt Barschel zu seiner Dienstwohnung nach Kiel. Ursprünglich wollte er zurück nach Mölln und zu Hause übernachten. Aber spätestens am Mittag hat er es sich anders überlegt. Jedenfalls wird den Sicherheitsbeamten und Barschels Fahrer Heinrich Scheller um 13.56 Uhr mitgeteilt, daß eine andere Fahrtroute vorgesehen ist. Barschel will nämlich unbedingt am nächsten Morgen um 9 Uhr in seinem Büro sein, wenn die Techniker kommen, um sein Diensttelefon zu überprüfen.

Barschel-Sekretärin Brigitte Eichler hat am Montag oder Dienstag den zuständigen Hausverwalter Dieter Hennecke angerufen und ihm den von Barschel vorgegebenen Termin für eine Telefonkontrolle genannt. Hennecke wiederum vereinbart den Zeitpunkt weisungsgemäß mit dem stellvertretenden Leiter der Entstörungsstelle in der Landesbauverwaltung, Erich Hill. Hennecke weist gleich darauf hin, «der Ministerpräsident hätte das Gefühl, es könne eine Wanze eingebaut sein». Die Techniker sollten aber «wegen der Überprüfung kein solches Aufsehen machen. Sie liefe nicht unter dem Stichwort ‹Wanze›. Es handele sich um eine routinemäßige Überprüfung auf Entstörung».

So berichtet es jedenfalls der Techniker Rüdiger Rußmann, der mit Hill am nächsten Morgen zur Telefon-Inspektion bei Barschel geht. Die Prüftermine werden normalerweise so gelegt, daß die Minister oder Staatssekretäre nicht gerade in ihren Büros sind. Um so erstaunter sind Hill und Rußmann, daß Barschel ausdrücklich wünscht, bei der Kontrolle zugegen zu sein. Tatsächlich ist der Regierungschef in seinem Büro und sagt, laut Rußmann, zu den Technikern, «daß er ehrlich sein wolle und das Gefühl hätte, in seine Anlage wäre eine Abhöranlage oder Wanze eingebaut worden» – «ob wir das bei unserer Überprüfung feststellen könnten». Die Kontrolleure müssen den Ministerpräsidenten enttäuschen, weil ihnen «die erforderlichen technischen Geräte» fehlen. Sie weisen deshalb, so Rußmann, darauf hin, «daß dies viel besser durch den Verfassungsschutz durchzuführen wäre».

Zur gleichen Zeit, da Barschel nach den nicht vorhandenen Wanzen suchen läßt, sind Reiner Pfeiffer und Jutta Schröder bei dem Hamburger Notar Ekkehard Nümann in der Spitaler Straße, in der Nähe des Hauptbahnhofs. Der Rechtsanwalt Schulz, dessen Kanzlei gleich um die Ecke in der Mönckebergstraße liegt, begleitet sie. Der Notar beurkundet eine eidesstattliche Versicherung, in der Pfeiffer darlegt, wie es zu der anonymen Steueranzeige und zur Beschattung Engholms durch Detektive gekommen ist; Frau Schröder bestätigt, soweit sie es durch eigenes Wissen kann, Pfeiffers Angaben.

Am frühen Morgen hat SPIEGEL-Redakteur Ertel in seiner Wohnung einen Anruf bekommen: «Der Klempner will auspacken.» Ertel hat nicht damit gerechnet, daß die Auftraggeber dieser seltsamen Vorgänge in Kiel in der Woche vor der Landtagswahl noch enttarnt werden könnten – und nun wird ihm derjenige angekündigt, der Bespitzelung und Steueranzeige organisiert haben will. «Der Klempner» – das ist, in Anlehnung an den Watergate-Skandal um Nixon, das Kodewort, das den Ausführenden der schmutzigen Tricks bezeichnet. Ein Name wird am Telefon nicht genannt. Ertel informiert den Kollegen Uentzelmann, die Ressortleiter, die Chefredakteure. Mit dem Vermittler, der redaktionsintern – ebenfalls in Analogie zu Watergate – «Deep Throat» genannt wird, verabredet Ertel anschließend einen Treffpunkt: 13.30 Uhr am Portal auf der Rückseite der Hamburger St. Jakobi-Kirche. Der Klempner soll sich als Erkennungszeichen einen SPIEGEL unter den Arm klemmen.

Zum vereinbarten Zeitpunkt machen sich Ertel und Uentzelmann auf den Weg. Der Ort, wo sie sich mit dem Unbekannten treffen wollen, ist vom SPIEGEL-Haus zu Fuß in zehn Minuten zu erreichen. Unterwegs überlegen sie noch, um wen es sich bei dem Klempner handeln könnte: Jemand aus der Kieler CDU-Fraktion? Ein Mitarbeiter aus der Regierungspressestelle? Vielleicht sogar ein Staatssekretär? Ihnen fallen ein halbes Dutzend Namen ein.

Als die Redakteure von der Steinstraße her um die Ecke kommen, steht, wie es mit dem Unterhändler abgemacht war, am Rande des Parkplatzes neben der Kirche ein Mann in einem anthrazitfarbenen Flanellanzug. So unauffällig wie seine Garderobe ist auch sein Habitus: eine hohe Stirn und helles, schütteres Haar, leicht hängende Schultern, ein glattes, glänzendes Gesicht. Daran, wie er unruhig um sich schaut und nervös auf den Füßen wippt, ist zu erkennen, daß er auf jemanden wartet. In seiner Begleitung ist eine Frau, einen Kopf kleiner als er, in einem dezent gemusterten Kostüm, gepflegter Büro-Chic. «Da hinten stehen sie», sagt Ertel zu Uentzelmann, «aber die kenne ich nicht.»

Der Kieler SPIEGEL-Korrespondent hat «bis zu diesem Zeitpunkt» mit dem Medienreferenten Pfeiffer noch «nie gesprochen, telefoniert oder sonstwie in irgendeiner Form Kontakt» gehabt. Nur den Namen weiß er aus einem Mitarbeiter-Verzeichnis der Regierungspressestelle und durch den Anruf des Düsseldorfer SPIEGEL-Kollegen Rickelmann Ende Juni wegen der nicht weiter verfolgten Piloten-Story. Aber Pfeiffer erinnert sich aus früher Bremer Zeit an Uentzelmann, den er dort ein paarmal gesehen hat.

In einem Konferenzzimmer des SPIEGEL erzählt Pfeiffer seine unglaubliche Geschichte. Stundenlang wird er von den Redakteuren nach Details ausgefragt, seine Schilderung auf mögliche Widersprüche hin abgeklopft. Mit leiser Stimme, sich immer wieder den Schweiß von der Stirn tupfend, gibt er Auskunft über seine Arbeit für Barschel. Zwischendurch schluckt er Beruhigungspillen. Die Journalisten, die in der Vorwoche die Belege für die gegen Engholm angezettelten Aktionen zusammengetragen haben, stellen fest, daß Pfeiffers Insider-Bericht fugenlos zu den von außen nachweisbaren Spuren paßt. Einzelheiten des Detektiv-Einsatzes und der anonymen Steueranzeige, die Pfeiffer schildert, könnte er nicht wissen, wenn er nicht tatsächlich zumindest daran mitgewirkt hätte. Er beschreibt auch zwei Vorgänge, die sich erst seit dem Wochenende zugetragen haben: die beiden Anrufe Barschels am Sonntag und den Auftrag zur Wanzenbeschaffung am Dienstag. Daß Barschel für Mittwochmorgen, 9 Uhr, eine Überprüfung seines Telefons angeordnet hat, kann Pfeiffer nur vom Ministerpräsidenten selbst erfahren haben. Um diese Punkte wird am Abend die eidesstattliche Versicherung noch ergänzt. Pfeiffer erhält vom SPIEGEL die Zusage, daß er vom Verlag finanziell abgesichert wird: Der Verdienstausfall aufgrund des zu erwartenden Arbeitsplatzverlustes soll ihm ersetzt werden. Außerdem verpflichtet sich der SPIEGEL, Pfeiffer für die straf-, zivil- und arbeitsrechtlichen Auseinandersetzungen anwaltliche Hilfe zur Verfügung zu stellen.

Am Donnerstag telefonieren die Redakteure noch einmal mit allen Personen und Behörden, die zu den bisher bekannten Komplexen möglicherweise neue Einsichten beisteuern können: mit der Lübecker Staatsanwaltschaft, mit Polizeibehörden, mit den Bremer Detektiven, mit Ballhaus. Der will allerdings mit den SPIEGEL-Leuten nicht mehr reden, weil er «schlechte Erfahrungen gemacht» habe, wie er durch seine Sekretärin ausrichten läßt – wegen der wörtlichen Wiedergabe seiner stotternd vorgetragenen Ausflüchte glaubt er, das Telefongespräch am Freitag zuvor sei heimlich auf Tonband aufgezeichnet worden.

Auch Barschels amtierender Sprecher Ahrendsen wird wieder angeläutet, um 14.52 Uhr. Ertel fragt, laut Ahrendsen: «Hat sich bei Ihnen der Sachstand geändert, gibt es bei Ihnen neue Erkenntnisse seit der Pressekonferenz vom Montag?» Ahrendsen erklärt, er wolle sich erkundigen. Weil er gleich anschließend mit Barschel zur Aufzeichnung des TV-Duells der beiden Spitzenkandidaten ins Kieler Funkhaus muß, beauftragt Ahrendsen seinen Mitarbeiter Klaus-Dieter Seelig, dem SPIEGEL Auskunft zu geben. Seelig ruft wieder bei Ertel an und fordert ihn auf, seine Fragen schriftlich einzureichen. Ertel sagt, dies sei doch unüblich und in diesem Fall nicht praktikabel, weil man, je nachdem, wie die Antwort ausfalle, weitergehende Fragen stellen müsse.

Noch präziser läßt sich das Ansinnen gar nicht formulieren, ohne den Informanten preiszugeben. Der Verdacht, daß Barschel selbst an dem Komplott beteiligt sein könnte – als enger Freund von Ballhaus, als Nutznießer einer Schmutzkampagne gegen Engholm –, wurde immerhin bereits in der ersten SPIEGEL-Geschichte geäußert. Eine Nachfrage bei der Regierungspressestelle, nicht etwa beim Innen- oder Finanzministerium, ergibt mithin nur einen Sinn, wenn sie auf Barschel zielt.

Ahrendsen stellt sich dumm: «Was Knack und Schleifer rausgebracht haben», sei «alles, was es gibt». Er habe «Barschel gefragt, wir wissen beide von Null». Ertel bekräftigt, daß der SPIEGEL weiter recherchieren werde. Ahrendsen antwortet salopp: «Dann sucht mal schön.»

Uentzelmann hört sich in Bremen bei Politikern und Journalisten um, die er dort persönlich gut kennt, was sie über Pfeiffers Leumund wissen. Die Einschätzungen sind einhellig, «fähiger Journalist» ist noch das freundlichste Urteil: Pfeiffer, sagt einer, sei «ein käuflicher Typ, der alle dreckigen Sachen dieser Welt anfaßt»; ein anderer meint, Pfeiffer habe «die Qualität eines Polit-Zuhälters»; ein dritter warnt, das sei «ein rostiger Nagel». Genau das freilich stärkt die Glaubwürdigkeit des Zeugen: Ein biederer Schreibtisch-Redakteur, der nur Pressemitteilungen in Satz gibt, wäre für den Job, wie ihn Pfeiffer beschreibt, untauglich gewesen. Gerade weil Barschels Klempner nicht in bestem Ruf steht, klingen seine Selbstbezichtigungen überzeugend.

Auf die üblichen Vorab-Meldungen an Nachrichtenagenturen und Funkhäuser verzichtet der SPIEGEL an diesem Freitag, als die Titelgeschichte über «Barschels schmutzige Tricks» fertig ist. Die Chefredakteure Erich Böhme und Werner Funk erörtern die Frage zwar, kommen aber zu dem Schluß, «daß Vorsichtsüberlegungen und Ausgewogenheitsvorbehalte in den öffentlich-rechtlichen Anstalten einem vorzeitigen Bekanntwerden der SPIEGEL-Vorwürfe entgegenstünden». Später räumt Böhme ein: «Insofern hat sich die Chefredaktion des SPIEGEL in der Tat geirrt.»

Ertel und Uentzelmann staunen, wie schnell sich bereits am Freitag die Nachricht unter Kollegen aller Medien verbreitet, daß der SPIEGEL eine ganz heiße Geschichte in Arbeit habe. Während der Text noch geschrieben wird, rufen Journalisten an, die sogar schon von der Existenz einer eidesstattlichen Versicherung gehört haben. Sie werden alle vertröstet, daß sie sich am Samstagnachmittag, wie üblich, das neue Heft abholen können.

13
«Erstunken und erlogen»

Ehrenwort und Komplott-Theorien

Für den Samstagnachmittag hat Barschel «ganz normal Steinhorst gebucht», sagt Ballhaus, sowie «Kaffee und zwei Torten bestellt». Die Pressestelle hat tags zuvor kurzfristig ein Dutzend handverlesener Journalisten aus Schleswig-Holstein und Hamburg in das Schwarzkopf-Schloß eingeladen. In dieser Runde, wurde mitgeteilt, wolle der Ministerpräsident den Wahlkampf «ausklingen lassen». Ab 15 Uhr treffen die ersten Gäste in Barschels Nebenresidenz ein.

Der Gastgeber erscheint mit einer Crew persönlicher Berater. Der Bundestagsabgeordnete Rolf Olderog gehört dazu, Vize-Sprecher Ahrendsen und Generalsekretär Reichardt, der schon eine Woche zuvor die Ahnung ausgesprochen hat, mit der ersten SPIEGEL-Veröffentlichung werde es nicht sein Bewenden haben, «da kommt noch was nach». Barschel, sagt Reichardt, habe deshalb an diesem Samstagnachmittag «angeordnet, den Rundfunk abzuhören», denn «das kann nur über den Rundfunk kommen.»

Um 15.13 Uhr unterbricht NDR 2 sein Musikprogramm, sendet die Erkennungsmelodie von «NDR 2 aktuell», der politischen Magazinsendung. Ein Nachrichtensprecher liest eine Fünf-Minuten-Meldung, die den Inhalt der Titelgeschichte im neuen SPIEGEL wiedergibt: daß der Ministerpräsident persönlich die anonyme Steueranzeige gegen den Oppositionsführer und dessen Bespitzelung durch Detektive veranlaßt habe, wie Barschels Medienreferent Reiner Pfeiffer an Eides Statt versichere. In Steinhorst wird der Regierungschef, der die Radio-Meldung nicht gehört hat, ans Telefon gerufen, eine NDR-Redakteurin will ihn zu den Anschuldigungen befragen.

«Als Barschel zurückkehrt», beschreibt der «Welt»-Redakteur Knut Teske die Szene, «ist er nicht mehr derselbe Mann: Bleich wie Hamlets Geist, fahrig, ringt er mit zitternden Händen nach Worten: ‹Das muß ich Ihnen sagen. Es ist etwas Unglaubliches passiert.› Seine Hände krallen sich in das Polster einer Stuhllehne. ‹Im NDR soll gerade etwas gegen mich gelaufen sein. Das soll im SPIEGEL stehen.› ... Jetzt explodiert auch der Raum: Fragen, Rufe, Ratschläge, Staunen, Gerenne, Telefon – Chaos. Barschel mittendrin wie gelähmt, bleich, apathisch.»

Von seinen Pressesprechern und Beratern läßt Barschel weitere Informationen einholen und Entwürfe für eine Erwiderung verfassen, beflissene Journalisten bieten sich an, beim Abschmettern der erhobenen Vorwürfe behilflich zu sein. Ein NDR-Mitarbeiter schlägt vor, der Ministerpräsident könne doch sein Ehrenwort geben. Barschel lehnt spontan ab, «das hört sich zu blöd an». Der Ministerpräsident selbst findet die Formel, die er dann immer wieder gebraucht: Die Vorwürfe seien «erstunken und erlogen».

«Völlig frei erfunden», sagt Barschel im ersten NDR-Interview um 17.05 Uhr, sei es, «daß ich eine Anweisung gegeben hätte, den Oppositionsführer beschatten zu lassen oder seine Steuerunterlagen zu überprüfen»: «Ich bin empört, das darf ich auch dem Rundfunk sagen, daß ich von solchen schwerwiegenden Beschuldigungen erfahre aus dem Rundfunk bzw. von Dritten, die davon gehört haben, ohne daß man mir vorher Gelegenheit zu einer Stellungnahme gegeben hat.» Im ZDF-«Länderspiegel» erklärt Barschel, er könne «nur sagen, was immer da möglicherweise zusammengefälscht und zusammengemixt worden ist – ich habe mit solchen Taktiken überhaupt nichts zu tun».

Zuvor ist der SPD-Landesvorsitzende Jansen im Radio zu hören: «Wenn die Dinge von Herrn Barschel zur Kenntnis genommen sind und er weiß, was dahintersteckt ..., dann muß jeder zurücktreten, der so ein Instrument der Verleumdungskampagne in Gang gesetzt hat.» Engholm will «unverzüglich die Einsetzung eines parlamentarischen Untersuchungsausschusses beantragen».

Ob Barschel denn etwas gegen die Auslieferung des SPIEGEL unternehmen wolle, fragen Journalisten. Der meint, das mache einen «schlechten Eindruck, wenn ein Ministerpräsident am Tag vor der Wahl oder gar am Tag der Wahl selbst den SPIEGEL verbieten läßt». Tatsächlich läßt Barschel die Frage von seinen Juristen zur gleichen Zeit prüfen. Doch die kommen, so Barschel, «zu der Feststellung, daß wir nicht mehr rechtzeitig eine einstweilige Verfügung erreichen könnten oder mit anderen juristischen Mitteln erreichen könnten, um zu erwirken, daß der SPIEGEL nicht ausgeliefert wird». Die «uns beratenden Hamburger Anwälte» teilen Barschel mit, «die SPIEGEL-Exemplare seien bereits ausgeliefert».

Für 18 Uhr wird eine Pressekonferenz auf Gut Steinhorst angesetzt. Behnke ruft Ballhaus in Duvensee an, um ihn hinzuzubitten. Kurz nach 17 Uhr verläßt der Schwarzkopf-Manager sein wenige Kilometer von Steinhorst gelegenes Haus und fährt, wie er sagt, «ganz arglos hin». Gegenüber einem SPIEGEL-Redakteur, der ihn sprechen wollte, hat er sich allerdings zuvor am Telefon verleugnen lassen. Bei der Pressekonferenz sitzt Ballhaus wie selbstverständlich mit Barschel am Tisch.

«Alle diese Vorwürfe», sagt Barschel, «sind im Grunde so absurd, daß mir die Worte fehlen.» Beschwörend appelliert er an die Anwesenden, seiner Logik zu folgen: «Ich werde doch wohl einen Mann, der gerade zehn Tage bei uns ist, nicht mit einem solchen Auftrag bedacht haben.» Er verschweigt jedoch, daß Pfeiffer bereits Anfang Dezember seinen Dienst angetreten hatte.

Dann beteuert Barschel, Pfeiffer sei in der Pressestelle nur ein kleines Licht gewesen, ohne Zugang zum Zentrum der Macht: «Er gehört nicht zu den engeren Mitarbeitern.» Das «eine oder andere Mal» habe er wohl «einen Namensartikel für mich verfaßt» – mehr nicht. Er kenne den Mann ja kaum, fährt Barschel fort, schon gar nicht dessen «persönliche Verhältnisse», und bekräftigt: «Das ist nicht der Fall.»

Doch als ihm wenige Minuten später ein Journalist die Behauptung Pfeiffers vorhält, er sei am 1. Mai zu Gast in Barschels Möllner Privathaus gewesen, macht der Ministerpräsident deutlich, wie persönlich das Verhältnis zwischen ihm und seinem Presseknecht doch gewesen sein muß. «Private Sorgen», so Barschel, seien der Anlaß gewesen, warum Pfeiffer ihn daheim besucht habe. «Wir haben Abendbrot gegessen», dann «sind wir in meinem Garten spazierengegangen».

Die Pressekonferenz ist kurz, die Fernsehteams müssen rasch in ihre Studios, damit sie ihre Berichte in die «heute»-Sendung und die «Tagesschau» einspielen können. Als sich die Runde auflöst, sind die Journalisten eher geneigt, Barschel Glauben zu schenken. In der Hast ist es allerdings auch schwer, die Argumente abzuwägen, welche für, welche gegen Barschel sprechen.

Die bestellten Torten, so Ballhaus, wurden «nicht gegessen, aber in Rechnung gestellt». Behnke versucht einen Scherz, als die Gäste gehen: «Da habt ihr statt Kuchen eine Story bekommen.»

Als Klaus Thiessen, der Dithmarscher CDU-Kreisgeschäftsführer, die Nachricht im Radio hört, brennt «bei mir die Lampe durch: Mensch, du hast auch mit Pfeiffer zu tun gehabt» – merkwürdig, daß er sich nach den vielen Telefonaten, die er Anfang der Woche mit Ahrendsen geführt hat, erst jetzt daran erinnern will. Er vertraut seinem Kreisvorsitzenden, dem Finanzminister Roger Asmussen, am selben Abend an, daß er mit Pfeiffer im Januar wegen einer der jetzt aufgeflogenen Aktionen zu tun hatte: Der Barschel-Referent habe ihn bedrängt, ein CDU-Mitglied ausfindig zu machen, das bereit sei, eine Anzeige gegen Engholm zu unterschreiben.

Dem ehemaligen UWSH-Geschäftsführer Manfred Siemund fällt es wie Schuppen von den Augen: Das muß jener Pfeiffer sein, der mit den merkwürdigen Telefonanrufen im Februar und März die Vorstandsmitglieder gegeneinander aufgewiegelt hat. Siemund ruft sofort das Kieler SPIEGEL-Büro und die Deutsche Presse-Agentur an, um mitzuteilen, daß dieser Pfeiffer noch mehr angestellt hat, als er bisher öffentlich eingestand.

«Bild am Sonntag» erscheint mit der Schlagzeile «Schlammschlacht vor der Wahl». Wie sich aus dem Text ergibt, sind damit nicht die Aktionen gemeint, deren Barschel von seinem Medienreferenten beschuldigt wird, sondern die SPIEGEL-Veröffentlichung «wenige Stunden vor Öffnung der Wahllokale». Ihren für Barschels Wahlkampf vom Springer-Verlag beurlaubten Kollegen stellt die BamS-Redaktion auf einem Foto vor, das Pfeiffer inmitten einer Batterie von Weinflaschen zeigt und ihn offenbar als Trunkenbold ausweisen soll – entstanden ist das Bild bei einer Weinprobe.

Zur Bestätigung der eigenen Schlagzeile zitiert «Bild am Sonntag» den Bonner CDU-Generalsekretär Heiner Geißler. Der SPIEGEL habe sich «hier ganz eindeutig in den Dienst der SPD und Engholms gestellt», behauptet Geißler. «Bei den Wählern, die noch Anstand und Ehrlichkeit bewahrt haben», könne die Konsequenz nur «lauten, den Uwe Barschel erst recht zu wählen». Dem demagogisch begabten Generalsekretär fällt ein Vergleich ein: «Wenn der SPIEGEL ein Nachrichtenmagazin ist, dann ist der ‹Playboy› ein Mitteilungsblatt des Heiligen Stuhls.»

Am Sonntagvormittag versammeln sich bei Barschel in Mölln der CDU-Generalsekretär Reichardt, der Abgeordnete Olderog, die Pressereferenten Ahrendsen und Seelig. An der Nothelfer-Runde, die erörtert, wie der SPIEGEL-Veröffentlichung entgegengewirkt werden kann, nimmt sonderbarerweise auch ein Journalist des öffentlich-rechtlichen Rundfunks teil: Thomas Bernd Stehling, Direktor des NDR-Landesfunkhauses Hannover. Stehling, Ahrendsens Vorgänger als Vize-Sprecher, war bereits am Vortag, zum Erstaunen der Kaffeegäste in Steinhorst, plötzlich in dem Schwarzkopf-Schloß aufgekreuzt.

Barschels Krisenstab beauftragt Reichardt, den Lübecker Leitenden Oberstaatsanwalt Oswald Kleiner in seiner Wohnung anzurufen und ihm eine Strafanzeige Barschels anzukündigen. Dabei fragt Reichardt, laut Kleiner, «ob ich sicherstellen könne, daß diese Strafanzeige mir auch gleich vorgelegt werde». Kleiner empfiehlt dem Partei-Manager, die Anzeige «telegrafisch an die Behördenanschrift» zu richten. Das Telegramm mit Barschels Strafanzeige wegen «aller infrage kommender Delikte, die durch die erfolgten SPIEGEL-Veröffentlichungen begangen wurden», geht um 11.27 Uhr bei der Post in Lübeck ein, gegen 12 Uhr liegt es Kleiner vor, der extra ins Amt gefahren ist. Die Anzeige richtet sich nicht nur gegen Pfeiffer, sondern auch gegen «die verantwortlichen Redakteure des SPIEGEL und alle weiteren Beteiligten». Beim Presserat, dem Selbstkontrollorgan der deutschen Presse, wird telegrafisch eine Beschwerde Barschels gegen den SPIEGEL angekündigt. Er verlangt dann sogar eine Sondersitzung des Gremiums – ein Antrag, den nach der Satzung nur Mitglieder des Presserats stellen können.

Obwohl es aufgrund der SPIEGEL-Story, die sich Kleiner am Sonntagmorgen besorgt hat, in erster Linie zwei Verdächtige gibt, nämlich den geständigen Reiner Pfeiffer und den von ihm als Anstifter bezichtigten Uwe Barschel, und der Tatort zweifelsfrei Kiel ist, zieht CDU-Mitglied Kleiner die Ermittlungen gleich an sich: Er verbindet die Barschel-Anzeige sofort mit dem bereits anhängigen Engholm-Verfahren und begründet dies mit dem «strafprozessualen Gesichtspunkt des Gerichtsstandes des Zusammenhangs».

Die plötzliche Umtriebigkeit des Leitenden Oberstaatsanwalts ist um so erstaunlicher, als die Behörde in Sachen Engholm eine Woche lang in Tiefschlaf versunken war. Immerhin waren in der ersten SPIEGEL-Geschichte bereits die Namen des Detektivs Piel und des Schwarzkopf-Managers Ballhaus genannt, wo die Ermittler mit Recherchen hätten ansetzen können. Bei Ballhaus, der laut SPIEGEL vermutlich Firmengelder für eine betriebsfremde Observation ausgegeben hat, bestand der Anfangsverdacht einer Untreue. Hätten die Staatsanwälte die Büros von Piel und Ballhaus durchsucht, wären sie bereits vor der Wahl auf den Namen Pfeiffer gestoßen. Sie besorgten sich indes lediglich eine Kopie der Steueranzeige und befanden, so Kleiner, daß «die Ermittlungschancen, gelinde gesagt, äußerst gering» seien. Die Observation Engholms durch Detektive sei «als strafrechtlich nicht relevant zu bewerten».

Kleiner bittet die Kripo «um die sofortige Abstellung eines Beamten für eine noch am Sonntag durchzuführende Aufenthaltsermittlung» – gesucht wird Reiner Pfeiffer. Doch ein Kriminaloberkommissar bemüht sich fünf Stunden lang vergebens, um 20 Uhr gibt er die Suche auf.

Reiner Pfeiffer sitzt derweil im Hamburger «Atlantic Hotel», wo ihn der SPIEGEL mit Jutta Schröder unter dem Namen «Fröhlich» einquartiert hat, und gibt der ARD-«Tagesschau» und der «Süddeutschen Zeitung» Interviews; ein ZDF-Team und ein Vertreter der Deutschen Presse-Agentur befragen Pfeiffer später in Uentzelmanns Wohnung. Auf zwei DIN-A4-Seiten (Überschrift: «Entwurf für eine psychologisch-logische Diktion einer Aussage von P. gegenüber Medien») hat Pfeiffer sich aufgeschrieben, wie er seine «Motivation» für den Ausstieg darlegen will: «Gewissensgründe (Wollte mich nicht länger zum Handlanger einer offensichtlichen Schmutzkampagne des MP gegen den SPD-Spitzenkandidaten machen). Betrachte diese Enthüllung als notwendig für die nachweislich getäuschten Bürger dieses Landes.»

Immer wieder wird Pfeiffer gefragt, warum er sein Wissen so lange für sich behalten und erst so kurz vor der Wahl an die Öffentlichkeit gebracht habe. Der «Tagesschau» sagt Pfeiffer, «daß mir eigentlich alles immer schon stank, aber der Druck immer größer wurde . . ., zumal nach der letzten SPIEGEL-Veröffentlichung die beiden Staatssekretäre Knack und Schleifer wieder so bodenlos logen, daß das im Grunde genommen der Funke ins Pulverfaß war und ich sagte, jetzt geht's nicht mehr». Den allerletzten Anstoß habe dann der Auftrag zur Wanzenbeschaffung gegeben.

Barschel sagt, kurz vor Schließung der Wahllokale, im ZDF: «Ich werde am Montag dafür sorgen, daß ich in politisch geeigneter Form und in rechtlich geeigneter Form Punkt für

Punkt alles das, was da gegen mich behauptet worden ist, entkräfte und das Kartenhaus an Lügen des SPIEGEL und des Herrn Pfeiffer kläglich zusammenbricht.» Wie von Engholm bereits gefordert, befürwortet auch Barschel nunmehr die Einsetzung eines parlamentarischen Untersuchungsausschusses.

Gegenüber dem Kieler dpa-Korrespondenten Ocke H. H. Peters erweitert Pfeiffer am Nachmittag seine im SPIEGEL ausgebreiteten Anschuldigungen um einen weiteren Punkt: daß er sich in Barschels Auftrag bemüht habe, die Unabhängige Wählergemeinschaft «zur Bedeutungslosigkeit herabzustufen». Er bestätigt damit den Zusammenhang, den der frühere UWSH-Geschäftsführer Siemund schon tags zuvor vermutete, als der Name Pfeiffer fiel.

Bereits die ersten Trendmeldungen und Hochrechnungen zeigen, daß die CDU erheblich an Stimmen eingebüßt hat und die SPD im neuen Landtag die stärkste Fraktion sein wird. «Auf jeden Fall», sagt der CDU-Landesvorsitzende Stoltenberg vor den Fernsehkameras, «fühlen wir uns, unabhängig vom Ergebnis, sehr getroffen durch die unerhörte Diffamierungskampagne gegen unseren Ministerpräsidenten, meinen Freund Uwe Barschel. Wochen nach dem schweren Flugzeugunglück haben ‹Morgenpost› und ‹Stern› als bekannte Organe der linken Kampfpresse wahrheitswidrig ihm eine Mitschuld am Tod der Piloten anhängen wollen. Und jetzt, am Tag vor der Wahl, kommt der hinreichend bekannte SPIEGEL und veröffentlicht Anschuldigungen eines Mitarbeiters, dessen Vertrag zu Ende ging, der nicht weiterbeschäftigt werden sollte, von denen ich fest überzeugt bin, daß sie unwahr sind. Und das wird so gemacht, daß der Ministerpräsident und wir darauf gar nicht mehr reagieren können.»

Auch Kanzler Kohl und FDP-Chef Martin Bangemann rügen im Fernsehen, in der «Bonner Runde» der Parteivorsitzenden, den angeblich heimtückisch gewählten Zeitpunkt der SPIEGEL-Veröffentlichung. «Eine Woche vorher Andeutungen zu machen und am Wahlsonntag in einer Vorab-Meldung solche Vorwürfe zu erheben», meint Bangemann, sei «kein guter politischer Stil». Man müsse «diesen Fehlgriff kritisieren einer Zeitung, die es nicht für unter ihrer Würde geachtet hat – wenn sie denn eine hat –, unmittelbar am Wahlsonntag in einer Vorab-Meldung eine solche dann nicht mehr zu widerlegende Behauptung aufzustellen». Kohl nennt es «ein Stück aus dem politischen Tollhaus, daß ein solcher Vorgang erst präpariert wird und daß man dann die Bombe in die Wahl hineinwirft».

Es sind eher solche Nebelkerzen der enttäuschten Wahlkämpfer, die auch an den folgenden Tagen den Blick auf die Fakten verstellen. In zahlreichen Interviews rückt SPIEGEL-Chefredakteur Böhme zurecht, daß sich der SPIEGEL «die Termine nicht aussucht»: «Wir hätten natürlich viel lieber das eidesstattliche Schreiben eine Woche vorher gehabt, und dann hätte sich Herr Barschel eine Woche lang mit diesen Dingen auseinandersetzen müssen. Aber wir haben es erst am Mittwoch bekommen, und der SPIEGEL erscheint montags, und in der kürzestmöglichen Frist drucken wir die Nachrichten, die uns druckenswert erscheinen.» Da der SPIEGEL am Samstag angedruckt wird, kämen viele Journalisten schon zu diesem Zeitpunkt an Exemplare heran, «und so ist diese Nachricht auch am Samstag durchgetropft, der SPIEGEL hat sie nicht verbreitet».

Mit 42,6 Prozent der Stimmen fällt die CDU auf ihr schlechtestes Ergebnis seit 1958 zurück, die FDP schafft mit 5,2 Prozent gerade den Einzug ins Parlament. Die 33 CDU- und vier FDP-Sitze reichen eben hin, Barschel im Amt zu halten. Die SPD (45,2 Prozent) mit ihren 36 Mandaten kann auch im Verein mit Karl Otto Meyer, dem Vertreter des Südschleswigschen Wählerverbands (SSW), der von der Fünf-Prozent-Klausel ausgenommen ist, die Regierung nicht übernehmen. Denn nach der «Landessatzung», wie in Schleswig-Holstein die Verfassung heißt, endet die Amtszeit des Ministerpräsidenten nicht automatisch mit dem Ablauf einer Legislaturperiode, und die Abwahl wäre nur durch ein konstruktives Mißtrauensvotum möglich, indem der Landtag «mit der Mehrheit seiner Mitglieder einen Nachfolger wählt».

Trotz Wahldesaster und Affäre jubiliert Barschel, mit einer

roten Rose in der Hand, am späten Abend bei einer Wahlfete der CDU: «Dies ist ein Tag der Freude.» Die Wirklichkeit blendet er einfach aus. «Eine der dramatischsten und unübersichtlichsten Wahlkampagnen in der Geschichte des Landes Schleswig-Holstein liegt hinter uns», sagt er, «und ich darf Ihnen mitteilen, nach langem Bangen und nach manchen auch anderen Prognosen: Wir alle, die Freunde der Union, sind als Sieger aus dieser Kampagne hervorgegangen.»

Der Jubel der Anhänger im Saal zeigt, daß sie sich gern in diese Scheinwelt mitreißen lassen, die Barschel ihnen bietet. Der setzt dann auch noch eins drauf: «Wir alle», steigert er sich geradezu in Ekstase, «wollen den Bürgerinnen und Bürgern unseres Landes demonstrieren, daß wir es sind, die dafür sorgen, daß endlich wieder Sauberkeit und Anstand in unsere politische Kultur eingeführt werden.»

«In Schleswig-Holstein gab's SPIEGEL-Wahlen», zetern Unionspolitiker wie der Hamburger Landesvorsitzende Jürgen Echternach, «so einen Fall von Wahlbeeinflussung hat es noch nie gegeben.» Einen «politischen Coup» habe der SPIEGEL versucht, meint die «Frankfurter Allgemeine», den «massivsten Versuch einer akuten Wahlbeeinflussung durch eine Zeitschrift, den es je gegeben» habe. «Die allermeisten Leute», hält Rudolf Augstein dagegen, hätten sich ihre Stimmabgabe zumindest insoweit schon vorher überlegt, «daß sie sich durch einen x-beliebigen Artikel in einem x-beliebigen Blatt nicht irritieren lassen».

Der Ansicht, daß die «Veröffentlichung kurz vor der Wahl das Wählerverhalten beeinflußt» habe, widerspricht auch der Mannheimer Wahlforscher und Politikwissenschaftler Professor Rudolf Wildenmann: «Das ist einfach Unsinn.» Aber «in dieser Wahlnacht», meint Wildenmann, sei durch Christdemokraten und Liberale «zunächst mal etwas aufgebaut worden, das Herrn Barschel glauben ließ, er habe die volle Deckung, sowohl im Lande als auch in Bonn».

Der FDP-Landesvorsitzende Wolf-Dieter Zumpfort etwa, der am Wahlabend vor laufenden Fernsehkameras noch eine

Solidaritätsadresse nach der anderen für Barschel abgegeben hat («Er hat dementiert, wir vertrauen seiner Aussage», «Er ist unser Verhandlungspartner»), rückt anderntags von seinen Treueschwüren ab. Die geplanten Koalitionsverhandlungen werden kurzerhand zu «Sondierungsgesprächen» degradiert. Zumpfort geht auf Distanz: «Die Koalitionsaussage der FDP gilt für die CDU und nicht für Barschel.» Der bleibt jedoch dabei, daß an den SPIEGEL-Geschichten «nur die Schreibweise meines Namens» stimme.

Die öffentliche Diskussion konzentriert sich zunächst auf die Glaubwürdigkeit des SPIEGEL-Zeugen. Die Montagszeitungen berichten ausführlich über das bewegte Vorleben Reiner Pfeiffers, vor allem über seine sensationsgierigen Enthüllungen beim «Weser Report». Der Bremer CDU-Chef Neumann beurteilt seinen langjährigen Mitarbeiter schlicht als «unseriös». Leider sei er von der Kieler Landesregierung nicht vor der Einstellung Pfeiffers befragt worden, bedauert Neumann: «Als ich hörte, der ist bei Barschel, dachte ich: Das darf doch nicht wahr sein.»

Es müßte ihm allerdings bereits im April zu Ohren gekommen sein, als sein Stellvertreter Metz, wie Neumann Anteilseigner beim «Weser Report», den schleswig-holsteinischen Ministerpräsidenten mit seinem Medienberater im Club zu Bremen begrüßte – undenkbar, daß sich die beiden christdemokratischen Anzeigenblatt-Verleger nicht über das berufliche Fortkommen ihres ehemaligen Chefredakteurs unterhalten haben. Auch das außerordentlich positive Zeugnis, das er Pfeiffer – von diesem selbst vorformuliert – ausgestellt hat, will Neumann auf einmal nicht mehr wahrhaben: «Bei aufmerksamem Lesen wird man feststellen, daß dieses Zeugnis gerade die arbeitsrechtlichen Mindestvoraussetzungen erfüllte.»

In mehreren Interviews weist SPIEGEL-Chefredakteur Böhme darauf hin, daß Pfeiffer ja wohl gerade wegen seiner besonderen Beißer-Qualitäten in Kiel engagiert worden sei: «Ein Mann, der acht Jahre für die CDU in Bremen gearbeitet hat und ein Jahr für Barschel, der kann nicht heute von einem

Tag auf den anderen unglaubwürdig werden. Das sind ja wohl Ausweise, die ich ernst zu nehmen habe.» Vor allem aber, betont Böhme, müsse man die klare Sprache der Fakten erkennen. Daß Engholm bespitzelt und seine Steuerakte aufgrund einer falschen Anschuldigung gefilzt wurde, sei ja durch zwei Kieler Staatssekretäre «längst zugegeben» worden. Und nun sei der Mann gekommen, der sich selbst bezichtigt, dies im Auftrag des Ministerpräsidenten veranlaßt zu haben. Böhme: «Wir haben sozusagen auf einen Pott den Deckel gebracht.»

«Barschel oder Pfeiffer – wer sagt die Wahrheit?» Das ist, wie das ARD-Fernsehen meldet, tagelang «die am häufigsten gestellte Frage der Republik». 36 Prozent der Schleswig-Holsteiner, ergibt eine Blitzumfrage des Dortmunder Forsa-Instituts, setzen auf Barschel, 16 Prozent glauben Pfeiffer, aber 48 Prozent wissen nicht, wem sie trauen sollen.

Zwei SPIEGEL-Redakteure fahren am Dienstag, dem 15. September, mit Pfeiffer nach Probsteierhagen. In seiner Wohnung übergibt er ein weiteres Beweisstück für eine bislang noch nicht publik gewordene Aktion: das Sende-Original der gefälschten Grünen-Pressemitteilung zur Engholm-Taufe. Der SPIEGEL erhält auch den dazugehörigen Gegen-Beleg: die am 4. Mai von den «Lübecker Nachrichten» empfangene Telekopie des Falsifikats. Über diesen Pfeiffer-Coup, mit dem SPD und Grüne auseinanderdividiert werden sollten, berichtet der SPIEGEL in seiner nächsten Ausgabe.

In seiner Wohnung findet Pfeiffer auch das von Staatskanzlei-Chef Hebbeln am Vortag unterzeichnete Kündigungsschreiben vor, mit dem der Medienreferent fristlos aus dem Kieler Staatsdienst entlassen wird. Das Namensschild an Pfeiffers Dienstzimmer 104 im Landeshaus wurde ebenfalls sogleich am Montag entfernt.

In der Kabinettssitzung an diesem Dienstag meldet sich Finanzminister Asmussen zu Wort. Er wolle etwas über den Dithmarscher CDU-Kreisgeschäftsführer sagen, hebt er an, scheitert aber «schon nach wenigen Sätzen», denn Barschel schneidet ihm brüsk das Wort ab: Das gehöre nicht ins Kabinett, sondern «aus rechtsstaatlichen Gründen» in den parlamentarischen Untersuchungsausschuß. Der stellvertretende Ministerpräsident Henning Schwarz kann sich «den Zusammenhang überhaupt nicht erklären», und auch von den anderen Kollegen faßt keiner nach, was Asmussen mit seinem Vorstoß bezweckt. Viele verstehen ihn angeblich nur im Zusammenhang mit einer lokalen CDU-Affäre: Der Funktionär Thiessen soll entlassen werden, weil in der Parteikasse 186 000 Mark fehlen.

Eine solche Deutung sei irrig, sagt Asmussen später, natürlich habe er «keine Veranlassung» gehabt, «ein Kreisproblem im Kabinett anzusprechen», und er ist sich sicher, «die Namen Thiessen *und* Pfeiffer erwähnt» zu haben. Barschel jedenfalls hat es schon richtig verstanden, sonst hätte er die Angelegenheit nicht in den Ausschuß verwiesen. Fortan schweigt Asmussen, auch in der anschließenden Sitzung der CDU-Fraktion, weil er Barschels Reaktion «als einen gewissen Maulkorb verstanden» habe.

An diesem 15. September scheint es gleichwohl soweit zu sein, daß Barschel seinen Rücktritt einreicht. Stundenlang tagt die CDU-Fraktion, die ihn wegen seiner Hinhaltetaktik unverhohlen kritisiert: Barschel solle nun endlich zu den Vorwürfen Stellung nehmen und sie entkräften. Staatssekretär Behnke nährt die umlaufenden Demissionsgerüchte durch einen salopp gemeinten Zwischenbescheid an die wartenden Journalisten: «Noch bin ich im Amt, und der Regierungschef ist noch Regierungschef.» Doch die Fraktion, die Barschel «volles Vertrauen und menschliche Solidarität» bekundet, drängt ihn, um sein Amt zu kämpfen. Er habe «ursprünglich die Absicht» gehabt, mit seiner Einlassung «zu dem Komplex Pfeiffer» zu warten, bis sich der parlamentarische Untersuchungsausschuß konstituiert hat, sagt Barschel. Er komme aber «jetzt doch zu dem Ergebnis, daß eine regelrechte Kampagne gegen mich läuft, daß immer neue Behauptungen aufgestellt werden, an die sich immer neue Spekulationen ranken, daß ich nicht so lange warten sollte».

Barschel kündigt eine Pressekonferenz an, in der er «offensiv Rede und Antwort stehen» wolle; zuvor werde er aber die Fraktionen informieren, denn es handle sich um einen «schwerwiegenden Vorgang, der alle angeht, der mich zwar am meisten belastet, meine Partei belastet, aber in Wirklichkeit ja doch die Sauberkeit der parlamentarischen Demokratie belastet». Auf die Frage eines Fernseh-Reporters, ob er seinen Standpunkt mit seinem «Eid noch mal untermauern» werde, antwortet Barschel, er werde «das mit ganz anderen, vielleicht noch sehr viel wirkungsvolleren Mitteln und Worten» tun.

Barschel mag sich an die Ratschläge erinnert haben, die er selbst knapp drei Jahre zuvor dem damaligen Bundestagspräsidenten Rainer Barzel öffentlich erteilt hat. Seinerzeit war Barzel ins Zwielicht geraten, als bekannt wurde, daß er 1973 nach seinem Verzicht auf Partei- und Fraktionsvorsitz zugunsten Helmut Kohls in eine Frankfurter Anwaltssozietät eingetreten war und dort Gutachten für eine Flick-Firma erstellt hatte; spätere Ermittlungen eines parlamentarischen Untersuchungsausschusses und der Staatsanwaltschaft kamen zu dem Ergebnis, daß es sich hierbei um ein normales Mandatsverhältnis handelte. In einem «Welt»-Interview im November 1984 sagte Barschel: «Es war immer mein Eindruck im Laufe dieser Angelegenheit, daß es ein Fehler war zu sagen: Ich äußere mich erst vor dem Ausschuß. Und dabei zu bleiben, als nicht gleich ein Termin anberaumt wurde, sondern erst eine Woche später. Dies hätte der erfahrene Politiker Barzel wissen müssen.»

Auch grundsätzlich äußerte sich Barschel damals, wie sich die CDU gegenüber Mitgliedern verhalten sollte, die in eine kritische Situation geraten. Barschel 1984: «Ich will nicht ausschließen, daß es Parteifreunde gibt, die leider zu schnell bereit sind, Anschuldigungen oder Vorverurteilungen für bare Münze zu nehmen ... Jedenfalls muß die CDU eine offensive Strategie entwickeln, um nicht selbst in den Strudel solcher Art Stimmungsdemokratie hineingezogen zu werden.» Dazu gehöre «als erstes, daß sie den Bereich, der die Öffentlichkeit jetzt so interessiert, vollständig und schonungslos offenlegt, ohne Ansehen von Personen, Namen, Ämtern». Die CDU müsse aber auch «für den Fall, daß im Prozeß des Offenlegens der eine oder andere Sachverhalt zutage gefördert wird, der nach heutigen Maßstäben nicht zu rechtfertigen ist, bereit sein, Korrekturen vorzunehmen. Stichwort: Selbstreinigung».

Und dann erinnerte Barschel, als Beispiel für eine verfehlte Krisenbewältigung, «an den Selbstmord eines israelischen Ministers, der sich gegen Vorwürfe nicht verteidigen konnte, weil ihm die Unterlagen abhanden gekommen waren, doch durch einen Zufall stellte sich dann seine Unschuld heraus – inzwischen hatte er sich umgebracht».

Daß der an diesem Dienstag allseits erwartete Rücktritt Barschels dann noch nicht so schnell kommt, liegt weniger an Barschels Stehvermögen oder an mangelnder Rückendeckung durch seine Partei als vielmehr an der politischen Konstellation, die sich nach der Stimmenauszählung ergeben hat. Die Freidemokraten, auf die sich die geschwächte Union angewiesen sieht, zieren sich, ein christliberales Bündnis einzugehen: «Es gibt», verkündet der Landesverband, «keine personelle Beteiligung der FDP an einem Kabinett, über dem ein solcher Verdacht schwebt.»

Zusätzlich kompliziert wird die Situation für die CDU, als der SSW-Abgeordnete Meyer am nächsten Tag ankündigt, im Falle eines Barschel-Rücktritts «keinen anderen CDU-Ministerpräsidenten wählen» zu wollen. Nach Meyers Verständnis hätte dann «die stärkste Fraktion, und das ist die SPD, das Vorschlagsrecht». Allerdings müsse Engholm «natürlich sehen, daß er eine Mehrheit bekommt».

Damit ist das parlamentarische Patt besiegelt. Denn durch Meyers Schachzug werden die Union und ihr lädierter Spitzenmann fürs erste wieder zusammengeschweißt – ein Rücktritt Barschels verbietet sich, weil die Wunschkoalition von CDU und FDP über keine Mehrheit verfügt, die einen neuen Regierungschef wählen könnte. Aber auch die SPD kann zusammen mit Meyer nur 37 Stimmen aufbieten, es sei denn, in geheimer Abstimmung würde der eine oder andere Liberale für Engholm votieren. Ein offener Schwenk zur SPD kommt, zumindest zu diesem Zeitpunkt, für die FDP nicht in Frage. Dazu hat sie sich, hat sich vor allem ihr Vorsitzender Zumpfort, im Wahlkampf zu deutlich auf die Union als Wunschpartner festgelegt.

Am Mittwoch, dem 16. September, informiert Barschel die Fraktionen von CDU und FDP über seine Argumente, mit denen er Pfeiffers Vorwürfe entkräften will. Bei dieser Gelegenheit fragt der FDP-Abgeordnete Neithart Neitzel den Ministerpräsidenten, ob ihm Gerüchte bekannt seien, daß sich Pfeiffer beim Verfassungsschutz nach einer Wanze erkundigt habe. Barschel antwortet, davon wisse er nichts. Am Abend bestellt er den Innen-Staatssekretär Knack zu sich, der dem Regierungschef von dem Anruf eines «Pfeiffer» beim Kriminalpolizeiamt am 8. September berichtet.

Am selben Tag beginnt Barschel, sich für die zwei Tage später angesetzte Pressekonferenz zu rüsten, indem er enge Mitarbeiter bedrängt, seine Version, mit der er Pfeiffers Behauptungen widerlegen will, durch eidesstattliche Versicherungen zu stützen. Als erste spricht er seine Chefsekretärin Brigitte Eichler an. Sie soll bezeugen, daß im Januar keine Kopie der anonymen Steueranzeige beim Ministerpräsidenten eingegangen sei, daß Pfeiffer keineswegs zu Barschels engen Mitarbeitern gehörte und daß *sie* die Telefon-Techniker für den 8. September um 9 Uhr morgens bestellt habe.

Barschel hält dabei bereits, so Brigitte Eichler, «ein Blatt Papier in der Hand», sie geht deshalb «davon aus, daß der Text der Erklärung schon vorgegeben war». Sie ist einverstanden, die beiden ersten Punkte «gegenzuzeichnen». Den dritten Punkt will sie jedoch nicht auf ihren Eid nehmen. Sie entgegnet Barschel, er selbst habe doch «den Termin festgelegt», sie könne «nicht die Unwahrheit sagen». Daraufhin fragt der Regierungschef seine Sekretärin, ob sie religiös sei. Brigitte Eichler erwidert: «Religiös wohl nicht, aber ich glaube an Gott.» Darauf Barschel: «Ja, wollen Sie denn, daß die SPD an die Macht kommt?» Wortlos verläßt die Sekretärin das Amtszimmer des Ministerpräsidenten.

Brigitte Eichlers Kollegin Ilona Oberstein soll zunächst eine inhaltsgleiche eidesstattliche Erklärung abgeben. Als auch sie nicht bestätigen will, daß Barschel den Zeitpunkt der Telefon-Überprüfung nicht gekannt habe, sagt Barschel: «Ja, dann streichen wir das für beide.»

Am Donnerstag, dem 17. September, unterrichtet der Ministerpräsident morgens den Parlamentarischen Geschäftsführer der SPD-Fraktion, Gert Börnsen, den sozialdemokratischen Abgeordneten Uwe Jensen und den SSW-Vertreter Meyer, wie er den Anschuldigungen Pfeiffers entgegentreten wolle. Dabei erwähnt Barschel eine ihn entlastende Aussage seines Fahrers Heinrich Scheller: Dieser werde erklären, daß er am Abend des 8. September vom Autotelefon eine einzige Verbindung hergestellt habe, nämlich zu Freya Barschel – damit sei Pfeiffers Behauptung widerlegt, der Ministerpräsident habe ihn zu jener Zeit angerufen. Doch Scheller hat zu diesem Zeitpunkt noch gar keine Aussage gemacht, Barschel hat sie noch nicht einmal mit ihm besprochen.

Das geschieht erst anschließend, um die Mittagszeit. Zwanzig Minuten lang erörtert Barschel mit seinem Fahrer den Tagesablauf an jenem 8. September. Scheller erzählt «im Zeitablauf noch mal, wie das so gewesen ist», Barschel findet «die passenden Worte dafür» und diktiert sie der Sekretärin Oberstein ins Stenogramm. Dabei läßt sich Scheller ein Telefongespräch Barschels mit seiner Frau einreden, das überhaupt nicht stattgefunden hat. Aber niemand sagt ihm, welche Bedeutung eine eidesstattliche Versicherung hat, niemand klärt ihn über die strafrechtlichen Folgen einer Falschaussage auf. Als der Chauffeur später die Reinschrift unterzeichnet, ist er «ganz allein».

Den vorgefertigten Text der eidesstattlichen Versicherung, die Ehefrau Freya unterschreiben soll, bringt Barschel am späten Abend mit nach Mölln. Er enthält die Aussage, daß Pfeiffer am 1. Mai nur etwa anderthalb Stunden in ihrem Privathaus gewesen sei und daß ihr Mann am Morgen des 8. September «mit niemandem telefoniert» habe. Warum das angeblich am

Abend desselben Tages geführte Gespräch mit ihrem Mann in dieser Erklärung nicht enthalten ist, «weiß ich nicht», sagt Freya Barschel. Offenbar ist Barschel aus Versehen in diesem Punkt die Wahrheit unterlaufen.

Es ist die größte Ansammlung von Journalisten, die es in Kiel je gab. Gestärkt von einem Telefonat, das er soeben mit dem Bundeskanzler geführt hat, «durchtragen von einem Gefühl der Sicherheit», das ihm sein «reines Gewissen» vermittelt, betritt Barschel am 18. September um 11 Uhr den «Schleswig-Holstein-Saal» des Landeshauses.

Er hat sich vorgenommen, als Herr der Lage aufzutreten. Doch es bereitet ihm sichtlich Mühe, beherrscht und gefaßt zu wirken, als er hinter einer Galerie von Mikrofonen Platz nimmt. Ein schriller Pfeifton bringt ihn sogleich um die selbstauferlegte Kontenance: «Ich bitte zunächst einmal, die Akustik in Ordnung zu bringen», sagt er mit schneidender Schärfe, «das ist doch übersteuert.» Seinem Ahrendsen, der neben ihm sitzt, zischt er zu: «Daß das noch nicht mal klappt.» Auch ein witzig gemeinter Zwischenruf eines Journalisten vermag die verkrampfte Spannung nicht zu lösen. Geschäftsmäßig registriert Barschel den Einwurf: «Ich bedanke mich für den Humor heute morgen.»

Fast vier Stunden dauert die Pressekonferenz, die vom dritten Fernsehprogramm direkt und in voller Länge übertragen wird. Er «gedenke», sagt Barschel eingangs, «alles auf den Tisch zu legen, alles, was mir bekannt ist». Barschel gibt eine streckenweise beeindruckende Vorstellung, indem er scheinbar Punkt für Punkt der Pfeifferschen Anschuldigungen zerpflückt. Seine Darstellung bekräftigt er mit einer eigenen und acht weiteren eidesstattlichen Versicherungen.

Zur Bespitzelung Engholms sagt Barschel: «Ich kenne Herrn Piel nicht ... Geschäftsbeziehungen zwischen der Firma Schwarzkopf und der Detektei Piel sind mir nicht bekannt.»

Zur Steuerdenunziation erklärt er: «Ich habe inzwischen auch den Anzeigentext, den anonymen Anzeigentext, eingegangen beim Finanzamt Lübeck, gelesen, weil ich ja gestern zeugenschaftlich durch die Staatsanwaltschaft ... vernommen worden bin.» In der eidesstattlichen Versicherung heißt es, sehr bestimmt: «Ich habe eine solche Kopie bis zum 15. 9. 1987 nie erhalten oder gesehen.» Die Staatsanwaltschaft hat sie ihm zwei Tage vor seiner Vernehmung ausgehändigt.

Den privaten Besuch Pfeiffers am 1. Mai verknüpft Barschel listig mit einem Sachverhalt, der im SPIEGEL gar nicht in diesem Zusammenhang dargestellt worden war, der aber die Besuchsdauer unglaubhaft erscheinen läßt: «Im SPIEGEL findet sich der Vorwurf, Pfeiffer hätte mit mir in meinem Möllner Haus ein achtstündiges Gespräch geführt über eine 35-Punkte-Liste, Public-Relations-Tips betreffend. Ich kenne einen solchen Katalog nicht. Ich habe auch mit Pfeiffer über solche Tips oder einen solchen Katalog nie geredet.»

Zur Aktion Wanze äußert Barschel, nachdem er Telefonate zu den von Pfeiffer genannten Zeiten kategorisch bestritten hat: «Ein Blick in meinen Terminkalender wird jedermann überzeugen, daß ich auch in der noch freien Zeit – mein Kalender war an diesem Tag außerordentlich dicht gedrängt –, wenn überhaupt, nur in Gegenwart von Zeugen telefoniert haben könnte.» Tatsächlich stehen im Kalender lediglich zwei Termine: die Buchpräsentation in Mölln morgens um neun und der Besuch bei der «Bild»-Zeitung in Hamburg ab 17 Uhr.

Eineinviertel Stunden lang spricht Barschel mit einer Konzentrationsfähigkeit, die am Ende einer strapaziösen Woche auf die Beobachter erstaunlich wirkt. Er scheint über eine eiserne und unerschöpfliche Energie zu verfügen. Bei genauerem Hinhören wird jedoch deutlich, daß er sich häufig verspricht, Sätze unvollendet abbricht oder merkwürdige Satz-Ungetüme produziert. So verliert sich eine markant gedachte Aussage in einem Wortschwall: «Ich habe die Hoffnung und bis zum heutigen Tage auch durch mein Gottvertrauen und die Geborgenheit meiner Familie und den Rückhalt meiner Freunde, daß ich die Kraft haben werde, dieser Kampagne zu widerstehen.»

An den Schluß seines langen Monologs setzt Barschel einen

effektvollen Höhepunkt: «Über diese Ihnen gleich vorzulegenden eidesstattlichen Versicherungen hinaus gebe ich Ihnen, gebe ich den Bürgerinnen und Bürgern des Landes Schleswig-Holsteins und der gesamten deutschen Öffentlichkeit mein Ehrenwort, ich wiederhole, ich gebe Ihnen mein Ehrenwort, daß die gegen mich erhobenen Vorwürfe haltlos sind.»

Zur Person Pfeiffers verliest anschließend Barschels Stellvertreter Henning Schwarz ein umfangreiches Sündenregister. Er zieht dafür Gerichtsurteile ebenso heran wie staatsanwaltschaftliche Ermittlungsverfahren, wobei unklar bleibt, woher er die Erkenntnisse hat, ferner telefonisch zugetragene Gerüchte, «über deren Seriosität» sich Schwarz, wie er später zugibt, zum Teil selbst «nicht sicher» ist. Die Absicht in diesem Augenblick ist klar: Der Ex-Mitarbeiter soll als notorischer Gesetzesbrecher und Charakterlump vorgeführt werden, der selbstverständlich weniger glaubwürdig ist als ein unbescholtener Ministerpräsident. Die Feststellung, daß Pfeiffer «zu keinem Zeitpunkt Aufträge zur Überwachung und Beobachtung erhalten» habe, gründet Schwarz allein auf die Auskunft Behnkes, dies stehe «nicht in der offiziellen Aufgabenbeschreibung des Herrn Pfeiffer». Daß Pfeiffer auf Empfehlung des Springer-Verlags in die Staatskanzlei kam, verschweigt Schwarz, obwohl ihn Behnke darüber informiert hat.

«Unter vernünftiger Berücksichtigung der bekanntgewordenen Tatsachen», resümiert Schwarz, «kann niemand die perfiden Anschuldigungen Pfeiffers für wahr halten. Die Beweisgrundlage für die ehrabschneiderische Berichterstattung des SPIEGEL ist damit zerbrochen. Der Zeitpunkt ist gekommen, in dem der SPIEGEL ernsthafte Beweisangebote liefert oder – da dies nicht möglich ist – seine unwahre Berichterstattung zurücknimmt.»

Schwarz beteiligt sich an einer Farce. Barschel hat ihn, den «mit Abstand dienstältesten Minister in meinem Kabinett», beauftragt, die Einstellung Pfeiffers in die Staatskanzlei «ohne Ansehen von Personen», wie er sagt, zu prüfen. Barschel erweckt damit den Eindruck einer objektiven Untersuchung.

Schwarz hingegen versteht die Aufforderung dahin, sich «an der öffentlichen Verteidigung des Ministerpräsidenten zu beteiligen».

Noch in einem weiteren Detail merkt Schwarz, wie er freilich erst Monate später zugibt, «daß Uwe Barschel mich belog». Den Journalisten fällt auf, daß die Pressekonferenz nicht von Regierungssprecher Behnke, sondern von Vize Ahrendsen geleitet wird. Darauf angesprochen, tut Barschel ahnungslos: «Ich höre, er hat einen Termin, und das muß Herr Ahrendsen Ihnen sagen.» Ahrendsen: «Er hat einen auswärtigen Termin wahrzunehmen, Einzelheiten kann ich dazu im Moment nicht sagen.» Behnke selbst hat Schwarz jedoch an diesem Morgen mitgeteilt, er bleibe «auf Wunsch des Ministerpräsidenten» der Pressekonferenz fern.

Das Spektakel im Kieler Landeshaus verfehlt seine beabsichtigte Wirkung nicht. Es ist Barschels großer Medientag. Die angeblichen Fakten sind auf Anhieb nicht nachzuprüfen, so steht einstweilen Aussage gegen Aussage. Das Bündel eidesstattlicher Versicherungen imponiert vielen mehr als scharfsinnige Logik, das pathetische Ehrenwort betäubt die kritische Vernunft. Die öffentliche Diskussion ist wieder, wie schon zu Beginn der Woche, aufs Emotionale reduziert: ob einer übel beleumundeten Gestalt wie Pfeiffer mehr Glauben geschenkt werden kann als einem rechtschaffenen Politiker.

Viele Zeitungskommentatoren sehen eine «SPIEGEL-Affäre» heraufdämmern, «Waterkantgate oder Spiegelgate», hatte bereits der «Stern» die Zweifler bestärkt, in einer hämischen Story, die eher vom Konkurrenzneid als vom Drang zur Sachaufklärung diktiert war. Auch «Zeit»-Chefredakteur Theo Sommer erhebt Einwände, freilich handwerkliche, die er später selbst als «Beckmesserei» bezeichnet: «Mag sein, daß der SPIEGEL geschludert, aber dennoch den Braten richtig gerochen hat.»

Für den Kieler Funkhaus-Chef Henning Röhl ist der Fall wunschgemäß gelöst: Es werde Barschel «ein leichtes sein», sagt er in einem NDR-Kommentar voraus, die «nächste Legislaturperiode als Ministerpräsident» zu überstehen, Rücktrittsforderungen seien «absurd».

Auf wessen Seite die Blätter des Springer-Konzerns stehen, ist keine Frage. Gerhard Mumme, stellvertretender Chefredakteur und Politik-Chef der «Bild»-Zeitung, schreibt am Tag nach der «Ehrenwort-Pressekonferenz»: «Es war ein Auftritt, mit dem er (Barschel) deutlich gemacht hat, auf was für eine zwielichtige Figur der SPIEGEL seine Vorwürfe allein gestützt hat ... Der SPIEGEL selbst ist jetzt in der Pflicht, in kürzester Zeit Beweise und Fakten auf den Tisch zu legen. Kann er das nicht, dann müssen Konsequenzen gezogen werden, auch um der Glaubwürdigkeit der deutschen Presse willen.»

Der Satz aus der Feder irgendeines «Bild»-Verantwortlichen wäre schon komisch genug. Doch Mumme, der in diesem Stil munter so weiterkommentiert (am Montag: «Der SPIEGEL verspielt seinen Ruf»), hat gerade in dieser Affäre seine Reputation längst verloren. Er war der Empfänger jenes anonymen Schreibens, in dem Engholm angedichtet wurde, er sei Aids-krank, und das ihm im April von dem «Bild»-Mitarbeiter Plogmann mit dessen Visitenkarte und dem Hinweis zugesandt worden war: «Weitere Informationen hat H. Pfeiffer, Landesregierung.» Statt als Journalist dieser Spur, nämlich dem anstößigen Treiben des Barschel-Mitarbeiters, nachzugehen, prüfte Mumme die Information im Sinne eines rechten Propaganda-Experten: Das Rufmord-Material gegen Engholm war ihm «zu dünn», *deshalb* verwertete er es nicht. Den Skandal in der Staatskanzlei aufzugreifen, der dick genug gewesen wäre für eine «Bild»-Sensation, kam ihm gar nicht in den Sinn.

Möglicherweise war Mumme auch daran beteiligt, dem bedrängten Ministerpräsidenten mit einem falschen Alibi zu helfen. Freya Barschel berichtet später, ihr Mann habe, wahrscheinlich noch vor der Ehrenwort-Pressekonferenz, in ihrem Möllner Haus mit Ahrendsen und einem «Herrn von der ‹Bild›-Zeitung» den «zeitlichen Ablauf am Abend des 8. 9. 1987 durchgesprochen». Es könne sich, meint Freya Barschel, «um Herrn Mumme handeln»; Mumme bestreitet, zu dieser Zeit im

Haus Barschels gewesen zu sein, Freya Barschel kann sich allerdings auch «nicht genau daran erinnern, ob dieses Gespräch überhaupt in unserem Haus stattgefunden hat». Auf jeden Fall hat es ein Gespräch gegeben, an dem ein «Mann von der ‹Bild›-Zeitung» teilgenommen hat und bei dem sich die drei Beteiligten einig waren, daß sie das Springer-Haus an dem besagten Tag «erst kurz nach 20 Uhr verlassen» haben. Damit soll Barschels Einlassung gestützt werden, er habe um 20 Uhr gar nicht mit Pfeiffer wegen einer Wanze telefonieren können.

Freya Barschel macht noch eine andere überraschende Mitteilung: In derselben Runde habe Ahrendsen erklärt, er habe, «ohne daß mein Mann es wußte, aus dem stehenden Dienstfahrzeug meines Mannes Herrn Pfeiffer angerufen». Daß Barschel «von diesem Telefonat vorher keine Kenntnis hatte», habe sie «der Reaktion meines Mannes entnommen. Dieser war über die Äußerung von Herrn Ahrendsen überrascht». Wenn Freya Barschel die Situation richtig wiedergibt, hat sich Ahrendsen selbst als Entlastungszeuge angeboten für den – dann tatsächlich eingetretenen – Fall, daß ein um diese Zeit vom Autotelefon geführtes Ferngespräch mit Pfeiffer nachgewiesen wird.

Ahrendsen scheint überhaupt großen Eifer darauf zu verwenden, falsche Fährten zu legen. Am 20. September präsentiert «Bild am Sonntag» einen «neuen Kronzeugen» – gegen Pfeiffer. Der «schleswig-holsteinische Kaufmann» Günter Klaus Radue, meldet das Springer-Blatt, habe bei der Staatsanwaltschaft in Lübeck zu Protokoll gegeben, daß der Medienreferent Pfeiffer bereits am 18. August von ihm «drei bis vier Abhörgeräte, also ‹Wanzen›, kaufen» wollte – mithin «3 Wochen vor Barschels angeblichem Auftrag». Jener Pfeiffer, der sich «aus Kiel» gemeldet haben soll («Ich vertrete noch die Regierung, aber wir wollen einen Machtwechsel»), habe laut Radue erklärt, er handle im Auftrag einer «großen Hamburger Firma». Bei einem zweiten Anruf, zwei Tage später, habe der Mann sogar präzisiert: «Es steckt eine Zeitung dahinter.» Pfeiffer, soll damit suggeriert werden, sei seit Monaten von einem großen Unbekannten aus der Hamburger Medienszene gesteuert worden; gemeint ist offensichtlich SPIEGEL-Chefredakteur Böhme.

Radue ist jedoch nicht der ehrbare Kaufmann, als den ihn das Springer-Blatt vorstellt. Mit einer Transportvermittlungsfirma in Hamburg-Altona hat er Konkurs gemacht, acht Haftbefehle zur Abgabe einer eidesstattlichen Versicherung («Offenbarungseid») wurden deshalb ausgestellt, gegen ihn sind Verfahren wegen Konkursverschleppung und Scheckbetrugs anhängig. In St. Peter-Ording betreibt er, auf den Namen seiner Frau, die Gaststätte «Waldschenke» und ein Ladengeschäft.

Die windige Geschichte des CDU-Mitglieds Radue wäre nicht weiter bemerkenswert, wenn die Springer-Sonntagszeitung die abenteuerliche Verschwörungstheorie nicht so bereitwillig aufgegriffen hätte – und wenn nicht Telefonate Radues mit der Kieler Regierungszentrale vorausgegangen wären. Anfang der Woche hat Radue zunächst versucht, den Finanz-Staatssekretär Schleifer telefonisch zu erreichen – dessen Mutter, die «jeden Morgen bei mir Brötchen» holt, habe ihm die Telefonnummer gegeben, als sie sich im Laden über die Affäre unterhielten. Ihr Sohn sei, so Radue, «wegen des Wahlergebnisses und der Affäre sehr niedergedrückt».

Der Oberamtsrat Wolfgang Kühn, der in Schleifers Vorzimmer den Hörer abnahm, verwies Radue, da der Staatssekretär nicht erreichbar war, an Ahrendsen. Der Beamte hatte aufgrund der Äußerungen Radues zur SPIEGEL-Enthüllung den Eindruck, daß der Anrufer besser bei der Regierungspressestelle aufgehoben sei. Radue hat wohl bei mehreren Anrufen den Vize-Sprecher nicht angetroffen, so daß er um Rückruf bat. Dieser erfolgte am späten Vormittag des 16. September, etwa zur gleichen Zeit, als Barschel die Fraktionen von CDU und FDP über die Argumente zu seiner Verteidigung informierte.

Ahrendsen und Radue wollen sich, acht Minuten lang, nur allgemein über Wahlkampf-Aktivitäten in St. Peter-Ording unterhalten haben – als ob der Barschel-Vertraute in der kritischen Woche nichts Dringlicheres zu tun gehabt hätte. Daß über Radues Wanzengeschichte gesprochen wurde, bestreitet Ahrendsen, während Radue nicht ausschließen mag, daß das Stichwort Wanze gefallen ist. Immerhin suchte Radue bereits am nächsten Tag den Hamburger Rechtsanwalt Johann Christoph Duvigneau auf und erzählte ihm von den angeblichen Pfeiffer-Anrufen im August. Der Jurist riet Radue zu einer Aussage vor der Lübecker Staatsanwaltschaft, die er am Freitag, 18. September, zu Protokoll gab und sogleich an «Bild am Sonntag» weiterreichte.

Später rückt Radue von seiner Erzählung ab. Er könne «mit Sicherheit» sagen, daß Pfeiffer nicht der Anrufer gewesen sei. Zuvor stellte ein Sachverständiger jedoch bereits fest, daß die Notizen, die sich Radue auf einem Zettel während der Telefongespräche mit Pfeiffer gemacht haben will, «nicht datumsecht», heißt: nachträglich gefertigt waren.

Bereits einen Tag nach Veröffentlichung der «BamS»-Ente beruft sich Barschel auf den dubiosen Zeugen. Pfeiffer, behauptet der Ministerpräsident in einem dem SPIEGEL übermittelten Schriftsatz vom 21. September, habe nicht für die CDU intrigiert und bespitzeln lassen, sondern beabsichtigt, «im Interesse einer hinter Pfeiffer steckenden Zeitung einen Führungswechsel in Schleswig-Holstein herbeizuführen». Dieser Sachverhalt, erklärt Barschel allen Ernstes, sei «inzwischen von der Zeitung ‹Bild am Sonntag› aufgedeckt» worden – dank Radue. Auch dank Ahrendsen?

Daß Pfeiffer seine Untergrundkampagnen nur inszeniert habe, um der CDU zu schaden – diesen Verdacht sollte auch ein Telex wecken, das am 14. September bei den ARD-«Tagesthemen», bei der «Bunten» und bei «Bild» eingegangen war. Ein «W. Rochell, Inhaber der Firma Load» in Castrop-Rauxel, behauptete in dem Fernschreiben, er und «2 weitere integere Zeugen» hätten Pfeiffer zusammen mit SPIEGEL-Chefredakteur Böhme «am 18. 8. 1987 in Neumünster in einem Hotel» beobachtet – am selben Tag, an dem auch der «BamS»-Informant Radue von seinem Pfeiffer angerufen worden sein will. Dabei habe das Trio «Gelegenheit» gehabt, «am Nebentisch» ein Gespräch mitzuhören, in dem es um eine Wanzenaktion gegen den «Landesfürsten» gegangen sei. Pfeiffer soll gesagt haben: «Die Sache mit den Wanzen habe ich heute eingespielt, ich habe heute angerufen.»

Auch der Elektronikhändler Wilfried Rochell ist nicht gerade ein vertrauenswürdiger Zeuge. Im Sommer 1986 stand er in Dortmund vor dem Schöffengericht, weil er die Bundesbahn mit gefälschten Fahrkarten um rund 10 500 Mark betrogen hatte. Vor Gericht erzählte er, er habe für den Militärischen Abschirmdienst gearbeitet; der habe ihn «auf den Schlafwagenschaffner angesetzt, der im Verdacht geheimdienstlicher Tätigkeit stand». Für den Dortmunder Richter ist Rochell «ein Hochstapler hoch drei».

In ihrer Telefonkladde bewahrt die Ahrendsen-Sekretärin Christa Schacht außer der Telefonnummer Radues auch die von Rochell sowie einen Zettel mit Rochells Firmenbezeichnung und einem handschriftlichen Zusatz («14. 9.») von Ahrendsen auf. Den Zettel, sagt die Sekretärin, habe sie von Ahrendsen mit dem Hinweis erhalten, sie solle ihn aufheben für den Fall, daß er noch einmal gebraucht würde.

Ob Ahrendsen davon Gebrauch gemacht hat, läßt sich nicht beweisen. Dafür spricht, daß die «Bild»-Zeitung am 21. September, eine Woche nach Absendung des Fernschreibens, die Rochell-Story doch noch veröffentlicht – wenn auch zugleich mit dem Hinweis, daß der SPIEGEL eine Unterlassungsverfügung gegen Rochell erwirkt habe. Zuvor schon hatte Rochell gegenüber Journalisten seine Erzählung abgeschwächt: Die angebliche Beobachtung Böhmes und Pfeiffers habe nicht in einem Hotel, sondern in einer Stehbierkneipe stattgefunden; dabei habe Böhme hinter einer Blumenbank gestanden, so daß sein Bekannter nur Pfeiffer genau erkannt habe. Später gesteht Rochells Begleiter ein, daß die ganze Geschichte erfunden ist.

14
« Der liebe Gott bestimmt ja doch alles »

Rücktritt Barschels und Zweifel am Ehrenwort

Die Delegierten des CDU-Landesausschusses, die sich am 19. September im Kieler Yacht-Club versammeln, empfangen Barschel mit stürmischem Beifall. Sie stehen ganz unter dem Eindruck der Pressekonferenz vom Vortag. Einer spricht für alle im Saal, als er seine Empfindungen ausdrückt, «wie wohl mir der gestrige Tag getan hat und wie zuversichtlich ich geworden bin». Stoltenberg hält die «diffamierenden Anschuldigungen» Pfeiffers für «überzeugend widerlegt». Nachdem Barschel in den ersten Tagen nach der Wahl gezaudert und auf Zeitgewinn gesetzt hatte, empfinden die Christdemokraten die effektvolle Performance des Ministerpräsidenten als Befreiungsschlag. Doch der Selbstbetrug trägt nicht weit.

Am 21. September kommt Finanz-Staatssekretär Schleifer von einer Auslandsreise zurück. Über Barschels Ehrenwort-Pressekonferenz hat er sich bislang nur aus den Zeitungen informieren können. Auch jetzt hat er keine Zeit, sich eingehender mit den Einlassungen des Ministerpräsidenten zu beschäftigen – er muß sogleich an einem Koalitionsgespräch teilnehmen, in dem an diesem Tag die Haushalts- und Finanzpolitik erörtert wird. Daß FDP-Chef Zumpfort die CDU zum wiederholten Mal auffordert, «den Saustall auszumisten», halten die seit dem Freitag so optimistisch gestimmten Christdemokraten für parteitaktisch motiviertes Getöse. Die FDP, so scheint es vielen, will im Koalitionspoker ausreizen.

Anderntags legt Zumpfort allerdings noch drauf. Er führt zwar die Koalitionsverhandlungen weiter, weigert sich aber, zu den üblichen Statements am Ende der Sitzungen gemeinsam mit dem Ministerpräsidenten vor die Fernsehkameras zu treten. Er fürchte, erklärt der Liberale, «ein bißchen vereinnahmt zu werden», und wolle deshalb, bis zur Klärung aller Vorwürfe, nicht «eine Art Persilschein für den Herrn Barschel ausstellen».

Denn die Liberalen haben mittlerweile eine Reihe von Widersprüchen zwischen Barschels Aussagen und den bekanntgewordenen Tatsachen festgestellt. So weiß der stellvertretende FDP-Landesvorsitzende Wolfgang Kubicki von Behnke selbst, daß Barschel ihn ausdrücklich von der Teilnahme an der Pressekonferenz ausgeschlossen habe. Auch daß Barschel bei der Ehrenwort-Pressekonferenz mit keinem Wort erwähnte, bereits am 16. September durch Staatssekretär Knack über die Wanzen-Anfrage eines gewissen ‹Pfeiffer› beim Kriminalpolizeiamt informiert worden zu sein, wertet Zumpfort als «Ungereimtheit».

Eine weitere Diskrepanz entdeckt nun auch Carl Hermann Schleifer. Oberamtsrat Kühn macht den Staatssekretär darauf aufmerksam, daß die Behauptung Barschels, er habe von der Steueranzeige gegen Engholm bis zur SPIEGEL-Veröffentlichung keine Ahnung gehabt, mit dem eigenen Wissen nicht in Einklang zu bringen sei. Daraufhin, so Schleifer, befaßt er sich «erstmals gründlich» mit Barschels eidesstattlicher Versicherung. Dabei fällt ihm «die Passage auf», in der Barschel beteuert, er habe «eine solche Kopie bis zum 15. 9. 1987 nie erhalten oder gesehen». Schleifer bemerkt «einen möglichen Widerspruch zu dem Telefongespräch im Februar», bei dem er fest davon überzeugt war, daß der Regierungschef ebenfalls im Besitz des Anzeigentextes ist. Am 24. September spricht er mit Finanzminister Asmussen darüber, der sich «vor dem Hintergrund des eigentlich sehr präzisen und hervorragenden Gedächtnisses von Uwe Barschel» sicher ist, daß dieser sich an das Februar-Gespräch mit Schleifer erinnerte. Es gibt keinen Zweifel: Barschels Behauptung, «in Buchstaben gegossen», wie Asmussen sagt, läßt sich «glasklar vergleichen» mit den eigenen Kenntnissen. Asmussen und Schleifer sind sich «der Tragweite dieser Information bewußt» und verständigen sich darauf, «die notwendigen Schritte sorgfältig zu bedenken». Beiden ist klar, daß «das Problem eine weit über unser persönliches Verhältnis zu Dr. Barschel hinausgehende Dimension» hat. So vergehen weitere vier Tage, ehe Asmussen und Schleifer etwas unternehmen.

Mit Wissen der Staatsanwaltschaft fliegen Reiner Pfeiffer und Jutta Schröder am 22. September nach Portugal in Urlaub, um dem Trubel zu entgehen; sie hätten sich «abgesetzt», meldet der NDR – eines der Beispiele für «unprofessionelle, parteiliche und tendenziöse» Berichterstattung des Kieler Haussenders, wie die ARD-Chefredakteure rügen. Die Ruhe am Atlantik-Strand währt allerdings nicht lange, Reporter spüren Pfeiffer rasch auf, und so sind auch weiterhin fast täglich in deutschen Blättern Interviews mit dem Affären-Auslöser zu lesen.

Als «ungeheuerlichen Vorgang» bewerten schleswig-holsteinische Journalisten unterdessen einen «Maulkorb-Erlaß» (so die FDP) der Kieler Regierungspressestelle am 23. September: Auskünfte zur Affäre dürfen nicht mehr die Pressereferenten der einzelnen Kieler Ministerien erteilen, sondern nur noch die Regierungssprecher Behnke und Ahrendsen – also ausgerechnet diejenigen Beamten, die für die Einstellung und Kontrolle Pfeiffers zuständig waren und von ihm der Mitwisser- oder gar Mittäterschaft beschuldigt werden. Und die berufen sich sogleich auf gesetzliche Grenzen, die dem Informationsbedürfnis der Öffentlichkeit gezogen seien: Auskünfte über «Einzelheiten und Detailfragen, die den Stand der staatsanwaltschaftlichen Ermittlungen betreffen», könnten vor Abschluß des Verfahrens «nicht gegeben werden, um nicht in die Arbeit der Ermittlungsbehörden einzugreifen».

So verfestigt sich selbst bei Journalisten, die der Regierung sonst wohlgesonnen sind, der Eindruck, daß es in Kiel eine Menge zu vertuschen gibt. «Soll da etwas vernebelt werden?» fragt etwa das «Flensburger Tageblatt», dessen Chefredakteur Jost Springensguth früher CDU-Sprecher war. Verdunkeln wollen Union und Regierung offenbar alle Umstände, die darauf hindeuten, daß Pfeiffer mit Duldung oder auf Anweisung seiner Vorgesetzten als Undercover-Wahlkämpfer tätig war. Denn die Maulkorb-Anweisung ergeht unmittelbar nach einer wohl als zu informationsfreudig empfundenen Mitteilung des Kieler Innenministeriums, daß ein «Pfeiffer» sich bereits am 19. März beim Landesamt für Verfassungsschutz um Material gegen die Grünen bemüht und im Kriminalpolizeiamt am 8. September nach einer Wanze gefragt haben soll. Unionspolitiker wie der Kieler Fraktionsvorsitzende Klaus Kribben versuchen Pfeiffer beharrlich als «Einzeltäter» hinzustellen, dessen «Tätigkeit uns verborgen geblieben ist» (Behnke).

Auch konservative Blätter halten diese Version für hanebüchen. «Angenommen», schreibt das «Handelsblatt», «Pfeiffer hätte politische Hintermänner außerhalb der Kieler Staatskanzlei oder er hätte – aus welchen Motiven auch immer – auf eigene Faust und ohne das Wissen seiner Vorgesetzten gehandelt, dann müßte er eine Art Top-Agent sein, an dessen Kaltschnäuzigkeit sich noch ein James Bond ein Beispiel nehmen könnte.»

Gerade so, als gelte es, eine falsche Fährte zu legen, Pfeiffer als Alleintäter hinzustellen und damit die Shampoo-Connection Barschel/Ballhaus aus der Schußlinie zu bringen, läßt der Detektiv Piel über seinen Anwalt Rembert Brieske eine Rechnung über 11 000 Mark an Pfeiffer schicken: «Sie hatten», heißt es im Begleitschreiben, «als Sprecher der CDU Schleswig-Holstein im Januar 1987 unseren Mandanten beauftragt, Herrn Björn Engholm zu observieren. Unser Mandant hat diese Leistung durch sein Detektivbüro erbracht.» Und damit für jeden erkennbar wird, daß Pfeiffer aus eigenem Antrieb gehandelt habe, fügt Brieske hinzu: «Sie haben bei dem Gespräch nicht ausdrücklich erklärt, daß Sie im Namen eines Dritten aufträten, so daß wir davon ausgehen, daß Sie persönlich die Rechnung begleichen. Sollten Sie im Auftrag der CDU gehandelt haben, als deren Pressesprecher Sie sich bezeichnet haben, so steht es Ihnen natürlich frei, die Rechnung durch die CDU Kiel ausgleichen zu lassen.»

Ein Doppel schickt Brieske an die schleswig-holsteinische CDU, «da wir nicht wissen, ob Herr Pfeiffer in Ihrem Auftrag gehandelt hat». Mit gespielter Empörung («Ungeheuerlichkeit») läßt Generalsekretär Reichardt die Rechnung postwendend zurückgehen. Das Manöver ist jedoch allzu durchsichtig: Die Spitzel-Spuren sollen bei Pfeiffer oder im Nebel enden, damit Barschel im Amt gehalten werden kann.

Barschel selbst deutet am 23. September die Möglichkeit eines Rücktritts an: «Wenn ich zu dem Ergebnis komme, daß ich persönliche Fehler gemacht habe, dann trete ich auch gegen Ratschläge anderer zurück, die vielleicht machttaktisch meinten, ich sollte im Amt bleiben.» Er habe, sagt er, dem Landesvorsitzenden Stoltenberg bereits am 15. September seinen Rücktritt angeboten, doch «die Fraktion, die Partei, Gerhard Stoltenberg selbst haben mir dringend empfohlen, im Amte zu bleiben, diese gegen mich gerichtete Kampagne durchzustehen».

In diesen Formulierungen schimmert der Hinweis durch, daß Barschel seine Sache bereits zwei Tage nach der Wahl verlorengegeben hat. Er muß wissen, daß die «Aufklärung», die er «in kürzester Zeit» erreichen will, nur den Nachweis seiner Verstrickung erbringen kann. Die vor der Wahl vielleicht noch gehegte Hoffnung, daß er nach einem Wahlsieg trotz der Anschuldigungen Pfeiffers weiterregieren könnte, sind durch das parlamentarische Patt obsolet geworden. Nur der ungünstige Wahlausgang, davon ist Barschel überzeugt, nötigt ihn, sich zu verteidigen: «Uns fehlen etwa 1600 Stimmen an dem 34. Mandat.» Der Satz ist verräterisch.

Zunächst ließ sich Barschel von den machttaktischen Durchhalteparolen der nordelbischen CDU vereinnahmen, obschon die Lage für ihn erkennbar aussichtslos wurde. Möglicherweise glaubte er auch, daß die Solidarität der Parteifreunde, das Streben der FDP nach Regierungsteilhabe, die Gunst der schwarz durchwirkten schleswig-holsteinischen Justiz und der Beifall der konservativ getrimmten heimischen Medien für seine «lückenlose Beweiskette» (so die «Kieler

Nachrichten») ihm das politische Überleben sichern würden. Immerhin stehen die Koalitionsverhandlungen mit der FDP vor einem erfolgreichen Abschluß, jedenfalls in den Sachfragen. Über personelle Entscheidungen wollen die Liberalen erst reden, wenn Pfeiffers Vorwürfe ausgeräumt sind.

Gleichwohl sind Freunde wie Gegner überrascht, als Barschel am 25. September kurz nach 13 Uhr – im selben Saal des Landeshauses, wo er eine Woche zuvor das Ehrenwort gegeben hatte – seinen Rücktritt ankündigt: Nur noch bis zum 2. Oktober, wenn der neue Landtag zusammentritt, werde er «die Amtsgeschäfte weiterführen», danach soll «bis auf weiteres» sein Stellvertreter Henning Schwarz die Landesregierung «geschäftsführend leiten».

Am Donnerstagabend hat er den Entschluß seiner Frau «zu Hause in Mölln mitgeteilt». Freya Barschel «war etwas überrascht, weil es noch am Morgen geheißen hatte, er wolle nicht zurücktreten». Allerdings hat er ihr «nicht erzählt, was genau ihn dazu bewogen hat». Das Kabinett hat Barschel, so Finanzminister Asmussen, eine Stunde vor der Rücktrittsankündigung «zusammengetrommelt» und «seinen Beschluß uns mitgeteilt»; damit habe «zu diesem Zeitpunkt keiner gerechnet». FDP-Chef Zumpfort erfährt mittags aus dem Radio, daß eine Pressekonferenz einberufen worden sei, auf der Barschel wahrscheinlich seinen Amtsverzicht bekanntgeben werde. Björn Engholm, der auf der Rückreise von Frankfurt in der Ankunftshalle des Hamburger Flughafens auf den Barschel-Rücktritt angesprochen wird, reagiert verblüfft: «Was? Wieso heute?»

Die plötzliche Entscheidung wurde wahrscheinlich durch eine Nachricht bestimmt, die Barschel tags zuvor erhalten hat: daß ein Computer im Kieler Innenministerium alle von den Dienstapparaten des Landeshauses geführten Telefonate mit Uhrzeit, Dauer und Nummer des Gesprächsteilnehmers exakt registriert und daß darüber hinaus bei der Fernmelderechnungsstelle in Mannheim zentral sämtliche Autotelefon-Gespräche in der Bundesrepublik festgehalten werden. Barschel muß mit einem Schlag erkannt haben, daß sich Anrufe, die er bisher strikt leugnete, auf diese Weise ausnahmslos nachweisen lassen. Bei seiner Ehrenwort-Pressekonferenz war ihm dies offenbar noch nicht geläufig. Auf Fragen eines Journalisten antwortete er unsicher: «Mir hat das irgendwann jetzt neulich in den letzten Tagen mal jemand gesagt, daß bei einem Teil der Telefone der Landesregierung, soweit es neue Anlagen sind, dies in begrenzter Weise möglich ist ... Ich kann Ihnen zu dieser technischen Detailfrage keine abschließende Auskunft geben.»

Offiziell begründet Barschel seine Abdankung damit, daß er für «die Taten Pfeiffers», die «aus der Pressestelle der Landesregierung heraus begangen wurden», die «politische Verantwortung» übernehme, «obwohl sie ohne mein Mitwirken und auch ohne mein Mitwissen geschehen sind». Außerdem sehe er «nach den Erklärungen des FDP-Vorsitzenden Zumpfort» nicht, «wie unter meiner Führung eine Koalition des Vertrauens zustande kommen könnte». Zumpforts demonstrative Weigerung, mit ihm gemeinsam vor Kameras aufzutreten, bezeichnet Barschel als «öffentliche Vorverurteilung».

Hellsichtig kommentiert die «Neue Zürcher Zeitung» am 27. September: «Barschel hat die sich aufdrängende Konsequenz gezogen – ziemlich spät allerdings und möglicherweise zu spät für sein persönliches Wohl, könnte es doch sein, daß ihn seine Ehrenworte und eidesstattlichen Erklärungen, er habe von allem nichts gewußt, noch teuer zu stehen kommen, wenn einmal die Fakten auf dem Tisch liegen.»

Eine entscheidende Tatsache, durch die er der Lüge überführt würde, weiß Barschel, ist das Telefongespräch, das er am Abend des 8. September auf der Rückfahrt von der Hamburger «Bild»-Redaktion aus seinem Dienstwagen mit Pfeiffer geführt hat, um ihn nach dem Ausgang seiner Bemühungen um eine Wanze zu fragen. Barschel ist klar, daß die Post den Zeitpunkt dieses Anrufs auf die Minute genau angeben kann. Weil es in einem deutlich erkennbaren Widerspruch zu seiner eidesstattlichen Versicherung steht, er habe aus dem Auto überhaupt nur mit seiner Frau in Mölln telefoniert, muß Barschel jemanden finden, der ihm ein plausibles Alibi liefern kann.

Am Vormittag des 27. September, einem Sonntag, ruft Barschel seinen Vertrauten Herwig Ahrendsen zu Hause an. Er bittet Ahrendsen dringend, zu ihm nach Mölln zu kommen, um, wie der Beamte sagt, «mit mir über seine und meine Zukunft zu reden». Der Regierungsdirektor, dem die Nachfolge Behnkes als Staatssekretär und Regierungssprecher von Barschel zugesichert worden war, hat gleich nach der Rücktrittserklärung am Freitag seine Versetzung zur Oberfinanzdirektion beantragt. Um 14 Uhr trifft Ahrendsen bei Barschel ein, findet ihn «verzweifelt» an. Gemeinsam gehen sie in dem weitläufigen Garten spazieren. Barschel bittet Ahrendsen, ihm «in einem Punkt zu helfen» und das Telefongespräch, so Ahrendsen, «auf meine Kappe zu nehmen».

Barschel verschweigt nach Ahrendsens Darstellung, «daß er bei diesem Telefonat mit Pfeiffer wohl doch über die Wanze gesprochen hatte, die dieser ihm besorgen sollte». Barschel argumentiert, «ihm würde in der jetzigen Situation kein Mensch glauben», daß er Pfeiffer nur wegen des «Kindersex»-Artikels in der Wahlkampfzeitung abgemahnt und sich nicht nach der Telefonwanze erkundigt habe. Laut Ahrendsen verheimlicht ihm Barschel auch, daß er in derselben Sache bereits am Morgen und Mittag des 8. September mit Pfeiffer telefoniert hat.

Ahrendsen denkt an Barschels Flugzeugabsturz, hat «Mitleid mit ihm». Schließlich willigt er «schweren Herzens» ein, obwohl er «als Jurist» weiß, worauf er sich da einläßt. «Einen Vorteil» für sich persönlich verspricht sich Ahrendsen davon nicht, denn als nur noch wenige Tage amtierender Regierungchef kann Barschel «nichts mehr für mich tun». Sein Gewissen beruhigt Ahrendsen damit, daß er «den amtierenden Ministerpräsidenten und nicht irgendeinen Kriminellen» deckt. Daß Barschel bereits seine Sekretärinnen und seinen Fahrer Scheller zu Falschaussagen in ihren eidesstattlichen Erklärungen veranlaßt hat, weiß Ahrendsen angeblich nicht. Seine Einlassung, von Barschel zu einer Lüge genötigt worden zu sein, steht jedoch im Widerspruch zu Freya Barschels Aussage, wonach sich Ahrendsen selbst als Entlastungszeuge angeboten habe.

Barschels Erinnerungsvermögen an den Zeitablauf an jenem 8. September ist nach Ahrendsens Angaben «sehr lükkenhaft», er meint, das Telefongespräch gegen 20.10 Uhr geführt zu haben. Ahrendsen «zittert jede Nacht, daß diese Uhrzeit stimmen möge».

Am 30. September kündigt der Kieler Rechtsanwalt Michael Kohlhaas, der Barschels eidesstattliche Versicherung beurkundet hat, der Lübecker Staatsanwaltschaft telefonisch eine Überraschung an. «Wir sollten nicht erstaunt sein», notieren die Ermittler in einem Aktenvermerk über den Anruf des Anwalts, der den Staatsanwälten rät, aus der Computerliste der Post über die von Barschels Autotelefon geführten Gespräche nicht den naheliegenden Schluß zu ziehen, Barschel selbst habe am Abend des 8. September seinen Medienreferenten angerufen. Pfeiffers Privatnummer habe vielmehr ein anderer angewählt – Ahrendsen. Der meldet sich anderntags selbst bei der Lübecker Behörde und gibt seine Aussage zu Protokoll, er habe im Anschluß an einen Besuch Barschels in der Hamburger «Bild»-Redaktion aus dem beim Verlagshaus stehenden Auto mit Pfeiffer telefoniert.

Während Ahrendsen die falsche Fährte legt, gerät jedoch ein anderer Stützpfeiler in Barschels Verteidigung bereits ins Wanken. Am 28. September berichten Finanzminister Asmussen und Staatssekretär Schleifer dem CDU-Fraktionschef Kribben, daß nach ihrer Kenntnis im Januar auch Barschel eine Kopie der anonymen Steueranzeige erhalten hat, obschon er dies an Eides Statt bestreitet. Asmussen und Schleifer schlagen vor, Partei- und Fraktionsvorstand sollten die Sache mit Barschel klären, dies sei «kein Problem für ein Vier-Augen-Gespräch». Laut Kribben ist die Anregung, den Widerspruch in so großer Runde zu erörtern, «nicht an mich herangetragen worden». Er informiert sogleich den Landesvorsitzenden Stoltenberg. Die beiden Spitzenleute von Landespartei und Landtagsfraktion sind somit im Bilde, daß Barschel zumindest in diesem Punkt gelogen hat, was immer er zu seiner Rechtfertigung vortragen mag – zum Beispiel «eine Gedächtnislücke als Folge des Flugzeugabsturzes», wie Stoltenberg zur eigenen Beruhigung vermuten möchte.

Stoltenberg und Kribben vereinbaren, daß «jeder für sich und unter vier Augen» mit Barschel sprechen und ihm «Hilfe anbieten» soll. Falls Barschel in allen Punkten bei seiner Aussage bliebe, sei es nicht Sache eines Parteigremiums, Zweifel zu klären, sondern allein des Untersuchungsausschusses oder der Justiz.

Noch am selben Tag führt der Landesvorsitzende das Gespräch mit Barschel, der sich, so Stoltenberg, «in einer ausgesprochen schlechten Verfassung» befindet. Sein Arzt, sagt Barschel laut Stoltenberg, habe ihm geraten, sich zu «schonen und möglichst schnell in Urlaub zu fahren». Er wolle deshalb «jetzt keine Detaildiskussion führen», Stoltenberg könne sich «auf alles verlassen», was er seit dem 13. September den Parteigremien und der Öffentlichkeit gesagt habe. Er werde im Untersuchungsausschuß die Vorwürfe «Punkt für Punkt widerlegen». Stoltenberg läßt es dabei bewenden.

Kribben redet am 30. September mit Barschel. Ohne seine Informanten Asmussen und Schleifer zu nennen, fragt Kribben ganz allgemein, ob es «irgend etwas» gebe, was durch Barschels bisherige Äußerungen «nicht voll abgedeckt» sei und was er «als Fraktionsvorsitzender wissen sollte». Barschel erwidert, so Kribben, daß sich die Fraktion «und Sie auch persönlich» darauf verlassen könnten: «Alles, was ich bisher gesagt habe, entspricht der Wahrheit.» Auch Kribben gibt sich damit zufrieden. Der CDU-Fraktionschef ist jedenfalls im Bild, daß Barschels Ehrenwort zumindest in einem Punkt fragwürdig ist. Aber die Union klebt viel zu sehr an der Macht, als daß sie vorhandene Zweifel ausloten möchte. Sie hofft noch immer darauf, die volle Legislaturperiode im Bündnis mit der FDP und mit Duldung durch den SSW-Abgeordneten Meyer durchstehen zu können. Engholms Forderung, man müsse «so schnell wie möglich zu Neuwahlen kommen», weil das die sauberste Lösung sei, lehnt Kribben strikt ab: Neuwahlen seien «die letzte Möglichkeit, an die zur Zeit niemand denken sollte». Die CDU fürchtet Neuwahlen wie der Teufel das Weihwasser.

Die Angst der Union vor dem Wähler-Votum ist begründet. Nach Lage der Dinge kann sie nicht damit rechnen, ihr ohnehin schlechtes Wahlergebnis vom 13. September zu verbessern. Die CDU will eine Entscheidung im Landtag herbeiführen. Deshalb soll ihr Kandidat für das Amt des Ministerpräsidenten (wofür Kribben am 6. Oktober nominiert wird) Ende Oktober «nicht nur in ein, zwei, drei Wahlgängen» antreten, wie der Fraktionschef ankündigt, sondern zur Not auch in «erheblich mehr» – wenn es sein muß, so lange, bis irgendein Überläufer, angeworben oder unter Druck gesetzt, dem Patt im Parlament ein Ende macht.

Obwohl Karl Otto Meyer mehrfach bekräftigt hat, daß er keinen Unions-Bewerber unterstützen werde, beharrt Kribben darauf, daß die Worte des Südschleswigers «noch ein wenig interpretationsfähig» seien. Zwar gilt der dänische Deutsche, ein ehemaliger Lehrer und Schafzüchter, den Christdemokraten – laut Reichardts Strategiepapier – «in entscheidenden Fragen» als «Gehilfe der SPD»; aber wenn es um die Mehrheitsbeschaffung geht, darf er sich auch schon mal als CDU-Nothelfer bewähren.

«Man darf doch», poltert aus München der CSU-Chef Franz Josef Strauß, «ein Bundesland nicht von einem Dänen regieren lassen.» In anonymen Briefen und Anrufen wird Meyer als «stinkender Affe» und «roter Verbrecher» beschimpft – so heftig, daß Generalbundesanwalt Kurt Rebmann Ermittlungen aufnimmt und der Abgeordnete ankündigt, er werde nun einen Waffenschein beantragen. Meyer läßt sich weder durch Drohungen noch durch abfällige Bemerkungen umstimmen, er sei als Vertreter der dänischen Minderheit gewissermaßen nur ein Parlamentarier zweiter Klasse.

Für den Fall, daß die Wunschpartner CDU und FDP ihren

Kandidaten im Landtag nicht durchbringen, bietet sich auch noch die Möglichkeit an, daß der Interims-Regent Schwarz für längere Zeit amtiert, womöglich sogar bis 1991. Zwar darf ein geschäftsführender Ministerpräsident, wie der Jurist Barschel selbst einmal in einem Kommentar zur Landessatzung ausgeführt hat, «nur die laufenden Geschäfte» führen und keine «politischen Beschlüsse von Bedeutung fassen». Aber die Auflösung des Landtags kann nach der schleswig-holsteinischen Verfassung nur der Ministerpräsident beantragen. Damit hat Schwarz, wie er später betont, «den Schlüssel zu Neuwahlen in der Hand».

Als Uwe Barschel am 2. Oktober zur konstituierenden Sitzung des neugewählten Landtags den Plenarsaal betritt, meiden die Abgeordneten jeden Kontakt mit ihm. Scheu wie ein Neuling reiht er sich in die Schlange ein, um sich in die Anwesenheitsliste einzutragen. Niemand spricht ihn an, als er zu seinem Platz schleicht. Der CDU-Abgeordnete Fritz Latendorf, der rechts neben Barschel sitzt, blättert geschäftig in seinen Papieren. FDP-Chef Zumpfort, der noch tags zuvor die Sitzordnung geändert wissen wollte, damit die Liberalen nicht neben Barschel plaziert werden, schaut bemüht weg.

Tonlos verliest die neue Landtagspräsidentin, die Sozialdemokratin Lianne Paulina-Mürl, Barschels Rücktrittserklärung. Als sie ohne Übergang sagt: «Damit kommen wir zu Punkt vier der Tagesordnung», rutscht der nunmehr ehemalige Ministerpräsident noch tiefer in seinen Sessel. Glanzloses Ende einer glänzenden Karriere. So steil Barschels Aufstieg war, so tief ist der Sturz ins Bodenlose.

Einstimmig beschließt der Landtag die Einsetzung eines parlamentarischen Untersuchungsausschusses. Sein Auftrag lautet: «Aufklärung von eventuell rechtswidrigen Handlungen und Unterlassungen des Ministerpräsidenten Dr. Barschel, der Mitglieder, Mitarbeiter und Helfer der Landesregierung gegen zum 11. Landtag kandidierende Parteien und ihre Repräsentanten». Die SPD will ihn «Barschel/Pfeiffer-Ausschuß» nennen, die CDU plädiert für «Pfeiffer/SPIEGEL-Ausschuß».

Man einigt sich auf die Kurzbezeichnung «Erster Untersuchungsausschuß».

Gleich am ersten Tag der öffentlichen Beweisaufnahme, am 7. Oktober, geht die «erste Bombe im Ausschuß» (SPD-Obmann Gert Börnsen) hoch: Finanzminister Asmussen enthüllt, daß Barschel bereits im Februar von der Steueranzeige gegen Engholm gewußt und sich bei Staatssekretär Schleifer nach dem Ermittlungsstand der Finanzbehörden in Sachen Engholm «erkundigt» hat. Schleifer selbst kann zunächst zu der überraschenden Aussage des Ministers nicht befragt werden, weil er mit Genehmigung des Ausschußvorsitzenden Klaus Klingner (SPD) am selben Morgen einen Portugal-Urlaub angetreten hat. «Bestürzt» reagiert der CDU-Obmann im Ausschuß, Trutz Graf Kerssenbrock, auf die Offenbarung.

Es ist nicht die einzige an diesem Tag. Die Lübecker Staatsanwaltschaft läßt per Kurier ein Schreiben an die Landtagspräsidentin nach Kiel schaffen, mit dem die Aufhebung der parlamentarischen Immunität des Ex-Ministerpräsidenten beantragt wird: Bei den «am gestrigen Tag in Kiel durchgeführten Ermittlungen» habe sich ein «Anfangsverdacht» dafür ergeben, daß Barschel an der anonymen Steueranzeige gegen Engholm «mitgewirkt haben könnte».

Den Ausschlag für den Antrag der Ermittler gaben Funde beim Postamt Kiel 26, bei der Postsammelstelle der Landesregierung und in den Eingangslisten der Staatskanzlei. Da die am 22. Januar aufgegebenen Einschreiben an das Kieler Finanzministerium und ans Finanzamt Lübeck unter den Belegnummern 684 und 685 registriert worden waren, bestand, so der Leitende Oberstaatsanwalt Kleiner, «eine hohe Wahrscheinlichkeit für die Annahme», daß ein – wie von Pfeiffer behauptet – gleichzeitig an den Ministerpräsidenten eingeliefertes Schreiben «mit der Nummer 683 oder 686 versehen worden wäre». Bei der Postsammelstelle der Landesregierung wurden am 23. Januar zwei Einschreiben mit den Nummern 683 und 684, jeweils aufgegeben in Kiel, in Empfang genommen. Und in der Eingangsliste der Staatskanzlei ist ein Einschreiben mit der Nummer 683 verzeichnet, bestätigt mit der Unterschrift von Barschels Sekretärin Brigitte Eichler. Damit, so einer der Lübecker Ankläger, bestehe eine «hohe Wahrscheinlichkeit», daß Barschel «entgegen seiner Darstellung die Kopie auch erhalten hat».

Das seltsame zeitliche Zusammentreffen von Asmussen-Aussage und Anfangsverdacht der Staatsanwaltschaft löst Spekulationen aus, daß die Ankläger von der bevorstehenden Enthüllung des Ministers wußten und sich nicht vom Ausschuß bloßstellen lassen wollten, der auf Anhieb den richtigen Zeugen vernimmt. Noch am 6. Oktober, also einen Tag zuvor, hat Kleiner in einem 26-Seiten-Bericht an den Kieler Justizminister Heiko Hoffmann, in dem er alle möglichen Aktivitäten der Behörde detailliert schildert, eine Suche nach der für Barschel bestimmten Anzeigen-Kopie mit keinem einzigen Wort erwähnt.

Die Ermittlungen, die jetzt so eilig betrieben wurden, hätten bereits nach dem SPIEGEL-Titel vom 14. September aufgenommen werden können, als Pfeiffer an Eides Statt versicherte, auch Barschel eine Kopie geschickt zu haben. Eine Anhörung Asmussens oder Schleifers durch die Staatsanwaltschaft wäre sogar schon nach der ersten SPIEGEL-Geschichte vom 7. September möglich gewesen, in der über den Eingang der Anzeigen-Kopie im Finanzministerium berichtet wurde.

Statt dessen konzentrierten sich sieben Lübecker Staatsanwälte bis Ende September darauf, die Glaubwürdigkeit Pfeiffers zu erschüttern, indem beispielsweise Mitarbeiter der Staatskanzlei als Zeugen nach dem Verhalten Pfeiffers im Dienst ausgefragt wurden. Erst am 24. September wurden Recherchen nach dem dritten, an Barschel gerichteten Einschreiben aufgenommen, und es dauerte noch einmal zwei Wochen, bis die Ermittler fündig wurden. Der SPD-Abgeordnete Uwe Jensen, von Beruf Richter, weist darauf hin, daß der Eingang der Anzeigen-Kopie «schon in der ersten Woche nach der Wahl» hätte festgestellt werden können, und «möglicherweise wäre Dr. Barschel dann auch noch von den abweichenden öffentlichen Erklärungen in seiner Pressekonferenz abgehalten worden». Der «Ermittlungsansatz der Staatsanwaltschaft», entgegnet Behördenleiter Kleiner lapidar, sei eben «ein anderer» gewesen.

Barschel ist nicht nur im Zusammenhang mit der Anzeigenkopie der Lüge praktisch überführt. Im Untersuchungsausschuß mehren sich bereits in dieser ersten Vernehmungswoche die «deutlichen Anzeichen», so CDU-Obmann Kerssenbrock, daß Barschels Aussagen in seiner Ehrenwort-Pressekonferenz in mehreren Punkten «nicht der Wahrheit entsprechen». Ein Zeuge nach dem anderen stützt die Selbstbezichtigungen Pfeiffers, im Dienste Barschels gefälscht und intrigiert zu haben. Mehr und mehr treten Ungereimtheiten zutage, die Barschels Version erschüttern, niemand in der Regierungszentrale, beileibe nicht er selber, habe von Pfeiffers Treiben gewußt.

Der Personalplanungsreferent Claus Asmussen bestätigt, die Auflistung aller Engholm-Einkünfte zwischen 1982 und 1987 gefertigt zu haben – ob auf Wunsch Ahrendsens oder Pfeiffers, ob zur Beantwortung einer «Presseanfrage» oder zur «Vorbereitung auf Wahlkampfauseinandersetzungen», so oder so wäre es nicht seines Amtes gewesen.

Innenminister Claussen sagt aus, sein Staatssekretär Knack habe zwei Tage vor der Ehrenwort-Pressekonferenz «in der Staatskanzlei den MP» darüber unterrichtet, daß sich ein Anrufer «namens Pfeiffer» im Kriminalpolizeiamt nach einer Wanze erkundigt hat. Barschel verschwieg den Vorgang offenbar, um nicht den Verdacht zu verstärken, er habe Pfeiffer beauftragt, eine Wanze zu beschaffen.

Der Techniker Erich Hill bezeugt, daß er mit genauer Terminvorgabe zur Telefon-Überprüfung in Barschels Amtszimmer bestellt worden ist und daß der Ministerpräsident keineswegs überrascht reagierte, als er das Büro betrat. Und Barschels Fahrer Heinrich Scheller erklärt, sein Chef habe am Abend des 8. September «einige Minuten» mit Ahrendsen im Dienstwagen gesessen – eine Unstimmigkeit zeichnet sich ab, weil Ahrendsen allein mit Pfeiffer telefoniert haben will.

Und noch bevor der Untersuchungsausschuß mit der Wahrheitssuche begonnen hat, meldete sich Pfeiffer am 5. Oktober aus seinem portugiesischen Urlaubsquartier beim Kieler dpa-Korrespondenten Peters und plauderte aus, daß er sich im März bei Polizei und Verfassungsschutz nach Vorstrafen und extremistischer Vergangenheit führender Grüner erkundigt habe – natürlich im Auftrag Barschels.

Der befindet sich, während bei der CDU in Bonn und Kiel Panikstimmung ausbricht, im Ferienhaus seines Freundes Rolf Lechner, eines Berliner Baulöwen, auf Gran Canaria. Nur Hebbeln und Ballhaus kennen den Aufenthaltsort, die Parteifreunde hat Barschel mit der «Schutzbehauptung» (Freya Barschel) irregeführt, er wolle nach Sizilien reisen. Auch den Termin seiner Abreise verschleierte er: Bei einem Empfang zum 80. Geburtstag des früheren Ministerpräsidenten Lemke am 29. September, seinem letzten Auftritt als Regierungschef, kündigte Barschel an, er wolle «am Wochenende» einen 14tägigen Urlaub antreten.

Deshalb unternahm auch Barschels Anwalt, der Kieler Strafrechts-Professor Erich Samson, nichts, um Barschel nahezulegen, im Lande zu bleiben. Samson, der in einer mit Henning Schwarz am 30. September geschlossenen «Vereinbarung» als Rechtsbeistand für Barschel «sowie die betroffenen Mitglieder und Mitarbeiter der Landesregierung» bestellt worden ist und dafür «keine Vergütung» erhält, «ging davon aus, daß Barschel am Sonntag abgereist ist», mithin für Rückfragen nicht zur Verfügung stand. Ohnehin mißt Samson noch lange Zeit dem Eingang der Anzeigen-Kopie in der Staatskanzlei keine Bedeutung bei – dies sei «der älteste Trick der Welt, ein Einschreiben zu verschicken und nichts in den Brief zu tun». Der schlaue Professor übersieht dabei, daß Barschel in diesem Fall aber nicht den Inhalt der Steuerdenunziation gekannt haben könnte.

Tatsächlich ist Barschel mit seiner Frau erst am 6. Oktober über Frankfurt, Genf und Malaga nach Gran Canaria geflogen, nachdem er sich am Tag zuvor von seinem Intimus Ahrendsen telefonisch verabschiedet hatte. «Mach' einen guten Eindruck», sagte er zu Ahrendsens bevorstehendem Auftritt im Untersuchungsausschuß und fügte hinzu, wenn er aus dem Urlaub zurück sei, «dann nehmen wir Pfeiffer auseinander».

Im Flugzeug, zwischen Frankfurt und Genf, schreibt Barschel seiner bisherigen Chefsekretärin Brigitte Eichler, die jetzt in der Protokollabteilung der Staatskanzlei arbeitet, auf Lufthansa-Papier einen Brief, den Frau Freya mitunterzeichnet. Barschel übergibt ihn einer Stewardeß, die ihn in Genf absenden soll. Der Brief erreicht die Adressatin jedoch erst eine Woche später.

Barschel formuliert sehr persönlich: «Die Jahre mit Ihnen waren großartig ... Ich hoffe sehr, Ihnen meinen Dank nach meiner Rückkehr noch in angemessener Form ausdrücken zu können.» Mit seiner Frau wolle er «ungestört Abstand gewinnen und gemeinsam in den neuen Lebensabschnitt hinübergleiten». Er habe «Angst vor dem Flug» gehabt, «aber zusammen mit meiner Frau geht es besser, als ich dachte. Der liebe Gott bestimmt ja doch alles. Was er wohl noch alles mit uns vor hat?» Und zum Schluß: «Hoffentlich sehen wir uns in guter Stimmung bei uns zu Hause wieder.»

Um zwei Mitarbeiter zeigt sich Barschel in dem Schreiben besorgt: um seinen Fahrer und seinen Staatskanzlei-Chef. «Herr Scheller ist so traurig!» schreibt er, «viel trauriger als ich. Es tut mir so leid. Wenn Sie Gelegenheit haben», trägt Barschel seiner Ex-Sekretärin auf, «seien Sie gut zu ihm. Er ist eine treue, ehrliche, warmherzige Seele.» Über den Staatssekretär schreibt er: «Mein getreuer Hebbeln – schade, daß er das mit seinen 64 Jahren alles durchmachen muß. Aber er schafft es. Er ist stark.»

Der Brief gibt Rätsel auf. Der Fatalismus, der aus ihm spricht, war Uwe Barschel zeitlebens fremd. Deutet er das Ende an? Und welche Bewandtnis hat es, daß Barschel ausdrücklich Scheller und Hebbeln erwähnt – seinen Fahrer, den er wie die Briefempfängerin Eichler zu falschen Aussagen veranlaßt hat, seinen Staatskanzlei-Chef, den später im Untersuchungsausschuß sein bis dato exzellentes Gedächtnis verläßt? Will er sich seiner wichtigsten Entlastungszeugen noch einmal versichern?

Zu Hause braut sich derweil bereits das Unheil über Barschel zusammen. Am Morgen des 8. Oktober beschließt der Untersuchungsausschuß, Barschel und Schleifer aus dem Urlaub zurückzurufen. Sie sollen beide am Montag, dem 12. Oktober, vor dem Ausschuß erscheinen.

Weil in Barschels kanarischem Feriendomizil angeblich das Telefon defekt ist, kann ihn zunächst niemand direkt erreichen, obwohl er Hebbeln die Telefonnummer in einem verschlossenen Kuvert («Nur im Notfall öffnen») hinterlassen hat. Am Donnerstagmorgen ruft Brigitte Eichler im Verwaltungsbüro der Ferienanlage «Bahía Feliz» an und bittet dringend, Barschel solle sich bei Hebbeln und Samson melden. Als Barschel kurze Zeit später vom Büro aus zurückruft, schildern ihm der Staatssekretär und der Anwalt, was in Kiel los ist. Sie raten ihm, schleunigst zurückzukehren.

Barschel weint am Telefon, berichtet Samson. Der ehemalige Ministerpräsident «versichert ausdrücklich», daß er weder das von Schleifer mitgeteilte Telefongespräch geführt habe noch daß ihm «eine Kopie einer anonymen Steueranzeige gegen Herrn Engholm zugegangen» sei. Auf Ratschläge des gewieften Strafverteidigers, daß es für beide Sachverhalte entlastende Erklärungen gebe, antwortet Barschel laut Samson: «Meinen Sie, das bringt noch was?»

Fraktionschef Kribben, mittlerweile zum Kandidaten der CDU für die am 22. Oktober geplante Ministerpräsidenten-Wahl im Landtag gekürt, schließt schon nicht mehr aus, daß Barschel sein Landtagsmandat niederlegt. Zwar spricht er noch vom «hypothetischen Fall eines Mandatswechsels», der «in kürzester Zeit auch technisch machbar» sei. Aber er läßt keinen Zweifel: Sollten sich die Anwürfe gegen Barschel auch nur teilweise bewahrheiten, werde er «der erste sein, der die härtesten Konsequenzen fordert».

Selbst ein Parteiausschlußverfahren gegen Barschel wird

nicht mehr ausgeschlossen. Der Bundestagsabgeordnete Rolf Olderog, seit gemeinsamen Tagen in der Jungen Union enger politischer Weggefährte Barschels, sagt in einem Interview: «Wer in Kiel Schuld auf sich geladen haben sollte, von dem erwarten wir, daß er selbst die notwendigen Schritte tut – auch, damit das der Partei erspart bleibt.» Daß dieser Satz in der Öffentlichkeit als Forderung verstanden wird, den ehemaligen Ministerpräsidenten notfalls aus der Partei zu verstoßen, bezeichnet Olderog im nachhinein als Fehlinterpretation: Die «Abweichungen» zwischen den erkennbaren Fakten und Barschels Aussagen hätten doch seine Loyalität auf die Probe gestellt, «und da mußte ich mich absichern».

Am nächsten Tag, dem 9. Oktober, läßt sich der Fraktionsvorstand in einem Beschluß der Kieler Gesamtfraktion – der, wie Kribben betont, auch vom Landesvorsitzenden Stoltenberg «mitgetragen» wird – beauftragen, «möglichst umgehend mit Uwe Barschel zu sprechen, um die Lage zu erörtern und ihm nahezulegen, auf sein Mandat zu verzichten». Kribben ist sich offenbar der Stimme des einstigen Spitzenkandidaten bei der Wahl eines neuen Regierungschefs nicht mehr sicher. Außerdem sind die Kieler Christdemokraten darüber verärgert, daß sie Barschel, den sie zunächst auf Sizilien wähnten, anderthalb Tage lang auch auf Gran Canaria nicht erreichen können. Daß Staatssekretär Hebbeln bereits mit Barschel gesprochen hat, aber stumm dabeisitzt, als die Fraktion Kontakt mit dem Ex-Ministerpräsidenten sucht, wissen die Abgeordneten nicht.

Vom Verwaltungsbüro in Bahía Feliz schickt Barschel an diesem Vormittag ein Fernschreiben an Kribben ab, das um 12.40 Uhr in Kiel eintrifft und sofort in die Fraktionssitzung gereicht wird. In dem Telex klagt Barschel den Fraktionschef und andere Fraktionsmitglieder einer «beispiellosen rechtsstaatswidrigen Vorverurteilung» an. Die «öffentlichen Ratschläge über Mandatsniederlegung» habe er «sehr wohl vernommen». Barschel versichert: «Ich wäre der Letzte, der meiner Partei Schwierigkeiten bereiten wollte. Deshalb bitte ich zum nächstmöglichen Termin um ein klares Votum von Fraktion oder Partei.» Barschel kündigt an, er werde «Sonntag nachmittag in Schleswig-Holstein eintreffen und am Montag, d. 12. 10. 87, wenn gewünscht, allgemein zur Verfügung stehen».

«Leider», schreibt Barschel weiter, «bin ich jetzt in meinem Kampf für die Erhellung der vollen Wahrheit fast auf mich allein gestellt.» Aber er werde «kämpfen, damit die volle Wahrheit ans Licht kommt». Der letzte Absatz des Fernschreibens klingt geheimnisvoll: «Aufgrund einer Information, die ich vor einigen Tagen erhalten habe und der ich noch am Wochenende persönlich nachgehen werde, könnte ich vielleicht schon am Montag einen wesentlichen Beitrag zur Aufklärung leisten.» Er könne, fügt Barschel hinzu, «in diesem FS nicht mehr andeuten». In einem weiteren Fernschreiben an Hebbeln teilt Barschel die genaue Ankunftszeit in Hamburg («14.20 Uhr mit LH 026») mit und gibt Anweisung: «Herr Scheller soll mich abholen.»

Während Barschel die Fernschreiben aufgibt, kommt, so Freya Barschel, «die Telefonanlage wieder in Ordnung». Barschel ist noch außer Haus, als sich die «Bild»-Zeitung bei der Ehefrau meldet. Hans-Erich Bilges, geschäftsführender «Bild»-Redakteur, hat die Nummer von Ballhaus bekommen, damit, wie Freya Barschel sagt, «mein Mann im Fall der Fälle Informationen dementieren könne, die im Hinblick auf seine Person in der Presse erscheinen würden». Nach der Rückkehr vom Verwaltungsbüro telefoniert Barschel mit Bilges. «Barschel erfuhr erst durch ‹Bild› . . . von den schweren Vorwürfen seiner eigenen Parteifreunde», behauptet Bilges anderntags in seinem Artikel. Und: «Er wußte noch nicht, daß Fraktionschef Kribben ihm nahegelegt hatte, sein Mandat niederzulegen.»

«Bild» wirkt an der Entstehung einer Legende mit. Denn Barschel weiß, wie ja auch das Telex belegt, durch die Telefonate mit Hebbeln und Samson am Vortag sehr wohl, was in Kiel vor sich geht. Seiner Frau hat er «sehr enttäuscht» von der Asmussen-Aussage vor dem Ausschuß berichtet.

Aber die angebliche Reaktion Barschels auf die Bilges-Mitteilung, wie der «Bild»-Redakteur sie schildert, entspricht dem Bild, das sich die Öffentlichkeit von dem Ex-Ministerpräsidenten machen soll: das eines unschuldigen, von den eigenen Parteifreunden gemeuchelten Opfers. «Barschel brauchte mehrere Sekunden», so Bilges, «um seine Stimme wiederzufinden. ‹Wie bitte, das ist doch nicht Ihr Ernst. Was ist denn da los. Das ist ja nicht zu fassen. Glaubt mir denn niemand mehr? Was soll ich denn machen?›»

«Ich bin betrübt und verbittert», sagt Barschel laut «Bild», «daß meine eigenen Parteifreunde so über mich reden. Nicht einer hat vorher mit mir Kontakt aufgenommen.» Weil er es erfolgreich vereitelt hat: «Büro + Hotel haben mich verleugnet», schreibt Barschel am nächsten Tag in seinen Notizblock, «Hotel wußte sowieso nichts, da im Haus Lechner privat wohnte. Direktanrufe waren bis Freitag nicht möglich. Telefon kaputt.»

«Es ist doch merkwürdig», zitiert Bilges seinen Gesprächspartner in der «Bild»-Zeitung, «daß Asmussen seit Wochen ständig mit mir zusammen ist, mich aber nicht ein einziges Mal darauf angesprochen hat, daß ich angeblich schon im Januar nach der Anzeige gefragt habe?» Hat Barschel den Versuch des Ministers am 15. September, die (im Februar stattgefundene) Begebenheit im Kabinett zur Sprache zu bringen, tatsächlich verdrängt? Die ganze Ministerrunde war Zeuge, das muß Barschel doch bewußt sein.

Die dramatische Entwicklung bei der CDU ist die Gunst der Stunde für die SPD, obwohl sie sich den Zeitpunkt nicht aussuchen konnte. An diesem 9. Oktober räumen Landesparteichef Jansen und Pressesprecher Nilius vor der Presse ihre Kontakte mit Pfeiffer ein. Nilius war am Vortag als Zeuge bei der Staatsanwaltschaft vorgeladen worden. Er kann sich ausrechnen, daß seine Aussage nicht lange geheimzuhalten ist.

Nun wird offenkundig, daß Nilius und Jansen, aber auch Engholm der Öffentlichkeit die Unwahrheit gesagt haben: Der Pressesprecher hat bislang jeden Umgang mit Pfeiffer abgestritten, nun bittet er die Journalisten um «Verzeihung». Jansen hat am Tag vor der Wahl, als die Vorwürfe gegen Barschel publik wurden, erklärt, er höre von den Vorgängen zum ersten Mal – in Wahrheit hatte er wenige Tage zuvor die wichtigsten Details von Pfeiffer selbst erfahren. Engholm behauptete am 18. September, es habe «weder beim Landesvorstand noch beim Fraktionsvorstand noch bei mir oder sonstwo» eine «erkennbare Anlaufstelle» für Pfeiffer gegeben – laut Nilius wurde Engholm jedoch von ihm am 13. September, dem Wahlsonntag, informiert. Ihm sei Engholms «Aussage aufgefallen», sagt Nilius, «und ich zuckte auch zusammen».

Jansen druckst in einem Fernseh-Interview, er habe nicht gewollt, «daß durch die Aussage, ich hätte bestimmte Dinge gewußt, ... ein Nebenkriegsschauplatz eröffnet wird, um sozusagen abzulenken von dem, was die Regierung getan hat». Engholm räumt ein, die SPD habe «kardinale schlimme Fehler» begangen, es sei «ein Stück sozialdemokratischer Glaubwürdigkeit» in Frage gestellt worden.

Frei- und Christdemokraten sowie ihre publizistischen Hilfstruppen wittern die Chance, die Sozialdemokraten als gleichbelastete Übeltäter im Kieler Sumpf hinzustellen – gerade so, als wiege die dilettantische Informationspolitik der SPD ebenso schwer wie die Machenschaften der Staatskanzlei. CDU-Generalsekretär Geißler mal wieder vorneweg: «Hier bahnt sich wahrscheinlich die Offenbarung eines lang angelegten Komplotts an, in das die SPD hauptamtlich verwickelt ist.»

15
« Ein Bilanzselbstmord »

Barschels rätselhafter Tod in Genf

Es war, sagt Freya Barschel, «eine normale Verabschiedung». Uwe Barschel fährt am Samstagmorgen, dem 10. Oktober, «relativ früh», gegen acht Uhr, allein mit einem Taxi zum Insel-Flughafen Gando. Der Airport liegt an der Ostküste etwa auf halber Strecke zwischen dem Ferienzentrum Bahía Feliz im Süden und der Inselhauptstadt Las Palmas im Norden. Barschel muß, so seine Frau, «sehr rechtzeitig dasein, da es ein Auslandsflug» ist. Zum Flughafen sind es gut 20 Kilometer, die Iberia-Maschine, Flug Nummer IB 554, startet um 10.30 Uhr Ortszeit. Am «Dienstag oder auch Mittwoch» will Barschel wieder zurück auf Gran Canaria sein, je nachdem, «wie sich die Dinge in Kiel entwickeln würden». «Von Roloff oder anderen Dingen von Bedeutung» wird «nicht mehr gesprochen».

«Roloff»: Der Name taucht erstmals in den Notizen auf, die sich Barschel während des Flugs nach Genf als «Unterlage für UA», für den Untersuchungsausschuß, macht. Am Freitagvormittag, «bin gerade wegen Telex an Kribben im Büro», schreibt Barschel, sei ein Anruf für ihn gekommen. «Anrufer gibt sogar d. Namen preis. Robert Ro(h)loff. Habe den Eindruck, Name stimmt nicht. Will mir helfen gegen Pfeiffer.»

Der Geheimnisvolle schlug, Barschels Notizen zufolge, vor, sich in Madrid zu treffen. «Hinterher fällt mir ein, wieso wußte er, daß ich urspr. ü. Madrid zurückwollte?» Nach Barschels Telefonaten mit Hebbeln und Samson am Donnerstag hatte, wie Freya Barschel berichtet, eine deutsche Mitarbeiterin im Verwaltungsbüro der Ferienanlage Flugverbindungen nach Hamburg erkundet. Für die nächsten Tage waren die meisten Maschinen ausgebucht. Eine Möglichkeit sei gewesen, über

Madrid zu fliegen. Das Ticket sei bestellt worden, aber noch am selben Tag habe Barschel die Reiseroute geändert, nachdem sich ein freier Platz in der Maschine nach Genf ergeben hatte. Der zunächst angeblich geplante Zwischenstopp in Madrid, notiert Barschel, «kann nur in Kiel bekannt gewesen sein» – da kämen nur Samson und Hebbeln in Frage, aber der Staatssekretär verrät ja nicht einmal den aufgeregten Parteifreunden den Aufenthaltsort des Ex-Ministerpräsidenten – «oder bei Kuoni-Reisebüro» in Las Palmas, wo der Flugschein gekauft wurde. Nach SPIEGEL-Recherchen wollte Barschel jedoch ursprünglich unbedingt nach Zürich. Ein Augenzeuge berichtet, Barschel sei ungehalten gewesen, als er kein Ticket nach Zürich bekam, er wolle «da jemanden treffen». Wenn dort eine Begegnung mit «Roloff» verabredet gewesen wäre – wie hätte er den Unbekannten nach Genf umdirigieren sollen?

«Roloff» hat angeblich schon früher bei Barschel in Mölln angerufen. «Woher haben die unsere Geheimnummer?» schreibt Barschel in den Block, «die» im Plural. Es soll an einem Sonntag, «später Nachmittag», gewesen sein, «wohl 26. 9.». Dasselbe Datum gibt auch Freya Barschel an, obschon es nicht stimmen kann: Sonntag ist der 27. September gewesen – der Tag, an dem mit Ahrendsen das falsche Alibi besprochen wurde. Seltsam, daß sich beide im Datum irren: Der Zeitpunkt der Rücktrittserklärung, zwei Tage zuvor, müßte im Gedächtnis haften. Am «nächsten Morgen» jedenfalls, und das muß ein Werktag gewesen sein, traf sich Barschel mit Henning Schwarz «zu einer Besprechung». Dabei, so steht es auf dem Zettel, erwähnte Barschel, daß er «erstmals Angst» habe. Der Ministerpräsident a.D. bekommt verstärkten Personen- und Objektschutz.

Der Tag, an dem der mysteriöse Anrufer Informationen über Pfeiffer angeboten haben soll, muß zwischen Barschel und seiner Frau vor seinem Abflug nach Genf abgesprochen worden sein. Freya Barschel sagt, ihr Mann habe ihr «Anfang Oktober», auf jeden Fall «bevor wir nach Gran Canaria flogen», von dem Telefonat berichtet. Sie hat demnach keine eigene Kenntnis von dem genauen Datum. Abweichend von Barschels Notiz gibt seine Frau jedoch an, er habe ihr bereits damals den Namen «Roloff» genannt. Außerdem habe Barschel eine Telefonnummer aufgeschrieben, unter der «Roloff» zu erreichen sein sollte. Die Vorwahl, meint Freya Barschel, könnte «aus dem Hannoveraner Raum stammen».

Freya Barschel hat sich angeblich besorgt gezeigt, daß sich ihr Mann allein mit dem Unbekannten treffen will. Aber das sei dessen Bedingung gewesen, und außerdem hat kein Sicherheitsbeamter Barschel auf dieser Urlaubsreise begleitet. Deshalb habe ihr Mann ja auch den belebten Info-Punkt auf dem Genfer Flughafen für die erste Begegnung vorgeschlagen und gescherzt: «Erschießen wird er mich ja wohl nicht.»

In seinen Notizblock schreibt Barschel, Pfeiffer habe «mind. 1 Hintermann», dieser habe «Roloff» betrogen, und an ihm wolle sich «Roloff» rächen. Das «Material», das er Barschel angeblich übergeben will, «soll reichen». Ein paar Zeilen weiter präzisiert Barschel, worum es sich handle: «Ich bin sicher, daß er kommt mit dem Bild.»

Die Iberia-Boeing 727, flugplanmäßige Ankunft 15.10 Uhr, landet pünktlich in Genf-Cointrin. Einige Minuten später geht Barschel durch die Paßkontrolle. In der Halle erwartet ihn kein Roloff, sondern der Schweizer Journalist Frank Garbely. Der Mitarbeiter der Zürcher «Weltwoche» ist vom «Stern» zum Flughafen beordert worden, nachdem zwei «Stern»-Reporter auf Gran Canaria Barschels Reiseziel erfahren, aber selbst keinen Platz mehr in der Maschine bekommen hatten. Die Illustrierte will unbedingt ein Interview mit dem Ex-Ministerpräsidenten führen, ehe er am Montag vor dem Untersuchungsausschuß aussagt.

Garbely spricht Barschel an, stellt sich als «Weltwoche»-Mann vor, der ihn begleitende Fotograf Angelo Guarino drückt auf den Auslöser. Barschel tut, als verstehe er kein Deutsch: «What do you want? I don't understand.» Garbely beschreibt Barschels Verhalten als «äußerst bizarr, linkisch, hochmütig». Der Ankömmling steigt in ein Taxi, Garbely bittet den nächsten in der Kolonne wartenden Taxifahrer, dem Kollegen zu folgen. Doch der weigert sich: Er trete keine Fahrt an, deren Ziel er nicht kenne. Es ist ziemlich genau 15.30 Uhr, als Garbely von Barschel abgehängt wird.

Doch der Journalist spürt den Politiker bald wieder auf. Kaum zu Hause in der Genfer Innenstadt, beginnt der Reporter anhand einer Hotelliste systematisch die großen Häuser telefonisch abzuklappern. «Schon beim zweiten Anruf», unter «B» wie «Beau-Rivage», wird er fündig. Ein «Docteur Barschel» sei eingetroffen, erfährt Garbely von der Telefonistin: «Soll ich Sie mit Zimmer 317 verbinden?» Es ist, so Garbely, «höchstens 16.30 Uhr».

Um 17.10 Uhr, so steht es jedenfalls im Block, nimmt Barschel im Hotelzimmer seine Notizen wieder auf: «Treffen mit ‹R. R.› hat geklappt.» Aber «beinahe wäre alles geplatzt. Als ich ausstieg, wurde ich von ‹Weltwoche›-Journalisten empfangen + fotografiert. Tat, es sei Irrtum». Dann sei er, schreibt Barschel nieder, «ein paarmal um den Flughafen» gefahren und habe «dann ungestört ‹R. R.› getroffen: «Gespräch dauerte ca. 20 Min. Spaziergang in Flughafennähe.»

Bis auf die Begegnung mit den Reportern stimmt nichts. Barschel schreibt an einem Drehbuch, das die Realität ausblenden soll. Der Taxifahrer Pietro Gattuso bezeugt, daß er an diesem 10. Oktober um 15.30 Uhr einen Mann direkt vom Flughafen zum «Beau-Rivage» gefahren habe, bei dem es sich um Barschel gehandelt haben müsse. Denn Gattuso erinnert sich auch, daß hinter seinem Fahrgast zwei Männer herwaren, die wiederum – das erfährt der Taxifahrer von Kollegen – den nächsten in der Wagenreihe vergebens dazu überreden wollten, die Verfolgung aufzunehmen. Auch die von der Genfer Polizei ausgewerteten Fahrtenschreiber-Daten aus dem Gattuso-Taxi bestätigen, daß die Fahrt ohne Umweg zum Hotel ging.

Außerdem: Eine mehrfache Umrundung des Flughafens, der unmittelbar an der Grenze zwischen der Schweiz und Frankreich liegt, wäre – über Schnellstraßen und Nebenwege, durch die französische Ortschaft Ferney-Voltaire und über jeweils zwei Zollstellen – verkehrstechnisch äußerst schwierig und zeitaufwendig. Mehrfache Airport-Umkreisung, Fahrt zum Hotel am Quai du Mont-Blanc, dazu noch ein zwanzigminütiges Gespräch – und das alles binnen einer Stunde – hält der ortskundige Frank Garbely für «völlig ausgeschlossen», selbst wenn Taxifahrer Gattuso sich in der Identität seines Kunden geirrt haben sollte.

«Roloff» ist eine Phantasiefigur, erfunden, um ein Komplott glaubhaft zu machen, das Barschel in seinen Aufzeichnungen weiter ausschmückt. «Roloff» habe ihm «viel erzählt». Er habe Pfeiffer «nur 2 o 3 × kurz» gesehen, der sich damals «Gelsenberg» genannt habe – von Pfeiffers Pseudonym weiß Barschel wie viele in der Kieler Staatskanzlei. «Roloff» kennt Pfeiffer angeblich über einen «Freund», dessen Namen er nicht nennt. Dieser, ein «ausgebildeter Paßfälscher», «oder weitere» seien Pfeiffers Hintermänner. Pfeiffer habe im Springer-Konzern sein Unwesen treiben sollen, durch «Erpressung der Firmenleitung» mit «echten o. gefälschten Dokumenten». Daraus sei nichts geworden, da Pfeiffer zur Kieler Regierungspressestelle kam, «dann wurde Pfeiffer auf mich angesetzt». Weil bei Barschel «nichts zu holen war (Kein Geld)», sei Pfeiffer übergewechselt «zur SPD/SPIEGEL».

«Roloff» verspricht Barschel angeblich ein Bild, das Pfeiffer mit jenem Freund zeigt, von dem die Informationen stammen und der «Roloff» betrogen haben soll. Dafür verlangt «Roloff» laut Barschels Notizen «nur 3–4000 Mark für Reisegeld».

«Ich glaube, ich habe jetzt die Informationen, die ich brauche», zitiert Eike Barschel seinen Bruder, der ihn gleich nach der Ankunft im «Beau-Rivage» in seinem Haus in dem Weindorf Yens bei Lausanne anruft. Das erhoffte Foto solle ihm am Abend in einem Restaurant übergeben werden. Eike Barschel, ein Jahr älter als sein Bruder, hat Volkswirtschaft studiert und ist Finanzchef im Zürcher Wild-Leitz-Konzern. Uwe Barschel telefoniert um 17.14 Uhr mit seiner Frau auf Gran Canaria und zweimal mit seiner Schwester Folke in Kiel. Auch ihnen gegenüber äußert er sich angeblich optimistisch, daß er «einen wichtigen Mosaikstein» zu seiner Entlastung bekommen werde. Seiner Frau kündigt er den nächsten Anruf für den kommenden Tag an, «von Deutschland aus». Es ist «der letzte Kontakt, den ich mit meinem Mann hatte».

Mit seinem Bruder telefoniert Uwe Barschel zweimal vor 18.30 Uhr. Auf Eikes Frage, wo er sich denn befinde, antwortet Uwe Barschel angeblich: «Na, im ‹Hilton›», obwohl er doch im «Beau-Rivage» abgestiegen ist. Bei seinem Bruder, sagt Freya Barschel, will ihr Mann an diesem Wochenende nicht übernachten, weil im Haus des Schwagers «zuviel Trubel» sei – Eikes drei Kinder, Folkes Sohn und die eigenen vier, die hier mit Barschels Mutter ihre Herbstferien verbringen. Die Brüder verabreden, laut Eike Barschel, daß sie sich entweder am Abend bei einer Vorstellung des Zirkus Knie in Lausanne oder am nächsten Morgen zum Frühstück in Yens treffen.

Beim zweiten Gespräch mit seinem Bruder kündigt Barschel angeblich an, daß die «Transaktion» jetzt stattfinden werde. Damit ist, so Eike Barschel, die Übergabe jenes ominösen Fotos gemeint, das Pfeiffer mit einem «Mister X» zeigen und belegen soll, daß sich die beiden abgebildeten Personen «schon kannten, lange bevor sie öffentlich zugegeben haben, sich zu kennen». Der Mann sei ein Politiker, vermutet Eike. Uwe vertröstet ihn angeblich am Telefon: «Du kennst dich im politischen Leben nicht so aus.» Aber wie paßt das zu Barschels Notiz, der Mann sei ein «ausgebildeter Paßfälscher»?

Und: Warum begibt sich Barschel wegen eines solchen Fotos zu konspirativen Treffs nach Genf? Was könnte mit einem solchen Bild zur Entlastung Barschels bewiesen werden? Wer auch immer mit Pfeiffer zusammen abgelichtet worden sein mag – das Bild, wenn es denn überhaupt existiert, kann nicht die Frage beantworten, welche Manipulationen Barschel im Wahlkampf zu verantworten hat.

Zur gleichen Zeit, 18.30 Uhr, bringt der Zimmerkellner Jean-Pierre Vergori eine Flasche Beaujolais auf Zimmer 317, die Barschel bestellt hat. Vergori öffnet die Flasche, der Gast probiert den Wein, will aber nicht, daß der Zimmerkellner das Glas auffüllt. Barschel quittiert den Beleg über 32 Franken und fragt den Hotelangestellten auf englisch, «was er tun müsse, damit er nicht gestört werde»; er sei müde und wolle schlafen. Vergori schlägt vor, daß er die rote Karte an die Zimmertür hängt, doch Barschel sagt, er wolle es selber tun.

Ein dritter Anruf in Yens, den der Hotelcomputer um 19.08 Uhr registriert, erreicht Eike Barschel angeblich nicht. Nimmt eines der Kinder den Hörer ab und legt wieder auf? Ist es ein verabredetes Zeichen? Eike Barschel spekuliert, es könne ein Notruf gewesen sein, oder jemand habe seinen Bruder am Telefonieren gehindert. Freya Barschel, die angeblich Gefahr ahnte, ruft weder an diesem Abend noch am nächsten Morgen im «Beau-Rivage» an.

Der jugoslawische Hotelboy Ramadani Ramush nimmt um 21 Uhr seinen Dienst auf, der bis morgens 7.45 Uhr dauert. In dieser Zeit, versichert er, geht Barschel weder aus noch empfängt er Besuch. Frank Garbely erscheint einige Male im «Beau-Rivage». Gegen 22 Uhr setzt er sich an die Hotelbar, wartet. Er hat die «Stern»-Redaktion in Hamburg informiert, in welchem Hotel Barschel Quartier genommen hat. Mit der nächsten Maschine fliegen der Redakteur Sebastian Knauer und der Fotograf Hanns-Jörg Anders nach Genf.

Gegen 23 Uhr kommen die «Stern»-Reporter im «Beau-Rivage» an. Sie erkundigen sich beim Nachtportier Alain Di Natale, ob Barschel auf seinem Zimmer ist; die Bitte, dort anzurufen, lehnt der Empfangsherr ab. Knauer und Anders gehen in den dritten Stock, vorbei an Zimmer 317. An der Tür hängt das rote Schild: «Bitte nicht stören». Um Mitternacht geht Knauer auf sein Zimmer in der zweiten Etage. Pflichtbewußt meldet er sich noch einmal bei seiner Redaktion in Hamburg: «Wir versuchen morgen beim Frühstück, Barschel zu interviewen. Jetzt schläft er wohl.»

Der Hotel-Weckdienst holt die Journalisten um 5.45 Uhr aus den Betten, um 7 Uhr sitzen Knauer und Anders im Frühstücksraum. Doch Barschel erscheint nicht, und er hat, wie die

Reporter erfahren, sein Frühstück auch nicht aufs Zimmer bestellt. Das macht sie stutzig. Mehrmals zwischen 9.30 und 12 Uhr wählen sie die Nummer 317, vergebens. Knauer hört sich bei Zimmernachbarn, Portiers und Telefonistinnen um, aber niemand weiß etwas.

Knauer hat von der Redaktion den Auftrag, Barschel in Genf aufzutreiben und von ihm ein Interview zu bekommen. Er soll ihm nicht wieder entwischen, wie den Kollegen auf Gran Canaria. Spätestens um 13 Uhr, schätzt Knauer, müßte Barschel das Hotel verlassen, um das Flugzeug um 14.45 Uhr über Frankfurt nach Hamburg zu erreichen – er buchte inzwischen einen Platz in einer späteren Maschine, als er Hebbeln fernschriftlich angekündigt hat. Aber, fragt sich Knauer, ist Barschel überhaupt noch im Hotel? Hat er die Recherchen unterlaufen, indem er heimlich abgereist ist? Oder ist «etwas passiert», was die Reporter «zu diesem Zeitpunkt noch nicht wissen» können?

Gegen 12 Uhr klopft Knauer, so dessen Schilderung, an Barschels Zimmertür und ruft «laut und deutlich»: «Hallo, ist hier jemand?» Keine Antwort. Er drückt auf die Klinke, die Tür geht auf. Er schaut kurz in den Flur und stellt fest: «Da liegt ein Schuh.» Knauer zieht die Zimmertür zu und berichtet seinem Kollegen Anders, was er gesehen hat. Sie beraten, was sie tun sollen. Nach kurzer Wartezeit, «kurz nach 12.30 Uhr», geht Knauer noch einmal in den dritten Stock, wieder Klopfen, Rufen, keine Antwort.

Vorsichtig öffnet Knauer die Tür und macht sie wieder hinter sich zu. Das Zimmer ist «schummrig beleuchtet», die Gardine bis auf einen kleinen Spalt zugezogen, das Fenster steht offen. Er ist «überzeugt, daß das Zimmer leer ist». Das Bett ist «offensichtlich über Nacht nicht benutzt worden». Die Tagesdecke hat eine leichte Delle, es muß jemand darauf gelegen haben. Diesmal hat Knauer eine Kamera mit Blitzlicht mitgenommen, nun macht er Bilder vom Schlafzimmer, vom Bett und vom Flur, auch an der Stelle, wo der einzelne Schuh liegt.

Auf dem Nachttisch neben dem Telefon findet er sechs oder

sieben Blätter, kariertes Papier im DIN-A5-Format – handschriftliche Notizen von Uwe Barschel? Es ist die «saubere, ordentliche Handschrift eines Notars», gut leserlich mit Kuli geschrieben. Der Text gibt Auskunft über einen geheimnisvollen Informanten «R. R.», einen «fast 1,80 Meter großen Mann», «dunkelblond und glattrasiert, bekleidet mit Jeans, blauem Pullover und Popelinejacke». Zwei Tage später wird im «Stern» stehen, daß es jener Mann war, den Barschel «in der Nähe des Airports» getroffen habe, mit dem er «knapp eine halbe Stunde spazierengehend» sprach – die Illustrierte läßt sich auf die Fährte locken, die Barschel gelegt hat. Denn Knauer lichtet ein Blatt nach dem anderen ab, Barschels letzte Aufzeichnungen werden dann in der «Stern»-Redaktion fix als Fakten fehlinterpretiert.

Auf der Bettdecke liegt, aufgeschlagen mit dem Buchrükken nach oben, ein Band «Gesammelte Werke» des französischen Existentialisten Jean-Paul Sartre. Das Buch enthält Erzählungen, darunter, auf den ersten Seiten, «Die Wand». Barschel müßte die Stelle gelesen haben: «In diesem Moment hatte ich den Eindruck, als läge mein ganzes Leben ausgebreitet vor mir, und ich dachte: ‹Das ist eine verdammte Lüge.› Es war nichts mehr wert, denn es war zu Ende ... Mein Leben war vor mir, abgeschlossen, zugebunden wie ein Sack, und dabei war alles, was darin war, unfertig. Einen Augenblick versuchte ich es zu beurteilen. Ich hätte mir gerne gesagt: es ist ein schönes Leben. Aber man konnte kein Urteil darüber fällen, es war ein Rohentwurf; ich hatte meine Zeit damit verbracht, Wechsel auf die Ewigkeit auszustellen, ich hatte nichts begriffen.»

Knauer, seit «fünf bis zehn Minuten» im Zimmer, verspürt beim Schnüffeln «schon ein Muffensausen», aber er weiß, daß das «Beau-Rivage» ein Hotel ist, «das ein ‹Do not disturb›-Schild auch berücksichtigt». Draußen vor der Tür, am Messinggriff, signalisiert das Schild dem Zimmermädchen Anna Esteves: «Bitte nicht stören.» Als Knauer die Tür zum Bad öffnet, hat er «die Hose voll». Der Journalist, der unter Kollegen gar nicht als der Typ des kaltschnäuzigen Illustrierten-Reporters gilt, tut, was nach seiner Einschätzung die Redaktion von ihm erwartet.

In der Badewanne liegt, unter spiegelglatter Wasserfläche, der leblose Körper Uwe Barschels, die Haut blaß und aufgedunsen, die rechte Hand mit einem Frotteehandtuch umwikkelt, die linke über der nassen Hemdenbrust. Nichts deutet «auf irgendeine Art von Leben» hin: Uwe Barschel, bis vor neun Tagen Ministerpräsident von Schleswig-Holstein, ist tot – laut Polizei seit mindestens 11 Uhr. «Unter Schock» drückt Knauer, wie er später berichtet, «nur noch reflexartig auf die Kamera». Barschels Armbanduhr zeigt 12.45 Uhr.

Um 11 Uhr, «es kann auch etwas später gewesen sein» (Freya Barschel), ruft Eike Barschel seine Schwägerin in Bahía Feliz an, Uwe sei «verschwunden». Als sein Bruder nicht um 9.30 Uhr zum Frühstück in Yens erschienen sei, habe er im Genfer «Hilton»-Hotel nachgefragt, wo Uwe Barschel angeblich nach eigener Aussage ein Zimmer genommen hatte. Eike will bei der Polizei eine Vermißtenmeldung nach seinem Bruder aufgeben und läßt sich «beschreiben, welche Kleidung er trug». Zuvor hat er allerdings schon «um 10.20 Uhr» die Polizei in Aubonne, in der Nähe seines Wohnorts, benachrichtigt. «Da es Sonntag war, schickten mich die Beamten nach Morges» zur Gendarmerie, aber die fühlt sich nicht zuständig. Erst gegen 14 Uhr sucht ein Kripo-Beamter Eike Barschel in dessen Haus auf. Er weiß noch nicht, daß die Genfer Kollegen, wie diese in ihrem Bericht festhalten, «um 13.35 Uhr» vom Tod im Hotel «in Kenntnis gesetzt» wurden.

Um 15.29 Uhr verbreitet die Nachrichtenagentur Associated Press eine Eilmeldung, daß Barschel «nach Angaben der Polizei in Genf in einem Hotel tot aufgefunden worden» ist, «über die Todesursache wurde nichts mitgeteilt». Von dieser Minute an beginnen die Spekulationen über die Todesumstände zu wuchern. Barschel habe sich erschossen, meldet dpa unter Berufung auf das Kieler Kriminalpolizeiamt. Es sei «von einem natürlichen Tod durch Herzversagen auszugehen», verkündet das Kieler Innenministerium. Beide Versionen sind rasch widerlegt: Die Leiche weist keine Einschüsse auf, aber bei einer ersten toxikologischen Untersuchung werden im Magen des Toten fünf verschiedene Arzneimittel-Substanzen in tödlicher Dosierung festgestellt. Der Schluß, daß Uwe Barschel von eigener Hand gestorben ist, drängt sich auf, aber es gibt Leute, die offenbar ein Interesse daran haben, den Tod in der Badewanne als Mord auszugeben.

Über Motive und Mittel eines möglichen Mordes kursieren die abenteuerlichsten Geschichten. Da ist die Rede von medizinisch nicht nachweisbaren Giften, die dem Opfer nach Geheimdienstmanier injiziert worden seien. Da wabert die Version, Barschel sei einem Lockvogel auf den Leim gegangen, der sich als Informant ausgab und ihn dann mit vorgehaltener Pistole zum Tablettenschlucken gezwungen habe. Da geistert das Gerücht, der einstige Ministerpräsident sei von einer internationalen Waffen-Mafia hingerichtet worden.

Einige rätselhafte Umstände scheinen durchaus auf Mord hinzudeuten. Wo ist die Rotwein-Flasche? Wo ist der Inhalt der Flasche geblieben? Im Leichnam finden die Mediziner keine Spur von Alkohol. Wo sind die Verpackungen der Medikamente, an denen Barschel starb?

Auf die Fragen sind auch ganz einfache Antworten möglich. Vom Rotwein kann Barschel am Samstagabend getrunken haben: Wenn er, was wahrscheinlich ist, erst am Sonntagvormittag gestorben ist, hatte sein Körper genügend Zeit, den Alkohol vollkommen abzubauen. Die Flasche kann Barschel beseitigt, Medikamentenschachteln durch die Toilette gespült haben. Tests im Hotel ergeben, daß der Wasserdruck stark genug ist. Ebensogut kann Barschel die Medikamente lose in der Jackentasche bei sich getragen haben.

Barschels Angehörige weigern sich von Beginn an, eine andere Deutung als Mord zuzulassen. Selbst der anfangs noch möglich erscheinende Herzschlag wird brüsk zurückgewiesen. «Natürlicher Tod», so die Verwandten unbarmherzig, «ist ausgeschlossen.» Obwohl die Obduzenten später «eine Infarktnarbe» und – Zeichen eines sich anbahnenden neuen Infarkts –

«zwei Fibroseherde an der hinteren Wand der linken Herzkammer, mit diffuser Arteriosklerose der Koronararterien» feststellen, bekräftigt Freya Barschel, ihr Mann habe niemals Herz- oder Kreislaufprobleme gehabt: «Es scheint mir sehr weit hergeholt, daß er ein Herzleiden gehabt haben könnte.»

Am Montagnachmittag trifft Freya Barschel in Genf ein, Schwager Eike holt sie am Flughafen ab. Fernsehteams filmen die Begrüßung. Ist es Verlegenheit, unterdrückter Schmerz oder die schon vorher feststehende Gewißheit, daß Barschels Flug nach Genf eine Reise ohne Wiederkehr sein würde? Die Witwe scheint zu lächeln, die Szene irritiert viele Betrachter an den Bildschirmen. Am Abend geben die beiden im Hotel «Intercontinental» eine Pressekonferenz, «weil wir», so Eike Barschel, «nicht tatenlos zusehen wollen, wie Uwe Barschel demontiert wurde und heute noch demontiert wird», und «weil die Partei eine große, eine übergroße Mitschuld an dem trägt, was uns heute hierhergebracht hat». Die Parteifreunde hätten sich «von Uwe Barschel abgesetzt», hätten ihn «zum Einzelgänger degradiert».

Uwe Barschel sei das «Opfer eines Komplotts» geworden, sagt der Bruder. Er verliest das Telex, das der ehemalige Ministerpräsident an den CDU-Fraktionschef Kribben gesandt hat, erzählt die «Roloff»-Geschichte. Barschel sei «nach Genf gekommen, um seine Rehabilitation zu betreiben». In den Telefonaten mit seinen Angehörigen habe Uwe Barschel «begeistert» gesprochen, «weil er glaubte, den Schlüssel gefunden zu haben, schon nach dem ersten Kontakt auf dem Flughafen».

Uwe Barschel sei wieder «ganz der alte» gewesen, sagt der Bruder und zählt die Charaktereigenschaften auf, die in dieser Familie als Werte an sich gelten: Uwe Barschel habe sein «altes Durchsetzungsvermögen» wiedergefunden, «ehrgeizig» und «kämpferisch» habe er den Unschuldsbeweis antreten wollen. Daher, folgert Eike Barschel, «ist ein Selbstmord ausgeschlossen, ein natürlicher Tod ebenso».

«Wer legt sich schon», fragt Eike Barschel vor den Journalisten, «zum Sterben bekleidet in die Badewanne?» Viele Selbstmörder tun es, weil sich ihr Schamgefühl dagegen sträubt, nach dem Tod nackt aufgefunden zu werden.

Je mehr sich in dieser Woche Gerichtsmediziner mit dem Tod in der Badewanne beschäftigen, desto plausibler wird die These, Barschel habe seinem Leben selbst ein Ende gesetzt. Der Genfer Polizeisprecher Marcel Vaudroz und die Untersuchungsrichterin Claude-Nicole Nardin erklären: «Alles deutet auf Selbstmord hin.»

In Barschels Organismus finden die Genfer Giftkundler drei eher harmlose Substanzen – Pyrithyldion, Diphenhydramin, Perazin – und tödliche Mengen einer Barbitursäure, das Cyclobarbital. Das Schlafmittel hat schon Tausenden von Menschen den Tod gebracht. Die drei niedrig dosierten Präparate hat Barschel, wie die fortgeschrittene Resorption aus dem Magen und die Anreicherung im Urin beweisen, ein bis zwei Stunden früher eingenommen als die letztlich tödliche Barbitursäure. Alle drei entspannen, machen müde und unterdrücken den Brechreiz – Barbiturate in größeren Mengen behält der Magen nur ungern bei sich. In Uwe Barschels Magen beträgt die Konzentration der schweren Schlaftabletten nach dem Tod noch 4000 Milligramm pro Liter – das entspricht 20 Tabletten «Phanodorm».

Wenn jemand einen Mord als Selbstmord tarnen wollte, wie spekuliert wird, warum räumt er dann so treffliche Selbstmordindizien wie die Medikamentenschachteln weg? Wenn tatsächlich ein Unbekannter bei Barschels Tod anwesend war und ihm in zeitlichem Abstand die tödlichen Drogen verabreichte, kann das ebensogut jemand gewesen sein, der dem verzweifelten Politiker freundlich gesonnen war – ein Freund oder Verwandter etwa, der Barschel in dessen letzter Stunde beigestanden hat.

Daß Barschel «durch Freitod selbstverantwortlich gestorben» sei, glaubt auch Hans Henning Atrott, der Vorsitzende der «Deutschen Gesellschaft für Humanes Sterben» – jenes Vereins, mit dessen Geschäftsstelle in Augsburg 76 Tage zuvor von Pfeiffers Dienstapparat Freund Hein telefoniert hat. Unter den 15 000 Mitgliedern des Sterbehilfe-Vereins (Jahresbeitrag: 50 Mark) zirkuliert eine Broschüre, die – als «Kombinierte Methode 1: Schlafmittel und Wasser (im Bad)» – genau die Anleitung gibt, nach der Barschel offenbar vorgegangen ist:

«Setzen Sie sich in ein Bad voll warmem Wasser und nehmen Sie die Mittel mit Mineralwasser und/oder Alkohol ein. Wenn Sie bewußtlos sind, gleiten Sie infolge Erschlaffung der Beinmuskeln mit dem ganzen Oberkörper ins Wasser, und der Tod tritt kurz danach ein. Achten Sie darauf, daß die Beine nicht durchgestreckt sind, sonst gleiten Sie auch bei Erschlaffung der Beinmuskulatur mit Ihrem Oberkörper nicht völlig ins Wasser.»

Auch die äußeren Umstände im Fall Barschel stimmen auf frappierende Weise mit den Empfehlungen des Suizid-Traktats überein: «Sorgen Sie dafür, daß Sie mindestens zwölf Stunden ungestört sind. Sollte Ihnen dies nicht möglich sein, so wäre ein gutes Hotel . . . empfehlenswert.» Atrott ist überzeugt: «Er hat nach unserer Broschüre gehandelt», wahrscheinlich nach der Auflage von 1983. In ihr sind zwei der vier in Barschels Körper festgestellten Substanzen namentlich aufgeführt.

Reiner Pfeiffer sagt, die Broschüre sei Hein bei dessen Anruf am 27. Juli verweigert worden, nur Vereinsmitglieder erhielten sie unter bestimmten Voraussetzungen. Von ihm habe sie Barschel also bestimmt nicht. Er habe mit Barschel auch nie über Selbstmord gesprochen, nur über Gifte, «die schon nach drei Stunden nicht mehr im menschlichen Körper nachzuweisen sind». Aber dies sei «schon relativ früh gewesen», am Anfang seiner Kieler Untergrund-Tätigkeit. Exotische Gifte spielen beim Tod im «Beau-Rivage» ohnehin keine Rolle.

«Aufgrund der gesamten, von uns zusammengetragenen Daten», heißt es später im offiziellen Genfer Obduktionsbericht, könne Barschels Tod «auf eine schwere Arzneimittelvergiftung zurückgeführt werden». Der Münchner Toxikologe Professor Wolfgang Forth meint jedoch, «die festgestellte Menge von vier Gramm Cyclobarbital pro Liter Mageninhalt reichte nicht aus, den Tod herbeizuführen», tödlich wären erst 20 Gramm gewesen. Seine These: Barschel habe stundenlang im kalten Wasser gelegen, die Medikamente hätten ihn nur betäubt, gestorben sei er an Unterkühlung. Aber auch er hat keinen Zweifel, daß Barschel den Tod zielstrebig suchte: «Er wollte nicht noch lebend gefunden werden.»

«Vom Psychologischen her», sagt der hannoversche Suizidforscher Hermann Pohlmeier, «habe ich nie etwas anderes erwartet.» Nur wenige Politiker hätten ihr Leben so konsequent der Karriere und der Macht verschrieben. Für Menschen dieser Art sei ein politischer Abstieg «eine solche narzißtische Kränkung, daß sie wirklich nicht mehr können». Nach den Absetzbewegungen in CDU und FDP sei Barschel schließlich klargeworden, daß es keinen Ausweg mehr gebe, glaubt Pohlmeier: «Keine Kurzschlußhandlung, ein Bilanzselbstmord.»

Die Art, wie Eike Barschel in Hemdsärmeln die Pressekonferenz bestreitet, wie Freya Barschel mit fester Stimme die Mordthese vertritt, nährt unter Beobachtern den Verdacht, daß die Barschel-Familie weiß oder zumindest ahnt, welche Version ihr prominentestes Mitglied wahrhaben wollte. «Vielleicht», gibt die «Süddeutsche Zeitung» in Genf umlaufende Spekulationen wieder, «ist es den Barschels ganz recht, wie das so lief: Das geht aus wie bei Marilyn Monroe – noch Jahre danach werden Zweifel bleiben, und Barschels bürgerliche Ehre ist damit nicht völlig perdu.» Und die «Bunte» zitiert einen ungenannten «Freund der Familie»: «Man muß wissen, daß für die Familie Barschel Ehrbegriffe eine Rolle spielen, die in dieser Form nur noch von ganz wenigen anderen Familien so stolz vertreten werden.»

Alles spricht für einen als Mord inszenierten Selbstmord, – damit der Suizid nicht als Schuldeingeständnis gewertet werden kann und die Versicherungen der Familie keine Schwierigkeiten bereiten. Zudem ist das raffinierte Arrangement geeignet, den Verdacht auf politische Feinde oder anonyme Verschwörer zu lenken. Geschick, Trickreichtum und schauspielerische Begabung hat Uwe Barschel jedenfalls oft genug bewiesen, gerade in nahezu ausweglosen Situationen – so in seiner bühnenreifen Pressekonferenz, in der ihm sein «Ehrenwort» glatt über die Lippen ging, aber auch schon am Tag vor der Landtagswahl, als Pfeiffers Vorwürfe publik wurden.

Diesen Augenblick beschreibt, am Tag nach dem Tod in Genf, in einem Nachruf des «Hamburger Abendblatts» der Redakteur Herbert Wessels, ein langjähriger Barschel-Kenner: «Ich habe die Empörung in seinen Gesichtszügen gesehen, sein Ringen um die richtige Antwort auf das Ungeheure, das sich dort seinen erbarmungslosen Weg zu bahnen begann. Inzwischen bin ich überzeugt, daß ich mit einigen anderen Journalisten zu einer wohlinszenierten Überraschungsparty geladen war. Barschel und seine Mitarbeiter wußten, daß an diesem Tage etwas in dieser Qualität auf sie zukommen würde. Wir sollten Zeugen der Fassungslosigkeit sein.»

Der Tod Uwe Barschels verändert über Nacht das politische Klima in der Bundesrepublik. Als hätten sich nicht in den Tagen zuvor erdrückende Beweise aufgetürmt, daß Barschel die Öffentlichkeit belogen hat, schlägt die Stimmung um in eine Welle des Mitgefühls und hastiger Schuldzuweisungen. Politik und Presse geraten an den Pranger.

Auch ein NDR-Kommentator fällt in den Chor der Barschel-Weißwäscher ein. Dies sei «die Stunde der Pharisäer», ereifert sich am 12. Oktober ein Sachwalter des Toten: über den «schmuddeligen Herrn Pfeiffer», über die SPD und ihre Gespräche mit Pfeiffer, «die so belanglos nicht gewesen sein dürften», und über die CDU, die «den Mann, dem sie so viel zu verdanken hat, in dieser beschämenden Form» habe «fallen lassen». Die Aufforderung der CDU-Fraktion zum Mandatsverzicht sei der «jämmerliche Versuch» gewesen, «vor Abschluß aller Untersuchungen Schuld zuzuweisen, um das eigene Fell möglichst unbefleckt zu lassen». Der Verfasser dieser Radio-Philippika ist jener wendige Thomas Bernd Stehling, der am Wahl-Wochenende zum Krisenstab des Ministerpräsidenten gehörte – mal privater Barschel-Berater, mal öffentlich-rechtlicher Rundfunk-Journalist.

Kieler SPD-Abgeordnete werden von aufgewühlten Bürgern als «Mörder» beschimpft und gefragt, ob sie «denn jetzt zufrieden» seien. Der CDU-Fraktion wird vorgeworfen, sie habe Barschel vorverurteilt, ohne ihm eine Chance zu geben. Die «linke Kampfpresse» wird beschuldigt, Barschel «in den Tod gehetzt» zu haben.

Besonders schwer tun sich Barschels Parteifreunde, ihre Gedanken in Worte zu fassen – aus Angst vor taktischen Fehlern. Sie müssen die Aufforderung zur Mandatsniederlegung rechtfertigen, wollen zugleich Pietät walten lassen, aber auch die Erhaltung der Regierungsmacht in Kiel im Auge behalten.

Der Kanzler spricht von einer «Tragödie dieser Stunden, die stumm macht». Uwe Barschel habe «dem Land in einer sehr besonderen Weise gedient», und Kohl würdigt, was Barschel «für unsere Überzeugungsgemeinschaft CDU getan hat». Salbungsvolle Phrasen, aber kein Wort zur Kieler Affäre. Stoltenberg erwähnt wenigstens «Schatten», die aber «die unbestreitbar große politische Leistung» Barschels nicht verdecken könnten; er bekräftigt, daß sich die CDU «fair» zu ihrem einstigen Spitzenmann verhalten habe.

Kai-Uwe von Hassel, Jahrgang 1913, auch er ein ehemaliger Kieler Regierungschef (von 1954 bis 1963), danach Minister in Bonn und Bundestagspräsident, liefert in einem altersweisen Nachruf eine treffliche Beschreibung: «Die große Krise, die jetzt über unser Land fegt, ist Uwe Barschel persönlich nicht allein anzulasten. Er war ein junger, höchst intelligenter, fleißiger und erfolgreicher Mann, der genau in das politische Milieu hineinpaßte, welches sich ihm bot.»

Reiner Pfeiffer erhält die Nachricht vom Tode Barschels an seinem portugiesischen Urlaubsort. In den letzten Tagen hat der Affären-Auslöser auf Briefpapier des Hotels «Alvorada» in Estoril handschriftliche Notizen für seine bevorstehende Aussage vor dem Untersuchungsausschuß gemacht: «So appelliere ich zunächst», beginnt seine Aufzeichnung, «eindringlich an Herrn Dr. Barschel, endlich rückhaltlos in allen Punkten die Wahrheit zu sagen.» Am Schluß schreibt sich Pfeiffer auf:

«Den Sturz des Herrn Dr. Barschel empfinde ich alles andere als persönlichen Sieg oder Triumph.»

Daß Barschel stürzen mußte, war seinem einstigen Gehilfen klar; daß es mit dem Tod des Hauptakteurs enden würde, konnte er nicht ahnen. «Sein Ende hätte so nicht kommen müssen», sagt Pfeiffer. «Durch ein rechtzeitiges Vier-Augen-Gespräch hätten wir einen Ausweg gefunden.» Barschel hätte sich ja «als Notar niederlassen können, um ein Teilrenommee zu bewahren», meint Pfeiffer. «Auch wenn's kitschig klingt», sagt Pfeiffer später, «ich habe geweint, als ich davon erfuhr.»

Am 27. Oktober findet im Lübecker Dom eine öffentliche Trauerfeier für Uwe Barschel statt. Das Protokoll steht vor Problemen, wie es angesichts der sich erhärtenden Schuldvorwürfe eine angemessene Würde wahren soll. Bonns christsozialer Innenminister Friedrich Zimmermann ordnet für alle Dienstgebäude des Bundes an diesem Tag Halbmast-Beflaggung an. Die Witwe verbittet sich, daß Gerhard Stoltenberg eine Rede hält; als einziger Politiker darf Henning Schwarz sprechen.

Eine vielbeachtete politische Predigt hält Bischof Ulrich Wilckens: «Der plötzliche Tod Uwe Barschels, des Ministerpräsidenten, mitten hinein in den Morast von Affären und Machenschaften, in dem wir uns befinden, erregt ja nicht nur die persönliche Teilnahme vieler, vieler Menschen, sondern eben auch eine brennende Scham über den inneren Zustand unseres Gemeinwesens, wie er hier offenbar geworden ist... Solange es schlicht als Katastrophe gilt, wenn die einen die anderen in der Macht ablösen, und die Macht zu verlieren als eine Schande gilt, solange werden alle durch Jahrhunderte bekannten Gefahren der Machtsucht vielfache und vielfältige Chancen bekommen, unserem Gemeinwesen, gerade dem demokratisch verfaßten, in seiner Wurzel zu schaden. Und es steht sehr zu befürchten, daß hier der eigentliche Herd der Krankheit von uns allen liegt, die Uwe Barschel so jählings hingestreckt, aber auch viele andere befallen hat.»

16
« Komplott von KGB, SPD und Pfeiffer »

Desinformation in den Medien

Enno von Loewenstern, seit fast zwölf Jahren verantwortlich für die Meinungsseite der «Welt» und (ab November 1987) stellvertretender Chefredakteur, ist Spezialist für Schrulliges und Verschrobenes. Mit seinen polemischen, oft verstiegenen Kommentaren über Gott und die Welt erregt der baltische Adlige immer wieder Heiterkeit bei Sachkennern aller Schattierungen. Mit triefendem Haß auf alles Linke verzerrt der Ultrakonservative die Realität ins Groteske. Mit einem Geniestreich sondergleichen jedoch stellt der Meinungsbildner des Springer-Flaggschiffs am 13. Oktober die Zusammenhänge und Abläufe der Barschel-Affäre auf den Kopf.

Was Barschel gemacht hat, ist für Enno von Loewenstern nicht die Frage, sondern: «Was hat der SPIEGEL mit Barschel gemacht, was hat die SPD im Kontakt zu Pfeiffer mit Barschel gemacht, was hat der ‹Stern› mit Barschel gemacht? Diese grausige Kabale überbietet alles Vorstellbare.» Was Loewenstern sich vorstellt, packt er in eine Suggestivfrage: «War das Ganze eine Falle für Barschel?» Daran knüpft er, nach strenger Loewenstern-Logik, den Schluß: «Wenn Pfeiffer, wenn die SPD sich früher gerührt hätten, dann hätten sie vielleicht Barschel den Tod erspart.»

Der Mann von «Welt», den Helmut Schmidts ehemaliger Regierungssprecher Klaus Bölling als «besten Sattelburschen des Verlags» tituliert, wirkt richtungweisend für die Konzern-Berichterstattung der folgenden Wochen. Konsequent versuchen die Springer-Blätter «Welt» und «Bild» das Hauptopfer der schmutzigen Barschel-Tricks, Björn Engholm, zum Mittäter und den SPIEGEL zum Mitverschwörer umzuschminken.

Nach derselben Hausstrategie verfährt beispielsweise auch «Bild»-Vize Hans-Hermann Tiedje, der hauptamtlich für «Unterhaltung» zuständig ist, in einem gleichgesinnten Branchendienst: «Im Bermuda-Dreieck zwischen Staatskanzlei, SPD und SPIEGEL ging Barschel unter.»

Aus der tölpelhaften Informationspolitik der SPD, die erst nach wochenlangem Schweigen ihre Kontakte zu Pfeiffer eingestand, konstruieren die Springer-Redaktionen ein Komplott, dem Barschel zum Opfer gefallen sei. Daß an den Vorwürfen von Barschels früherem Medienreferenten Reiner Pfeiffer gegen seinen Dienstherrn überhaupt etwas dran sein könnte, erfuhren die erstaunten «Bild»-Leser ohnehin erst 26 Tage nach der Erstveröffentlichung der Affäre. «Sensation in Kiel», verkündete eine «Bild»-Schlagzeile am 8. Oktober über die Ermittlungen der Lübecker Staatsanwälte: «Erster Verdacht gegen Barschel». Bis dahin hatte der Christdemokrat, Interview für Interview, im Springer-Blatt «bedingungslos für die volle Wahrheit kämpfen» können.

Am 9. Oktober gab allerdings sogar die «Bild»-Zeitung die Unschuldsvermutung für 24 Stunden auf: «Verdacht des Meineides – Barschel ins Gefängnis?» Aber schon am nächsten Tag war für «Bild» die Welt wieder in Ordnung: «Auch SPD mauschelte mit Pfeiffer». Daß Engholm und andere Sozialdemokraten über Pfeiffers Umtriebe früher informiert waren als zunächst eingeräumt, nutzt auch die «Welt» zu einer kausalen Verdrehung. «War Barschel Ziel eines raffinierten Doppelspiels?» fragt «Welt»-Chef Manfred Schell: «Das ist jetzt nicht mehr abwegig.»

Unter solchen Umständen ist es für die rechten Journalisten auch ausgeschlossen, daß Barschel freiwillig aus dem Leben geschieden sein könnte. Die Frage ist nur: «Infarkt oder Gift?» (so die «Welt» am 14. Oktober). Für «Bild» war es mal ein Wannen-Anschlag «mit einem Fön» («ein Kripo-Experte»), mal wurde der Tote ins Bad «hineingelegt» («ein Kripo-Psychologe»). Auch als die Genfer Gerichtsmediziner Spuren von verschiedenen Arzneimittel-Wirkstoffen in Barschels Körper finden, aber keine Spuren von Gewaltanwendung, läßt «Bild» nicht ab von der Mordthese: «Dennoch spricht vieles dafür, daß diese tödliche Giftmenge dem Politiker eingeflößt wurde.»

Weil die Ferndiagnosen der großenteils anonymen Experten nicht hinreichen, die Mediziner vor Ort zu widerlegen, bemühen «Bild am Sonntag» und «Bild der Frau» sogar Hellseher. Minuziös schildert «Bild am Sonntag» den Hergang der Ereignisse im «Beau-Rivage». Zwei Männer, so die Darstellung des Blattes am 18. Oktober, hätten Barschel in Zimmer 317 mit vergiftetem Mineralwasser umgebracht, dann «wurde Wasser in die Wanne gelassen. Einer sagte: ‹Wir legen ihn in die Wanne und schmeißen den Rasierapparat rein.› Dieses wurde ... abgelehnt mit der Äußerung: ‹Der Auftrag lautet: Beiseite schaffen und keine Spuren hinterlassen! Sammel die Gläser ein und nimm das Wasser mit. Das genügt› ...».

Der Informant «aus dem Jenseits» war Hans-Peter Paulussen, ein «bekanntes Medium» für derlei überirdische Beziehungen. Der 44jährige Münsteraner pflegt, wie er mit Grabesstimme verkündet, seit 38 Jahren Umgang mit seiner verstorbenen Großmutter, die ihm Sprechkontakte zu anderen Toten vermittelt – so auch zu Barschel, der die Genfer Zimmer-Szene nach seinem Tod habe «geistig miterleben» können. Fazit von Barschels Geist: «Ich bin im Sessel gestorben.»

Bestätigt wird die Oma-Story aus Münster durch einen «Esoteriker und Seher aus Schleswig-Holstein», der in «Bild der Frau» kundtut, Barschel sei «mit schwer nachweisbarem Herzgift» ermordet worden. Fazit des Sehers: «Es geht Barschel drüben aber sehr gut, er hat sich verhältnismäßig wenig vorzuwerfen.»

Der Hokuspokus paßt nahtlos in die Linie der Konzernblätter, die sich redlich bemühen, ihre Leser mehr zu verwirren als aufzuklären. Mal wird Pfeiffer in «Bild» als nebenamtlicher Geheimdienstler ins Gerede gebracht – Beleg: ein «geheimer Brief», anonym, der «nach Mutmaßungen des Kieler Innenministeriums und der Staatskanzlei von einem hohen Mitarbeiter des Bremer Verfassungsschutzes» stammen soll. Mal registrieren «Bild» und «Bild am Sonntag» die anonyme Anzeige eines angeblichen DDR-Oberstleutnants, der Pfeiffer «beim Stasi in Ost-Berlin gesehen» haben will – obwohl dessen Angaben laut Bundesanwaltschaft «in wesentlichen Teilen nicht mit nachrichtendienstlichen Erfahrungssätzen in Einklang stehen» und ein Ermittlungsverfahren daher gar nicht erst eingeleitet wird.

Mit Meldungen, Pfeiffer könne «Politikerstimmen täuschend ähnlich nachmachen» oder auch «Barschels typisches Lachen» imitieren, versucht «Bild» einzureden, womöglich habe Finanz-Staatssekretär Schleifer in Sachen Steueranzeige ja gar keinen Anruf von seinem Ministerpräsidenten, sondern von einem Double bekommen. Die Ente lebt jedoch nur ein paar Stunden: Schleifer versichert, das Telefonat sei von seinem und Barschels Vorzimmer vermittelt worden – mithin hätte Pfeiffer auch die Stimmlage von Brigitte Eichler im Repertoire haben müssen.

Ein «Bunte»-Interview mit Pfeiffer wird so zerhäckselt, bis es sich in den «Bild»-Trend einfügt, daß der Barschel-Mitarbeiter mit dem Oppositionsführer konspiriert habe. «Ich habe Engholm mehrmals gesehen, habe auch mit ihm gesprochen», zitiert das Springer-Blatt aus Burdas Illustrierten – den Nachsatz: «allerdings nur auf Pressekonferenzen», läßt «Bild» indes weg. Erst später im Text kommt der Rest der Pfeiffer-Aussage, aber so: «Ich habe an allen SPD-Pressekonferenzen teilgenommen, auf denen er auch war. Ich bin sicher, daß Herr Engholm mich kannte.» Die «Bild»-Leser können also nicht erkennen, daß Pfeiffer nach eigenem Bekunden «nur auf Pressekonferenzen» mit Engholm gesprochen hat. «Bild»-Überschrift: «Pfeiffer sprach und sah Engholm – mehrmals».

Mit ihrem Wust von Komplott-Thesen sorgt die Gruppe mit dem rechten Welt-Bild dafür, daß die Aufmerksamkeit ihres Publikums von den Kieler Tatorten, Barschels Staatskanzlei und Stoltenbergs CDU, abgelenkt bleibt, auch als das Lügengebäude des Ex-Ministerpräsidenten bereits krachend einstürzt. Unbeirrt halten die Kopfblätter des Springer-Verlags ihrem Geschäftspartner Barschel die Treue, der sie stets exklusiv mit Home-Storys aus der Möllner Idylle versorgte und dem sie ihren Angestellten Pfeiffer ausgeliehen haben.

Daß Pfeiffer ein Springer-Mann war, erfahren die «Bild»- und «Welt»-Leser allerdings auch erst am 26. Oktober – eine Woche nachdem der SPIEGEL seinen Arbeitsvertrag und Auszüge aus Pfeiffers schriftlichen Tätigkeitsberichten an Springer-Manager Rattmann veröffentlicht hat. Zwei Wochen nach der Wahl erhielt Pfeiffer die Kündigung, am 20. Oktober unterschrieb er eine Auflösungsvereinbarung. Er bekommt eine Abfindung von 45 000 Mark.

«Nach dieser ‹Affäre›», ahnte Friedhelm Voss, der «Bild»-Zentralorganisator, bald nach ihrer Entdeckung, «hat nach meiner Einschätzung Herr Pfeiffer keine Chance, in unserem Haus eine Anstellung zu bekommen. Vorher hätte ich Herrn Pfeiffer als einen guten Rechercheur mit erstklassigen Beziehungen, teils weltweit, eingeschätzt.» Hinterher beschreibt ihn der stellvertretende «Bild»-Chef Mumme, der Empfänger des Aids-Briefes, als «die zwielichtigste Figur, die in Politik und Medien der deutschen Nachkriegsgeschichte ihr Unwesen trieb».

Auf die Konspirationsparolen der Springer-Zeitungen fällt sogar der Mann herein, der Pfeiffer an Barschel ausgeliehen hat. Der Vorstandsvorsitzende Peter Tamm wertet eine briefliche Anfrage des SPD-Präsidiumsmitglieds Peter Glotz wegen der «personalpolitischen Verfilzung» zwischen Springer-Konzern und Kieler Staatskanzlei als «Entlastungsangriff» einer Partei, «die sich in Bedrängnis weiß». Denn, so Tamm am 30. Oktober in seinem Antwortbrief an Glotz: «Wenn ich heute die überraschende Aussage Ihres Fraktionsvorsitzenden Dr. Jochen Vogel in der ‹Welt› lese, stellt sich mir die Frage, ob nicht die SPD der Öffentlichkeit eine vollständige Aufklärung ihrer eigenen Rolle schuldet; denn immerhin hat Dr. Vogel erst jetzt eingeräumt, daß er bereits am 8. September von der Bespitzelung seines Parteifreundes Engholm wußte.»

Das Rätsel um Vogels geheimnisvolles Wissen am 8. September hätte sich leicht klären lassen, in der «Welt» ist es sogar beiläufig erwähnt: Einen Tag zuvor, sechs Tage vor der schleswig-holsteinischen Landtagswahl, hatte der SPIEGEL erstmals über die Observierung des Oppositionsführers und die anonyme Steueranzeige berichtet. Vogel fragte deshalb bei seinen Parteifreunden in Kiel nach. Die «Welt» allerdings konnte keinen Skandal entdecken: Über «das Gerücht, die CDU könnte Detektive auf Engholm angesetzt haben», meldete der Kieler Korrespondent Diethart Goos, «kichern die Schleswig-Holsteiner».

Als ernsthafte Nachricht aufgegriffen wird hingegen ein Hirngespinst wie das des Bonner CDU/CSU-Fraktionsgeschäftsführers Friedrich Bohl, es habe «rund 14 Tage vor der Wahl in Schleswig-Holstein eine telefonische Schaltkonferenz zwischen Herrn Engholm, der SPD-Zentrale in Bonn und SPIEGEL-Chefredakteur Böhme stattgefunden».

Auch das ominöse Foto, das sich Barschel von «Roloff» versprach, geistert tagelang durch die Gazetten – und nicht nur durch die des Springer-Verlags. Mal soll es Pfeiffer mit Engholm, mal mit Jansen, mal mit Böhme zeigen. Aber abgebildet wird das Phantom-Bild natürlich nirgendwo, es bleibt unauffindbar. Auch daß, wie die Genfer Polizei verschämt zugeben muß, sämtliche hundert Aufnahmen, die Tatort-Ermittler im Zimmer 317 des «Beau-Rivage» gemacht haben, nichts geworden sind, regt zum Rätseln an – das kann ja nicht mit rechten Dingen zugehen.

«Noch zwei Wochen nach Barschels Tod», registriert Affären-Opfer Engholm erstaunt, gehe die Presse «zu 80 Prozent» davon aus, «daß sie es mit einem Komplott von KGB, SPD und Pfeiffer zu tun habe». Engholm: «Ich habe da Horrorszenen erlebt und zum ersten Mal begriffen, wie rechts die Presse wirklich ist.»

«Roloff» taucht in vielerlei Gestalt auf. Ein anonymer Brief, der im Hausflur des Postamts 1 in Castrop-Rauxel gefunden wird, weist auf Wilfried Rochell – aber der war ebensowenig in Genf wie er Böhme mit Pfeiffer in Neumünster gesehen haben kann. Dann behauptet Bernd Plogmann, dessen Namen die

Staatsanwaltschaft in Pfeiffers Terminkalender gefunden hat, er habe früher unter dem Pseudonym Robert Roloff im CDU-Organ «Niedersachsen-Zeitung» geschrieben – eine Spinnerei, wie die Ermittler mit Hilfe der hannoverschen CDU rasch herausfinden. In Genf, kann Plogmann «ganz klar und deutlich sagen», ist er ohnehin nicht gewesen.

«Bild am Sonntag» sieht «Super-Agent» Werner Mauss am Werk, den hannoverschen Privatdetektiv mit den vielen Decknamen und Verbindungen zu Verfassungsschutz und Bundeskriminalamt. Quelle des Blattes ist «ein Hamburger Polizeibeamter», der sich angeblich so einläßt: «Ich habe Mauss auf mehreren Reisen nach Genf dienstlich begleitet. Er trat dort stets unter dem Tarnnamen Roloff auf, traf sich in Luxushotels – auch im ‹Beau-Rivage› –, in teuren Lokalen mit Auftraggebern und internationalen Kontaktleuten.»

Der «Stern» ortet Mauss später tatsächlich in Genf – und auch zum fraglichen Zeitpunkt war er dort. Mauss landete am 9. Oktober um 13.32 Uhr mit einer zweimotorigen Mitsubishi in Genf und schrieb sich unter dem Namen «Lange» im Hotel «Richemond» ein, direkt neben dem «Beau-Rivage». Am Sonntag, 11. Oktober, um 12.51 Uhr startete Mauss wieder mit seiner Chartermaschine aus Genf, wenige Minuten, nachdem der tote Barschel gefunden worden ist. Mauss-Anwalt Karl Egbert Wenzel dementiert jeden Zusammenhang mit der Anwesenheit seines Mandanten an jenem Wochenende in Genf und dem gleichzeitigen Aufenthalt von Barschel. Der «Stern» kann oder will es auch nicht aufklären: «Alles Zufall? Schon möglich.»

Nachdem die Spekulationen über die Todesursache abgeklungen sind, auch «Bild» erkennt mittlerweile auf «Selbstmord», wendet sich die Berichterstattung der Medien wieder dem Untersuchungsausschuß zu, der an drei Tagen in der Woche Zeugen vernimmt – im selben Saal, in dem Barschel am 18. September sein Ehrenwort gab und wo er eine Woche später seinen Rücktritt ankündigte. Das war jeweils freitags, und es ist wieder Freitag, der 23. Oktober, als Reiner Pfeiffer hier seinen großen Auftritt hat, während am selben Tag der Leichnam Barschels in die Heimat übergeführt wird.

Pfeiffers Einzug ins Landeshaus, seine frühere Wirkungsstätte, wird zum Medienereignis. Fotografen und TV-Kameraleute bilden eine dichte Traube um den ehemaligen Medienreferenten, aus allen Richtungen werden ihm Mikrofone entgegengereckt. Nur mühsam kann er sich einen Weg zum Zeugenstuhl bahnen, hinter dem vier Polizisten in Zivil Platz nehmen, weil es in den letzten Tagen Morddrohungen gegen den Affären-Auslöser gegeben hat.

Die Show im Saal zieht dann aber erst mal Professor Samson ab. Er stellt den «Beweisantrag, zur Identitätsfeststellung des Betroffenen mit dem angeblichen Namen Pfeiffer eine Geburtsurkunde des zuständigen Standesamtes beizuziehen, zweitens auf der Basis dieser Geburtsurkunde einen Strafregisterauszug anzufordern». Den Untersuchungsakten sei nämlich zu entnehmen, daß «Fälschungen erheblichen Umfangs, auch in bezug auf Urkunden, die die Identität bestimmen, stattgefunden haben».

Samson spielt damit auf das gefälschte Abiturzeugnis Pfeiffers an sowie auf zwei in den Untersuchungsakten entdeckte Lebensläufe, bei denen in einer Version Gymnasialzeit und Abitur eingearbeitet sowie die anderen Schul-, Lehrzeit- und Volontariatsdaten entsprechend angepaßt worden sind. Schmunzelnd weist der Ausschußvorsitzende Klingner darauf hin, «daß die Person, die mir gegenübersitzt, diejenige ist, die mir hinlänglich als früherer Medienberater der Landesregierung bekannt ist».

Pfeiffers Anwalt Hajo Wandschneider, ein renommierter Hamburger Strafrechtler und ehemaliger Vorsitzender von «Amnesty International», bezweifelt im Gegenzug und unter Berufung auf die Strafprozeßordnung, daß die Zulassung Samsons als Rechtsbeistand eines Toten überhaupt Rechtens sei. «Fragen des postmortalen Nebenklägervertreters» werde sein Mandant daher nicht beantworten. Der Streit der beiden Starjuristen um die Funktion des Hochschullehrers spiegelt ein

Dilemma wider, das alle parlamentarischen Untersuchungsausschüsse belastet: Es gibt für derlei Tribunale keine verbindlichen Regeln. Laut Grundgesetz (Artikel 44, Absatz 2) sind bei «Beweiserhebungen» die «Vorschriften über den Strafprozeß sinngemäß» anzuwenden. Diese passen aber nur sehr bedingt oder gar nicht zu einem Verfahren, in dem es weder Angeklagte, noch Verteidiger, noch ein rechtsmittelfähiges Urteil gibt. Der Ausschuß konnte daher ganz pragmatisch beschließen, Samson einen Sonderstatus zuzugestehen.

Pfeiffer wird als «Betroffener» eingestuft, ist aber als «Zeuge» zugleich grundsätzlich verpflichtet, wahrheitsgemäße Aussagen zu machen. Nur weil gleichzeitig staatsanwaltschaftliche Ermittlungen gegen ihn geführt werden, darf er ein umfassendes Zeugnisverweigerungsrecht für sich in Anspruch nehmen. Daß Pfeiffer an diesem Tag überhaupt aussagt, gründet einerseits auf der Überlegung, daß ihm Schweigen als Kneifen ausgelegt würde, andererseits auf der unwiederbringlichen Chance zur Selbstdarstellung. Die nutzt er weidlich.

Neue Fakten hat Pfeiffer nicht zu enthüllen. Was er über seine Sondereinsätze im Dienste Barschels berichtet, hat er bereits im SPIEGEL und in zahllosen Interviews erzählt. Das erwartungsvolle Publikum im überfüllten Schleswig-Holstein-Saal kommt dennoch auf seine Kosten – schlagfertige Antworten, schnoddrige Einwürfe, bissige Randbemerkungen haben auch Unterhaltungswert.

Auf die Frage etwa, wie er zum Springer-Verlag gekommen sei, erwidert Pfeiffer schnippisch: «Mit dem Zug und dann mit dem Taxi.» Jovial redet er den Abgeordneten Kerssenbrock an: «Mein lieber Graf!» Als der CDU-Abgeordnete Fritz Latendorf darüber lachen muß, daß Pfeiffer seine Kontakte zum Bremer Staatsschützer Frank Herrmann als «rein menschlicher Art» charakterisiert, faucht ihn der Zeuge böse an: «Ich würde doch bitten, das zu unterlassen.»

Auch Samson kann's nicht lassen, seine spitzfindigen Fragen loszuwerden, obwohl Pfeiffer darauf jede Antwort verweigert. Besonders clever glaubt es der Professor anzustellen, wie er Pfeiffers Aussageverweigerungsrecht zu unterlaufen versucht. «Herr Pfeiffer», fragt Samson, «haben Sie in der Vergangenheit und/oder jetzt hier über die angebliche Mitwisserschaft oder Anstiftung durch Herrn Barschel die Wahrheit gesagt oder die Unwahrheit?» Pfeiffer: «Keine Antwort.» Darauf bittet Samson den Vorsitzenden, «den Betroffenen darüber zu belehren, daß er nur dann die Auskunft verweigern darf, wenn diese wahrheitsgemäße Auskunft ihn der Gefahr der strafrechtlichen Verfolgung aussetzt». Laute die Antwort nämlich, er habe Barschel zu Recht belastet, mache sich Pfeiffer dadurch nicht strafbar. «Lautet dagegen die Antwort: ‹Ich habe Herrn Barschel zu Unrecht belastet›, dann würde er eine Verleumdung gegen Herrn Barschel zugestehen, und dies wäre ein Grund, die Aussage zu verweigern.» Der Professor macht keinen Stich.

In den Sitzungspausen des Untersuchungsausschusses, wenn sich Beteiligte und Beobachter in der Wandelhalle des Landeshauses die Füße vertreten, ist Samson stets von Fernsehkameras, Hörfunk-Mikrofonen und schreibenden Journalisten eingekreist. Samson hat das ganz gern: «Ich habe keine Probleme im Rampenlicht.» Geheimnisvoll und listig stellt der Professor Kombinationen an, wie sich die Waterkantgate-Affäre *auch* zugetragen haben könnte, wenn man nur seinen Hypothesen folge.

Der von der Barschel-Familie beauftragte Hochschullehrer, der sich selber «allein gegen alle» kämpfen sieht, packt den Fall als Denksport-Aufgabe an: «Wenn man alle Aktionen betrachtet», die Uwe Barschel bei seinem Medienreferenten Pfeiffer nach dessen Aussagen in Auftrag gegeben hat, dann sei «eigentlich jedem halbwegs Vernünftigen klar, daß sie den politischen Effekt nicht erzielen können, der angeblich beabsichtigt war».

Den Tatsachen zum Trotz, die der Ausschuß Stück um Stück zusammenträgt («Ich interpretiere sie eben anders»), verkündet Samson seine «feste Überzeugung», daß «die Hypothese, Herr Pfeiffer habe im Auftrag oder mit Wissen von Uwe

Barschel gehandelt, von den Tatsachen nicht getragen wird, dagegen die andere Hypothese, Herr Pfeiffer habe Uwe Barschel von Anfang an hintergangen, von zahlreichen Details gestützt wird».

Ein Beispiel: Aufgrund einer vagen Zeitangabe («Ende Januar»), mit der Pfeiffer in seiner eidesstattlichen Versicherung die Idee zur Ausspähung von Engholms Privatleben datiert, versucht Samson, den früheren Medienreferenten der Lüge zu überführen. Denn die Telefon-Computerliste weist den ersten Anruf Pfeiffers bei dem Bremer Kripo-Beamten Herrmann bereits am 9. Januar aus. Der Barschel-Beistand verdächtigt Pfeiffer deshalb, er habe «den Beginn der Beschattungsaktion auf eigene Faust in Angriff genommen», «ohne Auftrag und Kenntnis von Uwe Barschel».

Eine andere Deutung der geringen Zeitdifferenz ist viel plausibler: Pfeiffer, der seine Angaben ohne Gedächtnisstütze aus seiner Erinnerung machte, hat sich um ein paar Tage geirrt. Derlei Ungenauigkeiten erhöhen indes sogar die Glaubwürdigkeit des Kronzeugen: Hätte Pfeiffer tatsächlich, wie Samson unterstellt, seinem Chef etwas unterjubeln wollen, dann hätte er, um solche Widersprüche von vornherein auszuschalten, wenigstens die Daten notiert; womöglich hätte er nicht nur ein paar bedingt beweiskräftige Aufzeichnungen von eigener Hand aufbewahrt, sondern auch Kopien und die Einschreibe-Belege. «Heute», sagt Pfeiffer, «würde ich mehr Beweismittel sichern und dreimal so vorsichtig sein.»

Aufgeschlossen für die Samson-Hypothesen zeigen sich vor allem die «Bild»-Zeitung und die «Welt», die obendrein als exklusiven Berichterstatter aus dem Ausschuß den Plöner CDU-Kreisvorsitzenden Werner Kalinka beschäftigt. Über dessen «einseitige» Nachrichtengebung mokiert sich sogar das «Hamburger Abendblatt», das als rühmliche Ausnahme im Springer-Konzern die Maßstäbe eines soliden Journalismus nicht vermissen läßt. Es kritisiert auch Samson, der fleißig Zusammenhänge konstruiere, «die nur auf seinem Papier, nicht aber angesichts der Tatsachen Bestand hatten».

Samsons Gedankenakrobatik vermittelt indes treuen Barschel-Anhängern die Hoffnung, es sei noch nicht alles verloren. Die CDU-Abgeordnete Irmlind Heiser, Mitglied des Untersuchungsausschusses, wundert sich: «Sie mögen einfach den Dingen, die bisher ans Tageslicht gekommen sind, nicht ins Auge schauen.» Viele CDU-Mitglieder kennen den Fall jedoch nur aus den Blättern des Springer-Konzerns, der die Leser von «Bild» und «Welt» vorzugsweise mit mehr oder weniger abenteuerlichen Komplott-Theorien bedient, wie sie auch Samson verbreitet. Die Parteibasis versteht daher weithin nicht, wieso ihre Vertreter im Untersuchungsausschuß sich nicht entschiedener für die Rehabilitierung des Ex-Ministerpräsidenten einsetzen. Graf Kerssenbrock über die Stimmung im Parteivolk: «Wir bekommen furchtbare Prügel von unseren eigenen Leuten.»

Samson sei «für Geschichten gut, die sich am Frühstückstisch schön lesen» – anders als die Fakten und Uhrzeiten, mit denen sich der Untersuchungsausschuß herumschlagen müsse, klagen auch CDU-Fraktionsmitglieder. Mit seiner Effekthascherei habe der Barschel-Anwalt nur für «Beschwernisse auf dem ohnehin steinigen Weg» zur Wahrheit gesorgt.

Um den von Samson angefachten Spekulationen entgegenzutreten, lädt die CDU-Fraktion am 3. November zehn Journalisten in das feine Hotel «Kieler Kaufmann» ein. Kerssenbrock und Fraktionsgeschäftsführer Norbert Scholtis verteilen und erläutern zwei «Arbeitspapiere», die penibel und schonungslos die «bisherigen Ermittlungsergebnisse des Untersuchungsausschusses» zusammenfassen – zum Nachteil des früheren Regierungschefs. «Wir haben versucht», sagt Kerssenbrock, «unsere Schutzfunktion gegenüber Barschel wahrzunehmen. Aber wo wir auch gegraben haben, haben wir nichts Entlastendes gefunden.» Im Gegenteil: «Die Geschichte Pfeiffers wird immer runder, es kommen immer neue Grausamkeiten raus.»

Die «Welt» läßt sich von den Fakten nicht beeindrucken. Sprachlich verquer, aber unverfroren kommentiert Enno von Loewenstern am 5. November: «Aber natürlich sprechen erdrückend viele Indizien massiv gegen eine Schuld Barschels und dafür, daß jedenfalls der SPD-Sprecher Nilius, der nach eigenem Eingeständnis seit Juli mit Pfeiffer kungelte und nach Engholms Angaben (‹... hat Herr Nilius sich etwa so zu mir geäußert, daß wir mal öfter in den Rückspiegel sehen sollten›) offenbar schon im Februar mit ihm gekungelt hat.» Nilius zeigt ihn wegen Verleumdung an.

Zu ganz großer Form läuft der «Welt»-Chefkommentator am 17. November beim «Buß- und Bettagsgespräch» des katholischen «Instituts für Gesellschaftswissenschaften Walberberg» auf, das von dem CDU-Vordenker und Dominikanerpater Basilius Streithofen geleitet wird. Hier holt Loewenstern zum großen Rundumschlag aus. «Ehrenschutz findet in der Bundesrepublik Deutschland nicht statt», behauptet er. «Für die Linke und ihre Verkündigungsblätter» bedeute es «kein Risiko, eine Ehrabschneider-Kampagne einzuleiten», denn: «Wo jeder Kritiker», der an der Schuld Barschels zweifle, «vom SPIEGEL und vom ‹Stern› ... in der wüstesten Weise angepöbelt wird, wagt kaum noch jemand, eine Überlegung oder gar eine Tatsache gegen die herrschende Sprachregelung vorzutragen. Daß fast die gesamte Presse unter der Fuchtel dieser Hetze einschwenkt und die Vor-Verurteilung zur Maxime erhebt, ist bezeichnend für den deutschen Zustand». Die Springer-Presse als Hort der Wahrheit?

Gnadenlos rechnet Loewenstern auch mit der CDU ab. Auch sie, behauptet er mit atemberaubender Logik, lasse sich «mit der Behauptung bluffen, von ihrer Seite seien über Engholm ‹Schmutzkübel ausgeschüttet› worden». Denn «in Wahrheit» seien «die ganzen schmutzigen Geschichten über Engholm und andere» doch im SPIEGEL vom 7. September ausgeschüttet worden. Grundlos gerate die CDU «in Panik, läßt ihren Ministerpräsidenten im Stich und verfolgt ihn über den Tod hinaus mit Dokumentationen». Barschel sei von seinen Parteifreunden «allein gelassen» worden und habe sich «dann möglicherweise mit ein paar belanglosen Einzelheiten verheddert».

Aber so sei halt die Partei schon immer gewesen: «Wo sich die SPD – was immer man sonst über diese Partei sagen mag – jedenfalls automatisch um einen Angegriffenen schart, rennt die Union wie ein kreischender Hühnerhof auseinander.» Die SPD, resümiert der Rächer der Entehrten, sei «eine Partei zum Fürchten», die Union jedoch «eine Partei geworden, die man verachtet».

«Das mutwillige Unvermögen mancher Springerblätter, zwischen Tätern und Opfern zu unterscheiden» (so die «Süddeutsche Zeitung»), steht in der Sitzung des Beschwerdeausschusses des Deutschen Presserats am 24. November nicht zur Debatte. Es geht um die Berichterstattung im SPIEGEL und im «Stern». Die SPIEGEL-Titelzeile «Barschels schmutzige Tricks» am 14. September sei «durch den Inhalt der Berichterstattung im selben Heft nicht gedeckt» gewesen, rügt der Presserat – die pointierte Verknappung des Sachverhalts, daß die zweifellos stattgefundenen Intrigen von der Staatskanzlei ausgingen, hat sich längst als wahr erwiesen. Dem «Stern» erteilt der Presserat zwei Rügen: Mit dem Eindringen seiner Reporter in Barschels Hotelzimmer und mit dem Zweitabdruck des Badewannen-Fotos habe das Blatt gegen das Berufsethos der Zunft verstoßen, die Erstveröffentlichung des Bildes sei «als zeitgeschichtliche Dokumentation nicht zu beanstanden.»

Gewichtiger ist indes die grundsätzliche Bewertung durch den Presserat: «Für Skandale sind nicht die verantwortlich, die darüber pflichtgemäß berichten, sondern jene, die sie verursacht haben. Vermutetes Fehlverhalten staatlicher Instanzen ist öffentlich zu machen, anderenfalls würde die Öffentlichkeit wesentliche Kontrollrechte in der Demokratie aufgeben.»

«Bei allem, was man subjektiv zum SPIEGEL sagen kann», so der CDU-Spitzenkandidat für die Landtags-Neuwahl, Heiko Hoffmann, im März 1988, «muß man anerkennen, daß nur durch die Pressefreiheit diese Selbstreinigung der Demokratie möglich geworden ist ... Ich wehre mich dagegen, daß man Kritik in die Richtung einer Art Pressezensur vorantreibt. Hätten wir den SPIEGEL nicht gehabt – wer weiß.»

17
« Die Paragraphen sind sehr nett »

Einseitige Ermittlungen der Staatsanwaltschaft

Der Lübecker Staatsanwalt Karl Lienshöft, 37, ist als Ermittler spezialisiert auf Organisierte Kriminalität, von Autoklau und Drogendeal bis Mädchenhandel und Schutzgelderpressung. Eine Zuständigkeit für das Duo infernale Barschel/Pfeiffer läßt sich also zwanglos herleiten, handelt es sich bei den Tatverdächtigen doch auch um so etwas wie eine kriminelle Vereinigung. Allerdings sucht Behördenchef Oswald Kleiner die Polit-Mafia nicht in der Kieler Staatskanzlei, sondern hartnäckig bei Pfeiffer und seinen vermuteten Hintermännern.

Lienshöft hat sich bereits als besonders eifriger Kleiner-Gehilfe ausgewiesen: Am 18. September ließ er eine Gästewohnung des SPIEGEL gegenüber dem Verlagsgebäude, wo sich Pfeiffer und Jutta Schröder vorübergehend einquartiert hatten, durchsuchen, obwohl sich der Gerichtsbeschluß nur auf die Privatwohnung Pfeiffers in Bremen und Probsteierhagen erstreckte. Lienshöft beschlagnahmte gegen den Einspruch des Pfeiffer-Anwalts Briefe von Pfeiffer an den Springer-Verlag und an Barschel, ein Behörden-Telefonbuch und einen Terminkalender. Insgesamt 36 Posten Pfeiffer-Material, säuberlich protokolliert, ließ Lienshöft nach dem Durchwühlen von Betten, Schränken und Taschen abschleppen.

Dem Schenefelder Rechtsanwalt Jürgen-Diedrich Peperkorn, den Lienshöft Mitte Oktober wegen der «Lindemann»-Anrufe als Zeugen vernimmt, stellt er, bevor er zur Sache kommt, erst mal die Frage nach seiner Parteizugehörigkeit. Ob Peperkorn SPD-Mitglied sei, will der Staatsanwalt wissen, und ob er Kreisvorsitzender der Jungsozialisten gewesen sei. Peperkorn wundert sich, welches Interesse Lienshöft daran hat, da «diese Funktion mit den weiteren Punkten meiner Vernehmung nicht im Zusammenhang» steht – es geht ja um einen Anruf Pfeiffers Ende Januar, der sich für die Steueranzeige von dem Juristen irrigerweise Auskunft über Engholms Einkommen versprach.

Lienshöft will mit seiner Eingangsfrage an Peperkorn gleich einer Spur nachgehen, die zwei Kollegen von ihm bei der Vernehmung Engholms am 1. Oktober in Kleiners Augen sträflich vernachlässigt hatten: ob Pfeiffer frühzeitig Kontakt zur SPD gesucht und den Sozialdemokraten die schmutzigen Wahlkampf-Tricks womöglich schon lange offenbart hatte, ehe sie der SPIEGEL am Montag vor der Landtagswahl aufdeckte.

Eine Stunde und vierzig Minuten befragten die Staatsanwälte Henning Struck, 40, und Ole Krönert, 32, den Oppositionsführer, «ein Wahnsinns-Gespräch», sagt Struck, «wir haben minutenlang um jede Formulierung gerungen». Auf das Abspielen des Tonbanddiktats verzichtete Engholm, was aus Sicht der Vernehmungsbeamten ihr «schlimmster Fehler» war. Denn die Niederschrift, die sie daraus fertigten, besteht – neben Aussagen Engholms über sein Extragehalt als Fraktionsvorsitzender, die Versteuerung seines Dienstwagens und seine Unkenntnis von der Bespitzelung – im wesentlichen aus Vorhalten der Ermittler, enthält aber keine einzige Antwort darauf.

Laut Protokoll wurde Engholm mit Erkenntnissen der Staatsanwaltschaft «bekannt» gemacht, die bei Wohnungsdurchsuchungen, aus Aktenvermerken und Telefon-Computerlisten gewonnen worden waren: daß bei Piel ein Zettel mit den Namen Theo M. Loch und Nilius gefunden wurde, daß am 17. Februar «vom Apparat Pfeiffer im Landeshaus die Privatnummer des Zeugen angerufen wurde», daß Nilius am 11. Februar von der Polizei «ein ungeklärter Sachverhalt» – die Observation durch zwei Detektive in Blumenthal – mitgeteilt wurde, daß in Pfeiffers Terminkalender unter dem 16. Juli die Notiz «17 Uhr GWH Legienstraße Nili» eingetragen ist, daß Ende Juli Gespräche zwischen Engholm und dem pensionierten Kriminaldirektor Schulz stattgefunden haben, daß sich Nilius am 28. Juli «in der Sache Observation» an die Polizei wandte und daß Engholm am 3. August eine Kopie der anonymen Anzeige zugesandt wurde.

«Zumindestens zu vier von den sieben Punkten», sagt Engholm, sei er überhaupt «nicht befragt worden». Und auch wenn ihm die Fragen gestellt worden wären, hätte er sich am 1. Oktober auf manche noch schwerlich einen Reim machen können. Die Staatsanwälte hatten sich jedoch Aufschluß darüber erhofft, ob der SPD-Spitzenmann von den gegen ihn gerichteten Aktivitäten Pfeiffers teils schon im Februar, teils im Juli gewußt hat. «Für die Bewertung der Glaubwürdigkeit Pfeiffers», sagt Staatsanwalt Krönert, «wäre es von Bedeutung gewesen, ob er sich bereits früher jemandem mitgeteilt hat.»

Als die beiden Vernehmungsbeamten vor der gesamten Ermittlungsgruppe der Lübecker Staatsanwaltschaft über den Inhalt des Protokolls berichteten, fiel Kleiner sofort auf, daß darin der für ihn wichtigste Aspekt vollkommen fehlte: Einlassungen Engholms zu dem Fragenkomplex «Kontakte Pfeiffers zur SPD». Statt den Oppositionsführer nochmals zu vernehmen, fertigte Struck «aus der Erinnerung» einen Vermerk, der nach seiner Ansicht «die Antworten Engholms zusammenfaßte»: «Herr Engholm erklärte bei seiner Vernehmung, daß der Beschuldigte Pfeiffer seine Geschichte weder ihm noch der SPD Schleswig-Holstein angeboten habe.»

Die Doppeldeutigkeit dieser «ziemlich teuflischen» Formulierung geht Struck erst später auf. Er sei, gesteht er, bei der Vernehmung nicht in «besonders guter Tagesform» gewesen. Er habe damit zum Ausdruck bringen wollen: «In der SPD Schleswig-Holstein als Organisation war das kein Thema.» Den eigenmächtigen Zusatz schickte Struck dem SPD-Fraktionsvorsitzenden mit der Bemerkung, er solle ihn benachrichtigen, falls er Bedenken gegen die inhaltliche Richtigkeit des Vermerks habe. Die hat er in der Tat: Engholm stellt klar, er habe «wahrheitsgemäß erklärt», daß er «Herrn Pfeiffer nicht gekannt und nie mit ihm zu tun gehabt» habe.

Bevor Engholm jedoch das verfälschende Zitat korrigieren kann, hat Behördenleiter Kleiner den Vermerk bereits in einem Bericht an Justizminister Hoffmann und den Untersuchungsausschuß als angebliche Engholm-Aussage wiedergegeben. Kleiners Version setzt den Sozialdemokraten dem Verdacht einer Falschaussage aus. Denn «nach den bei Pfeiffer beschlagnahmten Unterlagen», merkte der Leitende Oberstaatsanwalt zu dem freihändig formulierten Vermerk an, sei «davon auszugehen», daß Pfeiffer und Nilius «Kontakt miteinander hatten».

Der Lübecker Cheffahnder Kleiner, der Mitglied der CDU ist und zu Parteitagen auch schon mal im Dienstwagen und mit Chauffeur anreist, läßt emsig nach Indizien suchen, die auf eine Kungelei Pfeiffers mit der SPD hindeuten könnten, vernachlässigt dabei aber wochenlang alle Spuren, die womöglich Barschel belasten. Der «Nili»-Notiz in Pfeiffers Terminkalender gingen die Ermittler sogleich nach, die Eintragungen «Stoltenberg» und «Halbedel» interessierten die Staatsanwälte nicht. Die erste Notiz, unter dem 6. August, bezog sich, wie sich später herausstellt, auf eine Pressekonferenz des CDU-Landesvorsitzenden; der Christdemokrat Wolfgang Halbedel ist ein Angestellter der Landeszentrale für Politische Bildung und ehemaliger FDP-Senator in Lübeck, den Pfeiffer für die regierungsamtliche Öffentlichkeitsarbeit anheuern wollte.

Bei einem Gespräch in Ahrendsens Dienstzimmer am 12. März schlugen der Vize-Sprecher und Pfeiffer Halbedel vor, er solle im Raum Lübeck Engholms politische Stellungnahmen verfolgen, damit die CDU-Regierung rasch darauf reagieren könne. Für diese Aufgabe sollte Halbedel in der Landeszentrale freigestellt werden, doch der wollte in die Staatskanzlei versetzt werden. Ahrendsen und Pfeiffer, über deren «inniges persönliches Verhältnis» Halbedel erstaunt war, wollten sich dafür bei Barschel einsetzen, ließen dann aber nichts mehr von sich hören.

Als «skandalös» bewertet die Arbeitsgemeinschaft Sozialdemokratischer Juristen (ASJ) den Umstand, daß wochenlang kein Ermittlungsverfahren gegen den Ex-Ministerpräsidenten eingeleitet worden ist. Nach der Strafprozeßordnung muß die Staatsanwaltschaft stets einschreiten, «sofern zureichende tatsächliche Anhaltspunkte» für eine Straftat vorliegen. Diesen «Anfangsverdacht» haben Strafverfolger aus allen verfügbaren Quellen zu schöpfen, aus Strafanzeigen ebenso wie aus der Zeitung. Der Verdacht besteht nach einhelliger Rechtsprechung und Rechtslehre bereits dann, wenn lediglich eine «geringe Wahrscheinlichkeit» für Verfehlungen spricht.

Offenkundig beurteilte die Kleiner-Behörde die Frage des Anfangsverdachts bei Pfeiffer und Barschel mit unterschiedlichen Maßstäben. Die eidesstattliche Erklärung Pfeiffers genügte ihr nicht, Ermittlungen gegen den Regierungschef aufzunehmen. Um gegen Pfeiffer vorzugehen, reichten Barschels Unschuldsbeteuerungen hin. Dabei besagte die Vielzahl der von Barschel vorgelegten eidesstattlichen Versicherungen zu keiner Zeit etwas über deren Wahrheitsgehalt. Und das pathetische Ehrenwort war juristisch ein Nullum.

«Die Ermittlungstätigkeit der Lübecker Staatsanwaltschaft», kritisiert der SPD-Obmann im Untersuchungsausschuß, Gert Börnsen, «zeigt Züge von fachlicher Schlamperei und ist orientiert an durchsichtigen politischen Interessen.» Belege dafür gibt es reihenweise.

Deutlich benachteiligt von Kleiner, der Barschels Favorit für die Nachfolge des Generalstaatsanwalts war, empfindet sich Sozialdemokrat Engholm von Anfang an. Obwohl er bereits am 7. September Strafanzeige wegen der gegen ihn inszenierten Bespitzelungsaktion und der Steuerdenunziation gestellt hatte, nahm er wochenlang von Ermittlungen in dieser Richtung nichts wahr. Auf die Journalisten-Frage, ob er sich von den Ermittlern schlecht behandelt fühle, antwortete Engholm bitter: «Ich fühle mich überhaupt nicht behandelt.»

Sofort aktiv hingegen wurde Kleiner aufgrund der Barschel-Anzeige. Durch den SPIEGEL-Titel vom Wahl-Wochenende habe sich «die Ermittlungslage schlagartig verändert». Er habe sich, schrieb Kleiner am 6. Oktober an Justizminister Hoffmann, deshalb «entschlossen, mit einem breiten Ermittlungsansatz und erheblicher Personalverstärkung den Sachverhalt aufzuklären». Darunter verstand Christdemokrat Kleiner zunächst mal die Aufgabe, den Barschel-Beschuldiger als Lügenbold zu entlarven: «Um die Glaubwürdigkeit Pfeiffers beurteilen zu können», wurden in den ersten Wochen nach der Affären-Enthüllung «fast alle Mitarbeiter der Presse- und Informationsstelle der Landesregierung sowie mehrere Angehörige der Staatskanzlei vernommen». Der Staatsanwalt interessierte sich mehr für Umgangsformen und Alkoholkonsum Pfeiffers als für die angebotenen Beweismittel.

Zeugen, die Barschel hätten belasten können – wie beispielsweise Finanz-Staatssekretär Schleifer durch die Offenbarung des Februar-Telefonats über die anonyme Anzeige –, wurden bis Anfang Oktober überhaupt nicht gehört. Denn für Kleiner stand von Anfang an fest, daß nur Pfeiffer als Täter in Frage kommt. Da kennt der Leitende Oberstaatsanwalt noch nicht einmal am 22. Oktober, bei seiner Aussage vor dem Untersuchungsausschuß, die für einen Juristen gebotene Unschuldsvermutung: «Wenn Sie damit befriedigt sind», weist er Ausschußmitglieder patzig zurecht, die sich an Kleiners Wortwahl stoßen, «sage ich nicht ‹den Täter›, sondern ‹den Tatverdächtigen› – für mich ist das gleich.»

«Der erste Schwerpunkt, den wir gesetzt haben», erläutert Kleiner, war «die Beschattungsaktion». Das sei «ja auch ein sehr interessanter Bereich, denn es stand ja auch die Frage aus, wie diese Geschichte finanziert worden ist». Damit meint der Leitende Oberstaatsanwalt jedoch nicht Nachforschungen bei Ballhaus und Piel, die bereits nach der ersten SPIEGEL-Veröffentlichung geboten gewesen wären und womöglich schon vor der Wahl zu Pfeiffer geführt hätten. Denn rechtlich von Belang ist für Kleiner nicht die Bespitzelung als solche, sondern erst Pfeiffers Behauptung, wie sie finanziert worden sein soll, allein unter dem Gesichtspunkt «üble Nachrede, Verleumdung und so weiter», wie Kleiner sagt: «Die Observation einer Person ist nur unter ganz bestimmten Umständen strafrechtlich relevant, nämlich wenn diese Observation zu gleicher Zeit einen – ich darf es einmal etwas unjuristisch sagen – Einbruch in die Privatsphäre mit beinhaltet.» Nach dieser krausen Logik kommen die Staatsanwälte gar nicht darauf, Engholms Interessen zu schützen.

Mit den Recherchen gegen Pfeiffer betraute Kleiner, wie er ausdrücklich betont, nur seine fähigsten Mitarbeiter. Der Peperkorn-Vernehmer Lienshöft etwa gehöre zu seinen «besten Ermittlungsbeamten». Struck, der als erstes die wirtschaftlichen Verhältnisse Pfeiffers überprüfte, habe «gerade in der letzten Zeit gezeigt, daß er fähig ist, auch schwierige Ermittlungslagen zu meistern». Den jungen Kollegen Krönert habe er «hinzugezogen», schreibt Kleiner, «weil ich einen verläßlichen Beamten brauchte, der mir zur Hand geht» – zur Hand gehen Kleiner, der «wegen der außerordentlichen Bedeutung» des Falles die Leitung der Ermittlungsgruppe selbst übernommen hat, insgesamt sechs Staatsanwälte.

«Die glorreichen Sieben», wie der ASJ-Landesvorsitzende Wolfgang Nešković, Richter am Lübecker Landgericht, die Kleiner-Truppe sarkastisch nennt, verstießen «von Anfang an gegen alle juristischen Regeln der Logik und der Vernunft».

Während Kleiner die praktisch unbearbeitete, strafrechtlich ja angeblich irrelevante Engholm-Anzeige sofort nutzte, um sich auch für die Barschel-Anzeige zuständig zu erklären, gab er die weiteren Ermittlungsverfahren – etwa wegen Beleidigungs-Anzeigen der Staatssekretäre Knack und Schleifer gegen Pfeiffer, wegen der gefälschten Grünen-Pressemitteilung, wegen der Zersetzungskampagne gegen die Unabhängige Wählergemeinschaft oder wegen Pfeiffers gefälschten Abiturs – großzügig an die Kieler Kollegen ab.

Das Lübecker Team konzentrierte sich ganz auf den «Verdacht der Verleumdung gegen Personen des öffentlichen Lebens»: Barschels Anzeige gründete sich auf einen exquisiten Gummiparagraphen, den sich die Politiker in der Notverordnungszeit der Weimarer Republik auf den Leib geschneidert haben. Paragraph 187a des Strafgesetzbuches schützt Politiker gegen Verleumdungen «aus Beweggründen», die «mit der Stellung des Beleidigten im öffentlichen Leben zusammenhängen». Schon nach einer Woche war sich die Kleiner-Truppe sicher, daß an den Pfeiffer-Vorwürfen nichts dran sei – dank Zeugen wie Ballhaus, Piel und Radue, deren Aussagen später im Untersuchungsausschuß rasch in sich zusammenfallen.

Auffällig zuvorkommend hatte die Behörde den früheren Ministerpräsidenten vor seiner «Ehrenwort»-Pressekonferenz mit Akten versorgt. Engholms Anwalt Peter Schulz hingegen erhält erst nach langem Anmahnen Ende Oktober Akteneinsicht. Noch am 22. Oktober behauptet Kleiner vor dem Untersuchungsausschuß sogar, «zur Zeit» liege ihm «ein solcher Antrag nicht vor», tatsächlich wurde er schriftlich am 29. September gestellt.

Staatsanwalt Struck wußte bei der Engholm-Vernehmung am 1. Oktober immerhin, «daß Herr Schulz mündlich um Akteneinsicht gebeten hatte und wir gesagt hatten: Nein, im Augenblick soll das nicht sein». Auch Kleiner, bestätigt Struck, «war mit Sicherheit davon informiert» – durch ihn, denn es sei eine gemeinsam gefaßte Entscheidung der Ermittlungsgruppe gewesen, im Beisein Kleiners.

Auf die Frage des Pfeiffer-Anwalts Wandschneider, auf welcher Rechtsgrundlage dem Anwalt Engholms Akteneinsicht verwehrt wurde, kommt Struck ins Stottern: Das sei «eine interessante Frage». Wandschneider gibt ihm eine Hilfestellung und offeriert dem Staatsanwalt drei mögliche Vorschriften zur Auswahl. Doch Struck ist sich «fast ganz sicher, daß wir uns soweit gar nicht im Einzelfall vertieft haben»: «Die Paragraphen, die Sie da nennen, sind zwar sehr nett, aber letztlich obliegt es der Staatsanwaltschaft zu entscheiden, wann sie das tut oder nicht.»

Kleiner habe «durch die Art und Weise seiner Ermittlungen das Vertrauen in die Unvoreingenommenheit und Objektivität der Staatsanwaltschaft erschüttert», kritisiert der ASJ-Vorsitzende Nešković. «Viele Lübecker Staatsanwälte», die nicht Kleiners Sonderkommission angehören, berichtet Nešković, seien «empört» und «fürchten, daß ihr persönlicher und fachlicher Ruf» durch Kleiners einseitige Ermittlungen «in Mitleidenschaft gezogen wird». Auch die Kieler FDP findet «keine plausiblen Begründungen» dafür, daß die Staatsanwaltschaft im Fall Barschel ihre Ermittlungen «nicht mit der gebotenen politischen Neutralität» vorgenommen habe.

Eine «weitere fachliche Peinlichkeit», so Nešković, «die unter Juristen nur mit verständnislosem Kopfschütteln zur Kenntnis genommen werden» könne, leistet sich die Kleiner-Behörde am 8. Dezember. Die Staatsanwaltschaft veröffentlicht Erkenntnisse über einen langjährigen Medikamentenmißbrauch Barschels, durch den die skrupellosen Methoden zum Machterhalt offenbar in einem milderen Licht erscheinen sollen. Nachdem das Ehrenwort Makulatur geworden ist, läßt Kleiner dem Toten auf diese Weise Ehrenschutz angedeihen. Dabei geht die Staatsanwaltschaft jedoch sehr eigenwillig mit dem Arztgeheimnis um, die Landesärztekammer rügt einen Bruch der Verschwiegenheitspflicht.

In einer Presseerklärung teilt die Staatsanwaltschaft mit, sie habe «in der Sache Pfeiffer/Dr. Barschel in Erfahrung gebracht», daß der frühere Ministerpräsident «in den letzten Jahren Psychopharmaka eingenommen hat». Vor allem seit Anfang 1986 seien ihm von mehreren Ärzten «große Mengen des u. a. angstlösenden Mittels ‹Tavor› verschrieben worden», und zwar «in der hohen Dosierung von 2,5 mg, was auf die Gewichtseinheit bezogen der fünffachen Wirksamkeit von Valium entspricht». Die Staatsanwaltschaft gehe davon aus, daß Barschel «die ihm verschriebenen Mittel auch konsumiert hat», das bedeute in den Jahren 1986 und 1987 eine «durchschnittliche Tagesdosierung von 4,2 bis 4,5 mg».

Aus einem 41 Seiten starken Gutachten, das die Kleiner-Behörde Mitte November bei zwei Ärzten der Lübecker Universitätsklinik in Auftrag gegeben hat, wird in der Pressemitteilung zunächst korrekt eine Schlußfolgerung der Sachverständigen zitiert: Aus dem vor allem 1987 ausgeprägten «Tavor»-Mißbrauch ergebe sich, daß bei Barschel «sowohl die Urteilsfähigkeit als auch die Entscheidungsfähigkeit sowie die Steuerungsfähigkeit und insgesamt die geistige Leistungsfähigkeit beeinträchtigt gewesen sein könnten». Den unmittelbar folgenden Satz in dem Gutachten teilt die Staatsanwaltschaft der Öffentlichkeit jedoch nicht mit: «Über den Umfang der Beeinträchtigung», schreiben die Ärzte, «können wir nach den bisher ausgewerteten Unterlagen keine verbindlichen Angaben machen.»

Auch über die Herabsetzung der Hemmschwelle «hinsichtlich vermuteter oder antizipierter Folgen rechtswidriger oder moralisch bedenklicher Handlungen» äußern sich die Gutachter zurückhaltender, als es der Pressetext der Staatsanwaltschaft wiedergibt. «Bei gezielter mißbräuchlicher Einnahme von Benzodiazepinen» wie «Tavor» könne «der angstlösende Effekt dazu benutzt werden», sich über derlei Bedenken hinwegzusetzen, schreiben die Mediziner, betonen aber, daß sie von «sich *theoretisch* ergebenden durchschnittlichen Tagesmengen» ausgehen.

Sie weisen zudem auf den «Gewöhnungseffekt» hin, durch den Barschel womöglich Dosen vertragen hat, «die bei Nichtgewöhnten schwere Wirkungen hervorrufen würden». Deshalb warnen die Gutachter: «Ohne die Kenntnis von eingenommenen Dosen bzw. Blutspiegel ist es somit hypothetisch, aus dem Verhalten Rückschlüsse zu ziehen.»

Die manipulative Auswahl der Leseproben aus dem Gutachten, die von den Staatsanwälten in der Pressemitteilung wiedergegeben werden, sind nicht der einzige Hinweis darauf, was die Kleiner-Behörde bezweckt. Zweifelhaft ist auch, ob es überhaupt angemessen und erforderlich war, ein solches Gutachten erstellen zu lassen. Juristisch hat die Frage der Schuldfähigkeit keine Bedeutung, weil sich das (ohnehin nie eröffnete) Verfahren gegen Barschel mit dessen Tod erledigt hat. Und das «Todesermittlungsverfahren zum Nachteil von Uwe Barschel», mit dem die Beschlagnahme der Krankenblätter bei der Barmer Ersatzkasse und den behandelnden Ärzten begründet wird, gibt auch nichts für einen Gutachter-Auftrag her – mit den verschriebenen Psycho-Pillen hat sich Barschel jedenfalls nicht umgebracht.

Auffällig ist auch der Zeitpunkt, zu dem die Staatsanwaltschaft ihre Erkenntnisse der Öffentlichkeit mitteilt. «Manche Enthüllungen kommen, als ob sie jemand gerufen hätte», kommentiert die «Süddeutsche Zeitung» den wundersamen zeitlichen Zufall, daß die Hinweise auf Barschels Arzneimittel-Sucht ausgerechnet einen Tag vor Stoltenbergs Auftritt vor dem Untersuchungsausschuß verbreitet werden. So findet der CDU-Landesvorsitzende die These bestätigt, daß die in Rede stehenden Untaten nur einem kranken Hirn entsprungen sein könnten, die Partei aber damit nichts zu schaffen habe. Die Handlungen, zu denen Pfeiffer von Barschel angestiftet worden sein will, sagt Stoltenberg, seien nicht nur «verwerflich, sondern auch absurd» gewesen. Ebenso kommt dem Bonner CDU-Generalsekretär Heiner Geißler die von den Staatsanwälten verbreitete Mediziner-Expertise gelegen. Geißler: «Uwe Barschel war krank.»

So einfach mag es Graf Kerssenbrock sich und seinen Parteifreunden allerdings nicht machen. «Juristisch», meint der bisherige Ausschuß-Obmann der CDU, der nach der Veröffentlichung der Dokumentation über Barschels erwiesene Verstrikkungen zurückgetreten ist, «mag die Schuld Uwe Barschels durch den Medikamentenmißbrauch geringer sein.» Aber «für die politische Bewertung» könne dies «überhaupt keine Rolle spielen».

Das Gutachten gibt jedenfalls nichts dafür her, daß Barschel Anfang des Jahres 1987, als der Psychoterror gegen Engholm ausgeheckt wurde, im Drogenrausch handelte. Sicher ist nur, daß sich Barschel seit 1980 regelmäßig neben anderen Tranquilizern große Mengen «Tavor» verschreiben ließ. Allein ein Nervenarzt in Mölln stellte seit April 1980 insgesamt 74 Rezepte für 3670 Tabletten des starken Beruhigungsmittels aus. Ein Hals-Nasen-Ohren-Arzt in Schwarzenbek, bei dem Barschel unter anderem wegen einer Gehörgangsoperation in Behandlung war, verordnete ebenfalls gelegentlich «Tavor» –

für Barschels letzte Reise nach Gran Canaria stellte er am 4. Oktober aus Ärztemustern eine Reiseapotheke zusammen, bestehend aus Zehner-Packungen des Angsthemmers «Diazepam-ratiopharm», des Einschlafmittels «Azutranquil» und der Lieblingsdroge «Tavor».

Barschel, sagt Ehefrau Freya, habe «Tavor» eingenommen «gegen Flugangst und auch schon mal, wenn ihm beim Autofahren schlecht wurde». Nach Ansicht der Lübecker Gutachter waren «die Herrn Dr. Barschel durch ärztliche Verschreibung zur Verfügung gestellten Benzodiazepinmengen» jedoch «für die Indikation ‹Angstsymptomatik beim Fliegen› in keiner Weise gerechtfertigt»; denn der Dauergebrauch von «Tavor» wäre bei einer «situativ ausgelösten Angst» unnötig gewesen.

Da hätte es genügt, kurz vor dem Besteigen eines Flugzeugs eine Tablette zu schlucken. Doch es war, allem Anschein nach, nicht die Angst vorm Fliegen, die Barschel unablässig zur Pillenschachtel greifen ließ, sondern die panische Angst vor dem Versagen, Angst um die Karriere. Wie ein Alpdruck muß auf ihm die Vorstellung gelastet haben, den Anforderungen nicht gerecht zu werden, die andere an ihn, die aber auch er selbst an sich stellte: den Höhenflug des erfolgreichen Machers als ganz normale Laufbahn vorzuführen.

Bereits Mitte der siebziger Jahre ist Barschel, damals Fraktionschef, nach mehreren schweren Autounfällen, die er verursacht hatte, an der Medizinischen Hochschule Lübeck behandelt worden. Einer der Ärzte, so berichtet ein CDU-Politiker dem SPIEGEL, habe damals geäußert, Barschel zeige typische Symptome von Menschen, «die sich überschätzen». Als Barschel sich im April 1980 erstmals «Tavor» verschreiben ließ, war er gerade ein Jahr Innenminister.

Im Frühjahr 1983, Barschel war ein halbes Jahr als Ministerpräsident im Amt, äußerte Freya Barschel einmal den Verdacht, ihr Mann leide an verkappter Schwermut. Auch Journalisten bemerkten damals depressive Phasen – immer dann, wenn der junge Regierungschef zu spüren bekam, daß sein Übervater Stoltenberg den bestimmenden Einfluß auf die Landespolitik behielt. «Wo Stoltenbergs Stern strahlt, bleibt Uwe Barschel blaß», schrieb ein Regionalblatt. Bei Landesparteitagen hatten Journalisten den Eindruck, als müsse der Ministerpräsident «an einem Katzentisch Platz nehmen».

Daß der Schatten Stoltenbergs auf ihm laste, mußte Barschel nach seinem Selbstverständnis leugnen: «Es hat doch jedermann seinen Vorgänger.» Doch es bedrückte ihn offensichtlich, daß Stoltenberg den Landesvorsitz der CDU nicht an ihn abgeben mochte; in den unionsgeführten Bundesländern sind die Ämter des Regierungs- und des Parteichefs fast durchweg in Personalunion verbunden. Barschel schien es «als Herabsetzung anzusehen, daß er nur mit der halben Macht ausgerüstet worden ist», schrieb 1983 die «Schleswig-Holsteinische Landeszeitung». Im selben Jahr verzichtete Barschel darauf, wieder stellvertretender Vorsitzender zu werden: Weil er nicht erster werden durfte, wollte er auch nicht zweiter bleiben.

So ist zu vermuten, daß Barschel jahrelang die Psycho-Pillen als Katalysator für eine Polit-Karriere schluckte, die ihn überforderte. «Tavor entzieht der Angst den Boden», wirbt die Herstellerfirma, der amerikanische Pharma-Riese Wyeth: «Angesichts persönlicher Krisensituationen können sich individuelle Angstsymptome verselbständigen und so lange verstärken, bis alles schier unlösbar scheint. Ein Patient, der einmal in einen solchen Angstkreis hineingeraten ist, vermag sich aus eigener Kraft nur schwer zu befreien.»

Von «Tavor» aber auch nicht: Wer die «happy pill» in Stunden der Angst erst mal liebgewonnen hat, mag sie später selten missen. Innerhalb weniger Monate kann sich zuerst eine psychische, später auch körperliche Abhängigkeit herausbilden. Die erwünschten Effekte sind nur noch durch eine Dosissteigerung zu erzielen.

Angefangen hat Barschel, nach den Berechnungen der Lübecker Gutachter, 1980 mit zwei Milligramm «Tavor» pro Tag. Im Jahr darauf betrug die durchschnittliche Tagesdosis bereits 2,5 Milligramm, von 1982 bis 1985 zwischen 3,2 und 3,4 Milligramm. 1986 erhöhte er die «Tavor»-Ration auf 4,2 Milligramm, in den Monaten vor dem Flugzeugabsturz brachte er es pro Tag auf 4,5 Milligramm. Bei dieser Dosis, die von den Herstellern nur für Zeiten klinischer Behandlung empfohlen wird, können die intellektuellen und emotionalen Leistungen deutlich gestört sein – sie müssen es aber nicht. Barschel blieb trotz «Tavor» smart, schnell und tricky – Eigenschaften, die bei Benzodiazepin-Mißbrauch gewöhnlich gedämpft werden.

Erst nach der ersten SPIEGEL-Geschichte über die Waterkantgate-Affäre verdoppelte Barschel die Dosis nochmals. Am 8. und 18. September sowie am 1. Oktober ließ er sich jeweils 50 Tabletten «Tavor» verschreiben, die Tagesdosis stieg auf 10,4 Milligramm. «Derartige Tageshöchstmengen», merken die Gutachter dazu an, «haben wir nur in seltenen Fällen als Begleitmedikation bei psychisch schwerkranken Patienten benötigt.»

Beim letzten Bonn-Besuch, am Tag nach der Schleswig-Holstein-Wahl, stand der Verlierer, erkennbar schon in seine Lügen verstrickt, mit leerem Gesicht antriebsschwach vor dem Portal des Konrad-Adenauer-Hauses, über Ort, Zeit und Situation lange Sekunden offensichtlich im unklaren. Millionen Fernsehzuschauer erlebten die «Tavor»-Wirkung als Bild vom «Häufchen Elend». Als er, elf Tage später, wieder live vor TV-Kameras seinen Rücktritt bekanntgeben mußte, wurde die Wirkung hochdosierter Seelentröster auch noch hörbar: Barschel litt an Wortfindungsstörungen und Silbenschleifen – zwei charakteristischen Zeichen der Psychopharmaka-Überdosierung.

18
«In Kiel stinkt nicht alles»

Wahrheitssuche im Untersuchungsausschuß

Das Absingen des Schleswig-Holstein-Liedes wird den CDU-Delegierten diesmal erlassen. Beim Landesparteitag am 7. November 1987 in Timmendorfer Strand erscheint es den Veranstaltern denn doch unpassend, ausgerechnet ihr Land als «deutscher Sitte hohe Wacht» zu preisen. Aber mit dieser selbstauferlegten Enthaltsamkeit ist der «Anflug von Restsensibilität» («Die Zeit») auch schon wieder vorbei.

«Es hat keinen schmutzigen Wahlkampf gegeben», hämmert der Landesvorsitzende Stoltenberg seinem Parteivolk ein. Nur «eine einzige Entgleisung in einer Wahlkampfzeitung» sei vorgekommen – er meint die von einem Gericht verbotene Behauptung, die SPD wolle «Sex mit Kindern straffrei lassen». Stoltenbergs Generalsekretär Reichardt, der die widerliche Kampagne mit angezettelt und organisatorisch zu verantworten hat, verkleinert die böse Diffamierung gar zu einem bloß «redaktionellen Fehler». Reichardt habe «sehr gute und selbstlose Arbeit geleistet», lobt Stoltenberg.

Von den miesen Methoden, die in Barschels Staatskanzlei ausgedacht wurden, um politische Gegner auszuschalten, will das Gros der Timmendorfer Debattenredner nichts mehr hören. Die vollmundig geäußerte Bereitschaft zu «rückhaltloser Aufklärung», aus «Fehlern» zu lernen und einen «Neuanfang» zu wagen, erweist sich schnell als pure Heuchelei.

Als Trutz Graf Kerssenbrock, drei Tage nach seinem Rücktritt als CDU-Obmann im Untersuchungsausschuß, seine Parteifreunde dazu aufruft, sich vorbehaltlos und offen «allen Grausamkeiten» zu stellen, «die der Untersuchungsausschuß noch zutage fördern wird», ist der wahre Nestbeschmutzer ausgemacht: «Lump» und «Verleumder» schallt es ihm entgegen. Ein Delegierter verlangt, CDU-Obmann im Ausschuß dürfe nur sein, «wer hundertprozentig von Uwe Barschels Unschuld überzeugt ist». Der Versuch des aufrechten Einzelkämpfers, «den wuchernden Legenden Einhalt zu gebieten und Rationalität wiederherzustellen» («Frankfurter Allgemeine»), scheitert. Vier Monate später, bei der Aufstellung der Kandidatenliste für die Landtagswahl im Mai 1988, wird er von den Delegierten gedemütigt. Kerssenbrock, für den am Ende nur 23 von 402 Delegierten stimmen, bekommt keinen Listenplatz.

Es sind nicht nur Leute, die hinterm Deich leben und trutzig die Augen vor der bitteren Wahrheit verschließen, die immer deutlichere Konturen annimmt. Auch der niedersächsische Ministerpräsident Ernst Albrecht, stellvertretender Bundesvorsitzender der CDU, rüffelt den jungen Abgeordneten Kerssenbrock, «der noch ziemlich unreif zu sein scheint» – als ob ein bestimmtes Alter notwendig ist, um gegen Schweinereien abgestumpft zu sein. «Natürlich», sagt Albrecht am 9. November in einem «Welt»-Interview, sei es «ein ganz unmögliches Vorgehen, jetzt, da der Untersuchungsausschuß noch in den Anfängen steckt und die wirklichen Zusammenhänge noch in keiner Weise aufgeklärt sind, Bewertungen abzugeben». Ernst Albrecht findet das «schlicht und einfach menschlich unanständig».

Die «Großinquisitoren der eigenen Partei», wettert das CSU-Organ «Bayernkurier» gegen Kerssenbrock und seine Mitstreiter, hätten «mit ihrem blamablen Verhalten» übersehen, «daß die Anstandslinien des Volkes eben anders verlaufen». CSU-Chef Strauß erklärt Barschels Machenschaften kurzerhand zum politischen Normalfall: «Wenn alle, denen man gleiches vorwerfen kann, die Parlamente freiwillig verlassen würden, . . . dann gäbe es wahrscheinlich keine beschlußfähigen Mehrheiten mehr.» Der Satz ist eine Beleidigung für alle Parlamentarier und Wasser auf die Mühlen jener, die Politik ohnehin schon immer für ein schmutziges Geschäft gehalten haben. Später interpretiert Strauß seine Äußerung: Er habe die

Politiker gemeint, «denen man schon einmal den Vorwurf der Unwahrheit gemacht hat».

Als sich die Abgeordnete Irmlind Heiser, auch sie Mitglied des Untersuchungsausschusses, auf dem Parteitag in Timmendorfer Strand für die «ganz verwerflichen Aktionen» bei Engholm und der SPD entschuldigt, schaut Stoltenberg mit hochrotem Kopf am Vorstandstisch mißmutig ins Leere. Denn falls in Kiel etwas Unanständiges passiert ist, so die Devise der CDU-Vorständler im Land und im Bund, dann hat um Himmels willen keiner von ihnen etwas damit zu tun – und wofür man nicht verantwortlich ist, braucht man sich auch nicht zu entschuldigen.

Denn das Böse hat keinen Namen, es ist auf unerklärliche Weise von irgendwoher über das Land gekommen. Diesen Eindruck suchen führende Christdemokraten noch lange zu vermitteln, die sich zu diesem Zweck eine höchst eigentümliche Sprache angewöhnen, in der niemals ein handelndes Subjekt vorkommt. Für Kanzler Kohl, den großen Aussitzer, gibt es nur etwas, «was sich in Kiel zugetragen hat», was «Schlimmes und Unbegreifliches in Schleswig-Holstein geschah». Er greift zu Bibelworten wie «Heimsuchung», redet von der «Fragwürdigkeit menschlichen Handelns». Im Munde Gerhard Stoltenbergs verschwimmen Barschels Taten und Lügen zu «Schatten der letzten Wochen» und der «sogenannten Kieler Affäre».

Stoltenbergs Jugendfreund aus gemeinsamen Oldesloer Schultagen, der geschäftsführende Ministerpräsident Henning Schwarz, spricht von «Enthüllungen, die über uns hereingebrochen sind». Er hält denn auch, bis Mitte Dezember, eine Entschuldigung bei den geschmähten politischen Gegnern für «verfrüht und organisatorisch nicht passend». Schließlich hätten ja nicht einmal Barschels Kabinettsmitglieder eine Ahnung davon gehabt, daß aus der Pressestelle der Landesregierung «ungesetzliche und unanständige Machenschaften» gekommen sind. «In Kiel stinkt nicht alles» – der Schwarz-Aphorismus wird zum geflügelten Wort. «Nicht einmal die fünf Finger einer Hand braucht man», behauptet Schwarz sogar noch im Februar

1988, «um aufzuzählen, wie viele Personen in den Kieler Sumpf verwickelt sind.»

Schuld an allem, darüber sind sich auch die Parteifreunde draußen im Land einig, ist doch neben dem unsäglichen Pfeiffer nur eine gewisse Kampfpresse, wie sie der Landesvorsitzende Stoltenberg abqualifiziert hat. Ohne sie, daran halten die Parteichristen oben und unten krampfhaft fest, könnte ihr Ministerpräsident Barschel noch leben und unangefochten weiterregieren. Nun seien Neuwahlen «zwingend erforderlich», heißt es in einem vom CDU-Parteitag beschlossenen Leitantrag, aber wegen der «Wahlbeeinflussung durch die SPIEGEL-Veröffentlichungen». Der Kreisverband Pinneberg beantragt eine Änderung des Pressegesetzes: Mit bis zu zwei Jahren Haft oder 50 000 Mark Geldstrafe soll belangt werden, wer «vorsätzlich oder fahrlässig falsche Meldungen in die Welt setzt, unverhältnismäßig aufbauscht und/oder verbreitet». Nur im Mittelbau der Union, namentlich bei den Abgeordneten im Untersuchungsausschuß, die sonst eher der Hinterbank zugerechnet werden, regt sich das Bewußtsein, daß die Chance zum vielbeschworenen «Neubeginn» nicht im Verdrängen, sondern im Offenlegen besteht.

An Kerssenbrock scheiden sich die Geister. Die einen halten ihn für einen karrieresüchtigen Jago, der die Aufklärung der Affäre vor allem zur eigenen Profilierung nutzt, den anderen – bis hin zum FDP-Chef Zumpfort – gilt er als einer der wenigen «Hoffnungsträger» in einer Partei, die sich trutzig in ihre Wagenburg zurückgezogen hat. Wahr ist, daß der «kleine Graf», wie Parteifreunde über den 1,69-Meter-Mann spotten, die Kurve schneller als andere gekriegt hat, die nur zögerlich von ihrem einstigen Ministerpräsidenten abrückten. Obschon Kerssenbrock seit Beginn seiner parteipolitischen Laufbahn vor 17 Jahren mit Barschel auf Duzfuß stand, legte er sich oft quer zu dessen Herrschaftsanspruch, spielte er die Rolle des «Unruhestifters». Die «bürgerliche Autoritätsgläubigkeit» der CDU, kritisierte er, habe demokratische «Kontrollmechanismen weitgehend ausgeschaltet». Nun erzählt er, daß von Barschel immer eine «gewisse Kühle und Distanz» ausgegangen sei; stets habe er an ihm «den Hauch eines unbeirrbaren Machtpolitikers gespürt, der keine Grenzen kannte»: «Als Politiker war er eiskalt bis in die Zehenspitzen.»

Gleichwohl, sagt Kerssenbrock, habe er Barschel die in Rede stehenden Verstrickungen «niemals zugetraut». Ursprünglich arglos, «bis ich nach den Bekundungen des Finanzministers Asmussen fast vom Stuhl fiel», forschte er von Stund an zumindest ebenso wacker nach Wahrheit und Klarheit wie seine Ausschußkollegen von der SPD.

Daß dieser Untersuchungsausschuß zum erfolgreichsten in der parlamentarischen Geschichte der Bundesrepublik wird, liegt zuallererst an dem weitgehenden Verzicht seiner Mitglieder, parteipolitische Scharmützel auszufechten. Üblich ist es in derlei Gremien, daß die Fraktionen vor allem danach trachten, ihre ohnehin gefaßten Vor-Urteile durch die Beweisaufnahme bestätigen zu lassen.

Die SPD hatte von vornherein darauf verzichtet, sich einen taktischen Vorteil zu verschaffen. Sie hatte, entsprechend der Patt-Situation im Landtag, eine paritätische Zusammensetzung in einem Zehner-Ausschuß empfohlen, obwohl ihr im üblichen Elfer-Ausschuß als stärkster Fraktion ein weiterer Sitz zugestanden hätte. So sitzen sich je vier Sozial- und Christdemokraten sowie ein Liberaler und der SSW-Abgeordnete Meyer im Karree gegenüber.

Daß die Parlamentarier binnen weniger Wochen zu eindeutigen Befunden kommen, liegt auch an einigen Zeugen aus Kabinett und Verwaltung, die nach Barschels Rücktritt auspacken, weil sie nicht mehr von dessen Gunst abhängig sind. Finanzminister Asmussen und sein Staatssekretär Schleifer etwa offenbarten ihr Wissen über die Steueranzeige erst nach der Demission des Regenten, obwohl ihnen spätestens in der Kabinettssitzung am 15. September Zweifel an Barschels Darstellung gekommen sein müssen.

An 28 Tagen hört der Ausschuß insgesamt 102 Zeugen an, einige von ihnen mehrfach. Darunter sind, wie SPD-Obmann

Börnsen resümiert, auch viele «verstockte Beamte, vergeßliche Staatssekretäre und schwitzende Lügenmärchenerzähler». Barschels «getreuer Hebbeln» beispielsweise kann sich im Ausschuß an rein gar nichts mehr erinnern, obschon der Staatskanzlei-Chef vom «Flensburger Tageblatt» als «scharfer Analytiker» mit einem «geradezu gefürchteten Gedächtnis» geschildert wird. «Wer Hebbeln vor dem Ausschuß reden hört», wundert sich ein Mitglied des Gremiums, «der muß annehmen, die Landesregierung habe einen völlig Unbedarften an die Spitze der Staatskanzlei gestellt.» Dabei galt er als «graue Eminenz», an dem nichts unbemerkt vorbeigegangen ist. Am 15. Dezember wird er in den Ruhestand geschickt.

Es bewahrheitet sich die alte Kriminalisten-Weisheit, daß Sachbeweise den Aussagen von Zeugen allemal überlegen sind. Zum wichtigsten Beweismittel werden seitenlange Listen mit Tausenden von Nummern. Lückenlos sind auf den Computerausdrucken sämtliche Ferngespräche registriert, die von bestimmten Dienstapparaten in der Staatskanzlei und bei der Kosmetikfirma Schwarzkopf in den letzten Monaten geführt wurden. Zeitpunkt und Dauer der einzelnen Telefonate sind exakt ausgewiesen, die Oberpostdirektion Hamburg ermittelt die angewählten Fernsprechteilnehmer. Unter dem Gesichtspunkt des Persönlichkeitsrechts und des Datenschutzes ist die Auswertung der Telefonprotokolle problematisch. Andererseits: Einige Zeugen werden erst durch diese Listen «zur Wahrheit geführt», wie Börnsen sagt.

Einen besonderen Stellenwert hat diese technische Methode der Wahrheitsfindung für die Ereignisse am 8. September, dem Tag, an dem Reiner Pfeiffer eine Wanze besorgen sollte. Denn die Listen widerlegen eindeutig die Aussagen Barschels, seines Vertrauten Ahrendsen, seines Fahrers Scheller, seiner Sekretärin Brigitte Eichler, seiner Ehefrau Freya.

Daß von dem Autotelefon mit der Rufnummer 0161-2404222 an diesem Tag um 20.07 Uhr der Privatanschluß Pfeiffers in Probsteierhagen angerufen wurde, steht einwandfrei fest, Dauer des Gesprächs: 94 Sekunden. Wochenlang bleibt Ahrendsen bei seiner Behauptung, er habe damals aus dem vor dem Springer-Verlagshaus in Hamburg stehenden Dienstwagen Barschels mit dem Kollegen Pfeiffer telefoniert, um ihn wegen des «Kindersex»-Artikels abzumahnen. Doch die Telefonlisten der Post, die Aufzeichnungen der Polizei und die Bekundungen der Sicherheitsbeamten Barschels überführen Ahrendsen nach vier Wochen zähen Ringens um die Wahrheit.

Aus einem Tonband-Mitschnitt der Funksprüche, die Barschels Bewacher mit der Hamburger Polizei-Leitstelle führten («Michel 6 von Kilian 96/62»), ergibt sich, daß das Begleitkommando um 20.12 Uhr in der Nähe der Stadtgrenze war: «Wir verlassen mit Schutzperson Ihren Bereich», meldeten sich die Personenschützer ab. Um 20.17 Uhr kündigten sie, auf der Autobahn in Höhe der Raststätte Holmmoor, ihre Rückkehr in Kiel an: «Wir befinden uns im Bereich und sind in ca. 45 Minuten am Haus B.» Um 21.08 bekam Polizeihauptmeister Hubert Franke in der Funkzentrale «Kilian» «telefonisch die Meldung, daß sie sich beim Haus B befinden».

Daraus ergeben sich bereits Ende Oktober Zweifel an der Darstellung Ahrendsens, er habe in Hamburg aus dem stehenden Fahrzeug telefoniert. Unterwegs konnte Ahrendsen nicht mit Pfeiffer gesprochen haben, weil er mit dem eigenen Dienstwagen nach Hause fuhr. Das Gespräch war etwa um 20.09 Uhr beendet. Der Konvoi hätte – unterstellt, er wäre sofort anschließend abgefahren – unmöglich in drei Minuten von der City aus die Stadtgrenze erreicht haben können. Eine weitere Bestätigung für den zeitlichen Ablauf gibt am 2. November der Sicherheitsbeamte Franz-Joachim Poppe, der aussagt, Barschel sei gegen 20.02 Uhr abgefahren – das steht auch in Einklang damit, daß die Fahrzeit für die Strecke bis zum Landeshaus mindestens eine Stunde beträgt.

Also ist erwiesen, daß Barschel selbst mit Pfeiffer telefoniert hat. Hinfällig wird allerdings auch die eidesstattliche Erklärung Barschels, er habe «aus dem Dienstwagen» an jenem Abend «ein einziges Telefongespräch geführt, nämlich mit meiner

Frau, um ihr zu sagen, daß ich nicht nach Mölln zurückkomme, wie beabsichtigt, sondern in Kiel übernachte». Ein solches Telefonat hat es, wie die Post-Aufzeichnungen ebenfalls beweisen, nicht gegeben; Barschel hat die Nummer nicht mal gewählt. Denn selbst vergebliche Anschlußversuche und die Ursachen für einen vorzeitigen Abbruch einer Verbindung werden in der Mannheimer Zentralstelle auf Magnetband gespeichert und vom Tag der Rechnungsstellung an 80 Tage lang aufbewahrt – für den Fall möglicher Reklamationen von Postkunden, aber auch zur «Beseitigung» oder «Eingrenzung» von Störungen im Fernmeldedienst.

Unter Tränen nimmt als erster Barschel-Fahrer Heinrich Scheller zurück, was er über die Ereignisse am Abend des 8. September an Eides Statt versichert hatte: Der Ministerpräsident habe ihm auf der Heimfahrt gesagt, daß er «doch zurück nach Kiel müsse. Deshalb rief er aus dem Auto seine Frau in Mölln an, um ihr das mitzuteilen. Die Telefonverbindung habe ich hergestellt. Weitere Gespräche hat der Ministerpräsident während der gesamten Fahrt nicht geführt».

Daß es so nicht gewesen sein kann, belegt die Post-Auskunft eindeutig. Die Ausschußmitglieder versuchen, der «warmherzigen und treuen Seele», wie Barschel in dem Brief an Brigitte Eichler seinen Fahrer bezeichnete, eine Brücke zu bauen. Er sei «nicht mehr ganz sicher, ob ich die Nummer eingetippt habe oder ob ich das ganze Telefon nach hinten geschwenkt habe». Es wird eine quälende Vernehmung. Scheller beruft sich darauf, daß er sich in dem gepanzerten Fahrzeug («Das Auto wiegt 1,8 Tonnen») auf den Straßenverkehr konzentrieren müsse. Es sei nicht seine «Aufgabe, irgendwie hinten jemanden zu beobachten auf dem Rücksitz oder Gespräche mit zu belauschen». Dann kommt heraus, daß er seine eidesstattliche Versicherung blindlings unterschrieb, ohne daß ihn jemand über die strafrechtlichen Folgen einer Falschaussage belehrt hat.

Schließlich bricht es aus ihm heraus. Er habe Barschel am Tag seines Rücktritts «an der Abgeordnetenbank gesehen. Wenn Sie das sehen, daß einer Ministerpräsident ist und wird praktisch vom Thron gestoßen – wollen wir einmal so sagen – und muß praktisch auf der Abgeordnetenbank Platz nehmen, das nimmt einen schon mit». Laut schluchzend schlägt er die Hände vors Gesicht.

Am Montag, dem 30. November, fängt dann endgültig die Woche der Wahrheit an. Barschels Entlastungszeugen fallen um wie Dominosteine. «Aus Mitleid und mit – aus heutiger Sicht – übertriebener Loyalität», läßt Ahrendsen seinen Anwalt Stefan Purrucker mitteilen, habe er sich von Barschel zu einer Lüge verleiten lassen und den Telefonanruf am Abend des 8. September auf sich genommen. Gleich darauf räumt Barschels Chefsekretärin Brigitte Eichler in einer «Ergänzung meiner bisherigen Aussagen» ein, daß sie aus «langer Solidarität» gelogen habe – die Telefontechniker seien auf Barschels Anweisung gezielt für 9. September um 9 Uhr bestellt worden.

Zwei Tage später geht auch Karl Josef Ballhaus auf Distanz zu dem toten Freund. «In meiner Generation», gibt der mittlerweile von seinem Posten beurlaubte Schwarzkopf-Geschäftsführer zu bedenken, habe ein Ehrenwort noch eine «hohe Bedeutung»; deshalb habe er Barschel geglaubt. Nun aber fühle er sich «mißbraucht und hintergangen». Daran kann nun auch unter den treuesten Anhängern des ehemaligen Kieler Regierungschefs kein Zweifel mehr bestehen: Das bombastische Ehrenwort war eine besonders feierliche Form der Lüge. Und die von engen Mitarbeitern abgegebenen eidesstattlichen Erklärungen, mit denen Barschel die eigene abzusichern suchte, erweisen sich als Ergebnis einer üblen Nötigung von Abhängigen, die vorbereitete Texte unterschreiben mußten. Professor Samson, der steitbare Rechtsgelehrte, will unter diesen Umständen auch nicht länger als «Hüter der Interessen» des toten Ex-Ministerpräsidenten auftreten: Am 30. November legt er das Mandat nieder.

Angesichts der niederschmetternden Beweislage kapitulieren schließlich die letzten publizistischen Hilfstruppen Barschels. «Bild» und «Welt», die wochenlang mit gezielter Desinformation von dem wahren Verantwortlichen für Pfeiffers

Polit-Intrigen abzulenken trachteten, drehen von einem Tag auf den anderen bei. Die «Welt», die unermüdlich eine angebliche Konspiration zwischen SPD und Pfeiffer beschrieb, erkennt am 1. Dezember plötzlich, daß Barschel «gelogen» hat: «Sein Ehrenwort ist zusammengebrochen.» Was jetzt «ans Licht gekommen» sei, rechtfertigt «Welt»-Chefredakteur Schell die abrupte Kurs-Korrektur, «reicht aus», um Barschel «im nachhinein politisch zu disqualifizieren». Die «Bild»-Zeitung zieht anderntags nach: Die «Schlüsselfigur in der Pfeiffer/Barschel-Affäre», Herwig Ahrendsen, packt nun in Barschels ehemaligem Zentralorgan «exklusiv» und «schonungslos» aus – über «Barschels schmutzige Tricks».

Das Affären-Opfer Björn Engholm, dem in den zurückliegenden Wochen deutliche Anzeichen von Resignation anzumerken waren, scheint unterdessen aus der Katastrophenstimmung herauszufinden. Am Abend nach Barschels Tod hat ihn der starke Drang befallen, «die Klamotten zu schmeißen». Als die Aids-«Sauereien» öffentlich wurden, war ihm, «wie wenn man mir die Zähne ausgeschlagen hätte». Den Delegierten des SPD-Landesparteitags am 20. November in Kiel präsentiert er sich jedoch nicht als «weinerlicher, mitleidheischender Softie», wie die «Süddeutsche Zeitung» bemerkt, sondern als «einer, der jetzt erst recht gewinnen will gegen die Partei jener, die ihn hinabziehen wollten». Das Etikett «Sensibelchen», das ihm verpaßt wurde, nimmt er als Gütesiegel in Anspruch: «Ich habe keine Probleme zu sagen: Lieber sensibel und menschlich als hartgesotten und karrierehungrig.»

19
«Eine Minusvariante»

Der Skandal und die politische Verantwortung

Gerhard Stoltenberg legt Wert auf klare Kompetenz-Verteilung. Wenn die schleswig-holsteinische CDU, wie im zurückliegenden Wahlkampf, Zeitungen und Broschüren herausgibt, dann «obliegt das der Landesgeschäftsstelle». Ihm als dem Landesvorsitzenden werde allenfalls «vielleicht die Grundstruktur der Inhalte vorgetragen», aber «nicht, wer daran mitwirkt». Denn er habe, sagt der Bonner Finanzminister, seinen «beruflichen Mittelpunkt in der Bundeshauptstadt», und da könne er sich «nicht um Details der Landespolitik kümmern».

Stoltenberg scheint, am 9. Dezember vor dem Untersuchungsausschuß, einen Bericht über ein ihm fremdes Land zu geben. Die demonstrative Distanz, die er zur Staatskanzlei seines Amtsnachfolgers Barschel wie zu den Managern seiner Provinzpartei hält, ermöglicht ihm, «persönliche Verantwortung» für Entgleisungen in Partei-Publikationen ebenso abzulehnen wie für die «Machenschaften» des Medienreferenten Reiner Pfeiffer in der Regierungszentrale. Er habe mit Barschel eine «Arbeitsteilung verabredet», erklärt Stoltenberg den Abgeordneten, und sich niemals in die «operativen Angelegenheiten» des Ministerpräsidenten eingemischt. Allenfalls «Berufungen von Ministern» und «manchmal bei Staatssekretären» habe man «gemeinsam erörtert».

So hatte er bis zum 12. September «keine Ahnung, wer Pfeiffer war». Für ihn war «nicht erkennbar, in welchem Umfang Bedienstete» der Staatskanzlei «an Veröffentlichungen der CDU mitgearbeitet haben». Ihm ist nur eine «Grenzüberschreitung» bekannt – die Bekanntgabe der Diensttelefonnummer Pfeiffers in einem CDU-Kandidatenbrief. Der Wahlkampf der CDU, hält Stoltenberg dem SPD-Mann Börnsen entgegen, habe «insgesamt nicht die negative Qualifikation verdient, die Sie und andere ihm geben». Vor allem aber kann der Landesvorsitzende «bis zum heutigen Tag nicht erkennen, daß Mitglieder der CDU in Zusammenhang zu bringen sind mit den Dingen, die unter ‹Kieler Affäre› zusammengefaßt werden».

«Was unter ‹Kieler Affäre› im engeren Sinne läuft», sagt Stoltenberg, so seien diese «Aktivitäten zunächst mit dem Namen Pfeiffer zu verbinden in jedem Falle», und jetzt gehe es eben noch «um die Frage, in welchem Umfang Uwe Barschel darin verstrickt war». Stoltenberg: «Das sind zwei verschiedene Dinge. Darauf lege ich großen Wert.» So einfach stiehlt sich der Landesvorsitzende aus der Verantwortung.

Viele Christdemokraten, auch außerhalb Schleswig-Holsteins, haben sich inzwischen bei Björn Engholm entschuldigt – aus Scham. Nur die beiden höchsten Repräsentanten der betroffenen Landespartei, Gerhard Stoltenberg und der geschäftsführende Ministerpräsident Henning Schwarz, bringen es nicht über sich, obgleich Kommentatoren von rechts bis links die Nord-CDU immer dringlicher zu einer versöhnenden Geste ermuntern. Stoltenberg, der getrübte «Klare aus dem Norden», scheint damit überfordert. «Wir haben uns geirrt», sagt er, «wenn wir allen Aussagen Uwe Barschels nach der Landtagswahl Vertrauen geschenkt haben. Aber ob Irrtum hier mit dem Begriff Schuld zu verbinden ist, das müßte sehr sorgfältig diskutiert werden.»

Als er sich am 15. Dezember schließlich, zwecks «Aufarbeitung der bedrückenden Vorgänge der Vergangenheit», doch aufrafft, die überfälligen Worte des Bedauerns auszusprechen, gerät der Auftritt zu einer sichtlich gequälten Pflichterfüllung. Es treffe die Union hart, sagt er, «wenn durch das Handeln einzelner dem Ansehen der Landespolitik wie unserer Partei schwerer Schaden zugefügt und Vertrauen erschüttert wurde». Es bedrücke die CDU, «daß Mitbürger in persönliche Bedrängnis gerieten» – er nennt Engholm, Barschels Sekretärinnen, den Fahrer Scheller. Als Landesvorsitzender entschuldige er sich «bei ihnen dafür, daß dies in der Verantwortung und im Fehlverhalten eines Ministerpräsidenten meiner Partei geschehen ist».

Unpersönlicher kann man Mitgefühl, wenn es das sein sollte, nicht ausdrücken. Nur zum Selbstmitleid ist Stoltenberg fähig: «Ich gehöre zu denen, die am meisten verletzt worden sind.» Barschel soll ein bedauerlicher Betriebsunfall gewesen sein, die Partei davon nicht befleckt werden. «Wo kommen wir hin», empört sich Henning Schwarz, «wenn wir sagen, Schleswig-Holstein ist eine Minusvariante.»

Als Spitzenkandidaten für die Neuwahl des Landtags am 8. Mai stellt die CDU nicht Stoltenbergs Favoriten, den Oldtimer Schwarz, auf, sondern den freundlichen Justizminister Heiko Hoffmann. Der saß zwar auch an Barschels Tafelrunde und hat sich diskret zurückgehalten, als der Kabinettskollege Roger Asmussen den vergeblichen Anlauf nahm, sein Wissen mitzuteilen. Und er hat auch nicht, als zuständiger Dienstherr, den Lübecker Staatsanwälten Einhalt geboten, als die stur in die falsche Richtung ermittelten. Aber ihm traut man zu, daß er das moralische Defizit verringert, mit dem sich die nordelbische CDU nun herumschlagen muß. Als sein wichtigstes Wahlziel bezeichnet er «die Wiedergewinnung der verlorenen Glaubwürdigkeit».

Hoffmann ist sogar so verwegen, die «Milieu-Theorie» der SPD zu akzeptieren, wonach Barschel seine machiavellistischen Triebe nur im Dickicht von Abhängigkeiten und Willfährigkeiten entfalten konnte. Anders als die notorischen Verdrängungskünstler vom Schlage der Stoltenberg, Schwarz, Kribben & Co. sieht er die Machenschaften Barschels an «bestimmte Herrschaftsstrukturen» gekoppelt.

An der Schuldzuweisung scheitert ein in allen Teilen einmütiger Abschlußbericht des Untersuchungsausschusses. Neben einer im Kern gemeinsamen Beweiswürdigung geben die Fraktionen Sondervoten zur politischen Bewertung ab. Für die CDU ist Barschel der Alleinverantwortliche: Er «war an den unlauteren und ungesetzlichen Machenschaften persönlich beteiligt, teils geschahen sie auf seinen ausdrücklichen Wunsch hin, teils wirkte er mit, teils duldete er sie». Die SPD hingegen bezichtigt Stoltenberg, er habe «den Rohbau errichtet, aus dem Dr. Barschel das Gebäude schuf, in dem er sich mit seinen Gehilfen einrichtete und aus dem heraus Komplott und Schmutzkampagne gesteuert wurden».

Die eifrigsten Handlanger haben ihre frühere Wirkungsstätte inzwischen verlassen. Herwig Ahrendsen, Barschels designierter Regierungssprecher, zeichnet jetzt Baurechnungen ab. Jürgen Lambrecht, der schnelle Brüter der Engholm-Schmähschrift, kümmert sich im Sozialministerium um Reaktorsicherheit. Claus Asmussen, der beflissene Zahlensammler für die Steueranzeige, macht jetzt Statistiken im Innenministerium und ist auch zuständig für Orden, Ehren- und Hoheitszeichen. Der Partei-Stratege Rolf Rüdiger Reichardt und der Partei-Propagandist Günter Kohl haben ihre Jobs quittiert. Hanns-Günther Hebbeln, Barschels Hausmeier, wurde ein Jahr vor Erreichen der Altersgrenze in Pension geschickt. Gerd Behnke, der Pfeiffer-Impresario, geht als Vorruheständler spazieren. Und Reiner Pfeiffer kehrt Schleswig-Holstein den Rükken: Am 2. Februar verläßt er Jutta Schröder, die ihn vom Saulus zum Paulus bekehrt hat, und geht zurück zu seiner Familie in Bremen.

Es sind gerade fünf Monate vergangen, seit eine zunächst weithin für unglaublich gehaltene SPIEGEL-Geschichte ein kleines Bundesland am Rande der Republik in den Mittelpunkt des öffentlichen Interesses rückte. In Leitartikeln und politischen Akademien wird seither viel über Macht und Moral diskutiert. Am 16. Februar 1988 zieht der schleswig-holsteinische Landtag, mit der einstimmigen Annahme des Ausschuß-Berichts, einen parlamentarischen Schlußstrich unter die folgenreichste Affäre der deutschen Nachkriegsgeschichte. «Zu berichten», sagt der Ausschußvorsitzende Klaus Klingner, «ist nicht von Exoten, sondern von uns.»